Konrad Wetzker
Peter Strüven
Linda J. Bilmes

Gebt uns das Risiko zurück

Vorwort

In den vergangenen Jahren wurde viel über die Arbeitslosigkeit und ihre Bekämpfung geschrieben. Das ist nicht weiter erstaunlich, da vor allem die europäischen Länder seit Jahren mit einer hohen Arbeitslosigkeit und allen damit verbundenen sozialen und wirtschaftlichen Folgen zu kämpfen haben. Auch dieses Buch handelt von der Arbeitslosigkeit, oder besser gesagt von ihrer Bekämpfung. Das Überraschende an diesem Buch ist daher nicht das Thema, sondern der Tenor. Aus dem Buch geht die Zuversicht hervor, daß sich das Arbeitslosigkeitsproblem lösen läßt.

Die Arbeitslosigkeit kann letztendlich nur durch neue Aktivitäten, aus denen wieder neue Arbeitsplätze entstehen, bekämpft werden - so lautet kurz zusammengefaßt die Schlußfolgerung des Buches. Das kann ich nur von ganzem Herzen unterschreiben. Der Ausgangspunkt in diesem Buch ist, daß die neuen Arbeitsplätze von den Unternehmen geschaffen werden. Das heißt nicht, daß der Staat keine Rolle spielt. Im Gegenteil: Der Staat muß für ein attraktives Niederlassungsklima und günstige Bedingungen für ein Wirtschaftswachstum sorgen. Dabei wäre an die zunehmende internationale Verflechtung von Volkswirtschaften und die schnellen technologischen Entwicklungen zu denken.

Bei der Beantwortung der Frage, wie sich der Staat auf Veränderungen einstellen kann, wird in dieser Studie auf das Ausland geschaut. Von Ländern, in denen sich die wirtschaftlichen Leistungen in den vergangenen Jahren verbessert haben, läßt sich ja viel lernen. Darum werden Länder wie Großbritannien, Neuseeland und die Niederlande als Beispiel genannt. In all diesen Ländern war die Arbeitslosenquote in den vergangenen Jahren rückläufig.

Gleichzeitig wird deutlich, daß sich jedes Land für ein anderes Vorgehen entschieden hat. Der einzige gemeinsame Nenner der erfolgreichen Länder ist der Wille zur politisch-ökonomischen Veränderung. In diesem Sinne wäre eine Warnung angebracht. Es wird oft der Eindruck erweckt, als wäre es den Niederlanden gelungen, ihre wirtschaftlichen Leistungen dadurch zu verbessern, indem der soziale Konsens immer im Auge behalten wurde. Dies ist meiner Meinung nach nicht richtig. Ebenso wie in anderen Ländern ist die Verbesserung der niederländischen wirtschaftlichen Leistungen Veränderungen in der Wirtschafts- und Finanzpolitik zu verdanken. Die Niederlande haben Anfang der achtziger Jahre begonnen, alle Ausgaben der öffentlichen Hand zu senken, was für das Staatshaushaltsdefizit, die hohen Steuern und die Sozialabgaben günstige Folgen hatte. Es wurde auch in das soziale Netz eingegriffen. Falls in bezug auf

diese politischen Veränderungen ein Konsens bestand, war dies ein positiver Faktor. Leider gab es auch in den siebziger und achtziger Jahren einen Konsens, durch den die dringend notwendigen politisch-ökonomischen Veränderungen aber unterblieben. Tiefgreifende Veränderungen sind auch in den Niederlanden oft mit Konflikten und Diskussionen verbunden gewesen. Das ist manchmal unvermeidlich.
Trotz der Tatsache, daß wir aus den Erfahrungen anderer Länder lernen können, enthalten Veränderungen immer auch ein gewisses Risiko. Es steht ja niemals im voraus fest, wie Unternehmer und Arbeitnehmer auf diese Veränderungen reagieren werden. Dennoch ist das ein Risiko, das einzugehen wir wagen sollten. In dieser Hinsicht unterstütze ich voll und ganz den Tenor dieses Buches: "Gebt uns das Risiko zurück"

Im Juni 1998

Hans Wijers
Wirtschaftsminister der Niederlande
von 1994 bis 1998

Inhalt

Vom Konkreten zum Allgemeinen, vom Allgemeinen zum Konkreten

Vom Konkreten zum Allgemeinen, vom Allgemeinen zum Konkreten

Das Gesellschaftsproblem Nummer eins im Europa der Gegenwart ist die Arbeitslosigkeit.

Die Boston Consulting Group als führendes Beratungsunternehmen auf dem Gebiet der Entwicklung und Realisierung von Unternehmensstrategien sieht die Notwendigkeit, sowohl dieses Gesellschaftsproblem in der eigenen Arbeit zu berücksichtigen als auch gewonnene Erfahrungen aus vielen Unternehmen und Ländern zu verallgemeinern und der Allgemeinheit zugänglich zu machen. Damit stellen wir nicht die Zielstellung unserer Beratungstätigkeit in Frage, die Wettbewerbsfähigkeit von Unternehmen zu erhöhen, zum Unternehmenserfolg beizutragen – im Gegenteil. Aus unserer Sicht gibt es keinen Antagonismus zwischen Beschäftigung und Unternehmenserfolg. Erfolgreiche Unternehmen schaffen mehr Arbeitsplätze als weniger erfolgreiche.

Wir gehen deshalb von einer langfristigen Interessenübereinstimmung aller am Wohl und Wehe von Unternehmen partizipierenden Gruppen aus. Eigentümer, Arbeitnehmer, Management, Staat und Gewerkschaften sitzen in einem Boot. Interessenwidersprüche sind eher Probleme der Fristigkeit von Maßnahmen als grundsätzlicher Natur. Dieses Paradigma der grundsätzlichen Interessengleichheit bestimmt unsere Darlegungen. Mythen und ganz reale Barrieren, die im Widerspruch zu diesem Paradigma stehen, werden wir widerlegen bzw. Wege zu ihrer Beseitigung adressieren.

Im Mittelpunkt unserer Untersuchungen stehen Unternehmen. Fragen des Staates werden insofern einbezogen, als sie die Situation der Unternehmen direkt beeinflussen. Dies betrifft insbesondere die Arbeitsmarkt- und Fiskalpolitik sowie das weite Feld staatlicher Regulierungen. Makroökonomische Untersuchungen zur Finanz- und Währungspolitik sind nicht Gegenstand der Darstellungen.

Nachweislich nehmen Finanz-, Währungs- und Verteilungsfragen in der gegenwärtigen Beschäftigungsdiskussion übergroßen Raum ein[1], während

---

[1] Eine von uns durchgeführte Analyse der führenden deutschen Wirtschaftstageszeitungen zeigte, daß sich weit über 50 Prozent aller Meinungsäußerungen von Politik und Wirtschaft zur Beschäftigung auf monetäre Umverteilungsprozesse als Ursache und Lösung zielten. Zukunftsfragen wie Bildung, Strukturveränderungen, die Rolle von Unternehmen und Menschen in einer globalen Wirtschaft, Visionen zur deutschen Wirtschaft in zehn oder zwanzig Jahren und darüber hinaus, spielten eine marginale Rolle (nur ein Prozent der Stellungnahmen).

Zukunftsfragen der gesellschaftlichen und wirtschaftlichen Entwicklung sowie Voraussetzungen und Wege für den Unternehmenserfolg unterbelichtet bleiben. Nur Unternehmen können langfristig neue, das Volksvermögen mehrende Arbeitsplätze schaffen.

Wir stellen uns diese Zukunftsfragen. Wie arbeiten erfolgreiche Unternehmen, die Beschäftigung schaffen? Was sind die Voraussetzungen und Rahmenbedingungen, damit Unternehmen erfolgreich sein können? Was steht dem Erfolg von Unternehmen im Wege?

Unsere Einschätzungen zum Unternehmenserfolg sind zwar vor allem auf nordamerikanische und europäische Unternehmen gestützt, wir halten sie aber für allgemeingültig.

Berater arbeiten im Vergleich zu akademischen Forschern mehr induktiv als deduktiv. Sie gehen von Erfolgsbeispielen und Veränderungstrends aus, leiten daraus die Erfolgsfaktoren ab und vergleichen sie mit den Fähigkeiten des zu beratenden Klienten. Auf dieser Grundlage werden Strategie und Handlungsbedarf bestimmt oder auch eine Vision skizziert. In Anlegung an Hegel könnten wir sagen, wir gehen vom Konkreten zum Allgemeinen und dann wieder vom Allgemeinen zum Konkreten.

Wir untersuchten die exogenen Veränderungstreiber („Outside-in"), analysierten Erfolgsbeispiele von Unternehmen, auch von Ländern und spiegelten sie mit dem Status quo in Ländern und Unternehmen. Daraus leiteten wir ein langfristiges Erfolgskonzept für Unternehmen, sowie Veränderungsschwerpunkte für Staaten ab.

Der geneigte Leser mag uns verzeihen, wenn wir nicht die Kraft zur Knappheit besaßen, sondern die Untersuchungen mit praktischen Instrumentarien zur Beschäftigungssicherung bzw. -schaffung in Unternehmen ergänzten. Wir schließen mit einer Vision zur Arbeit in der Zukunft ab – insbesondere für unseren Staat.

Unsere Erfahrung, daß Veränderungen nur ausgelöst werden können, wenn die Veränderer und Veränderten Interesse daran haben, führte uns zu einer umfangreichen Befragung amerikanischer und deutscher Arbeitnehmer. Wollen die Arbeitnehmer das, was wir als Lösungen vorschlagen, überhaupt?

Ein methodisches Hauptproblem war, die beiden Untersuchungsebenen (Unternehmen und Staat) in ihrer Spezifik und wechselseitigen Abhängigkeit geordnet zu erfassen. Dies ist uns nicht immer gelungen, weil die Komplexität eine derart präzise Feinsystematik erfordert hätte, daß die Lesbarkeit auf dem Altar der Perfektion geopfert worden wäre. Das Kapitel X: „Der doppelte Befreiungsschlag" ist als Zusammenfassung unserer Kerngedanken gedacht.

Die Hauptautoren dieses Buches kommen aus Deutschland und den USA und sind oder waren Berater der Boston Consulting Group. Weitere Spe-

zialisten unserer weltweiten Gruppe aus Belgien, Taiwan, der Schweiz, Frankreich und Großbritannien wurden einbezogen.
Ein besonderer Dank gilt dabei unseren Kollegen Pascal Xhonneux, Frank Nuy und Kuang-Hua Lin, die einen wesentlichen Anteil am analytischen Feinschliff hatten, sowie Bolko von Oetinger, auf dessen Zusammenfassung unserer Kronberger Strategiekonferenzen das Kapitel V in weiten Teilen beruht.

München, im Mai 1998 *Die Verfasser*

I.

Die Welt verändert sich und damit auch die Arbeit

Die Welt verändert sich und damit auch die Arbeit

"We cannot direct the wind, but we can adjust the sails."

K. Suzaki

Beschäftigungsschwankungen sind kein Novum. Quer durch die Epochen und Zivilisationen haben einander immer wieder Beschäftigungskrisen und Phasen der Vollbeschäftigung abgelöst. Darf man deshalb mit Fug und Recht darauf vertrauen, daß das gegenwärtige Beschäftigungstief in Europa in absehbarer Zeit "turnusgemäß" einem neuen Hoch Platz macht? Werden in hundert Jahren die Rekordarbeitslosenzahlen dieser Tage der Historie anheimgefallen und vergessen sein?
Zweifel sind angebracht.
Es mehren sich die Anzeichen dafür, daß die gegenwärtige Beschäftigungskrise in Europa nur das Symptom einer umfassenderen gesellschaftlichen Krise ist. Beginnt ein neues Kapitel der Weltwirtschaftsgeschichte, in dem Europa im Kreis der Weltwirtschaftsmächte nur noch eine untergeordnete Rolle spielt? Womöglich geht es gar nicht darum, ob und wie der alte Kontinent das Beschäftigungsproblem löst, sondern es steht längst die weit grundsätzlichere Frage im Raum: „Quo vadis, Europa?" Wird Europa das Schicksal Roms ereilen: den Sturz in die Bedeutungslosigkeit? Oder kann der Kontinent die augenblickliche Krise überwinden und gestärkt aus ihr hervorgehen, wie einst Frankreich nach dem Sturm auf die Bastille? Trifft das Verdikt des US-Soziologen Amitai Etzioni zu: „Deutschland - das ist ein Tod auf Raten?"[1]
Europa ist keine Insel. Es steht im Wettbewerb mit dem Rest der Welt. Will es in diesem Wettbewerb bestehen, muß es die Kunst des Vorteilsmanagements beherrschen. Und in dieser Disziplin zeigt der alte Kontinent bedenkliche Schwächen. Womöglich haben wir uns zu lange auf unseren ökonomischen Lorbeeren ausgeruht, sind saturiert und unbeweglich geworden. „In dieser Gesellschaft gibt es ein sehr fest gefügtes Bewußtsein, im besten aller Systeme zu leben."[2] Diese selbstgefällige Haltung könnte sich als verhängnisvoller Irrtum erweisen. Nichts ist der Veränderung hin-

---

[1] Wirtschaftswoche, 47/97, S. 14

[2] W. Riester, Stellv. Vorsitzender der deutschen Industriegewerkschaft Metall, Die Woche, 29.08.1997

derlicher, als der (überholte) Glaube an die eigene Überlegenheit. In flammenden Ansprachen wird die Marginalisierung Europas als Menetekel an die Wand gemalt. Doch den Reden folgen keine Taten.

Die „Zwei-Drittel-Gesellschaft" der USA, in der die Schere zwischen Spitzengehältern und Niedriglöhnen enorm weit auseinanderklafft, scheint für Europa kein nachahmenswertes Modell zu sein. Neuseeland und dessen erfolgreiche Kurskorrektur liegen in sagenumwobener Ferne. Ostasien kommt als Vorbild für eine neue Wirtschaftsstruktur ebenfalls nicht in Betracht. Welcher Europäer möchte schon freiwillig zusätzliche, unbezahlte Wochenstunden am Arbeitsplatz verbringen, weniger Urlaub machen und den Bürojob über die Freizeit stellen? Ohnehin genießt nach dem jüngsten Crash in Fernost das asiatische Modell in hiesigen Breiten nicht mehr den allerbesten Ruf.

Offenbar ist der Leidensdruck in Europa noch nicht massiv genug, um die verantwortlichen Politiker dazu zu bewegen, ernsthaft über Konzepte zur (ökonomischen) Rettung des Abendlandes nachzudenken. Die trügerische Hoffnung, mit weiterem Durchwursteln über die Runden zu kommen, scheint immer noch sehr weit verbreitet zu sein. Daß Europa am Scheideweg steht, wird von zu wenigen wahrgenommen.

Die Arbeitslosigkeit bestimmt das soziale Befinden breiter Teile der Bevölkerung. Eine Vielzahl von Befragungen in Europa zeigt, daß weit über die Hälfte der Bevölkerung die Arbeitslosigkeit als größte existentielle Bedrohung ansieht. Kriminalität und Umweltverschmutzung sind auf die Ränge verwiesen. Es finden sich kaum noch Familien, die nicht direkt oder indirekt von Arbeitslosigkeit betroffen sind. Die sogenannte Sockelarbeitslosigkeit, also jener Teil der Arbeitslosigkeit, der keinen zyklischen Schwankungen unterliegt, steigt in Deutschland und Frankreich seit fast 25 Jahren an (Abb. 1).

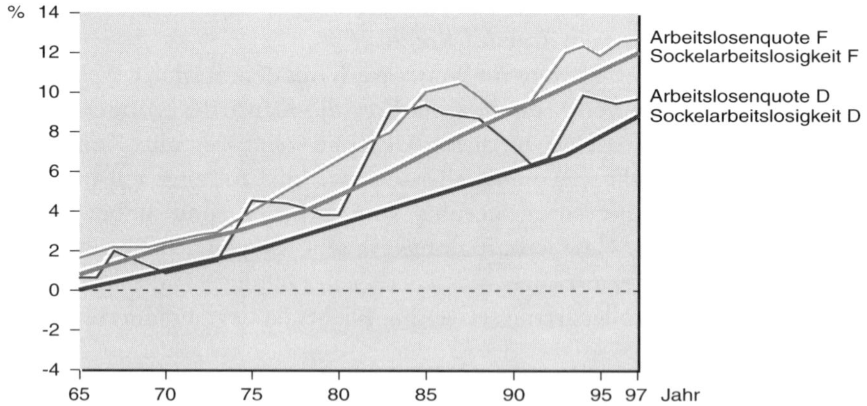

Abbildung 1: Die Entwicklung der Arbeitslosenquote in Deutschland (nur alte Bundesländer) und Frankreich [Quelle: Stat. Jahrbuch 1997]

Die Massenarbeitslosigkeit in Deutschland verursacht jährlich über 150 Mrd. DM direkter Kosten. Die seelischen, körperlichen und sozialen Folgen fortgesetzter Arbeitslosigkeit sind hinsichtlich ihrer Schadenswirkung für die Gesellschaft kaum zu beziffern. Gerade dieser Gesichtspunkt wird gern unterschätzt. Das gilt nicht nur für Europa. Beide Aspekte – Kosten und soziale Folgen – unterstreichen die Dringlichkeit, mit der eine Lösung des Beschäftigungsproblems gefunden werden muß.

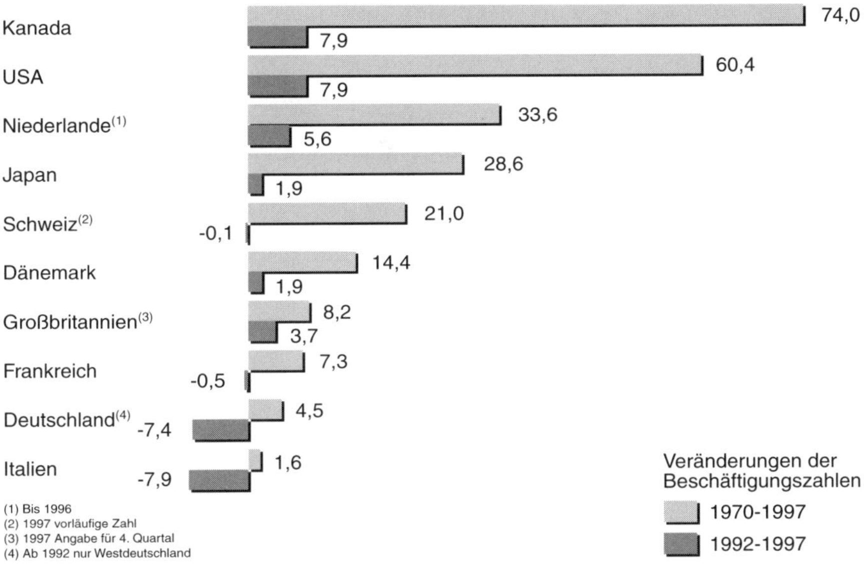

Abbildung 2: Europa hat Nachholbedarf bei der Schaffung von Arbeitsplätzen [Quelle: OECD Statistics Directorate, Dept. of Economics and Statistics; BCG-Analyse]

Die Arbeitsmisere in Europa muß auf grundsätzliche Weise angegangen werden. Fortgesetztes, ratloses Herumkurieren an Symptomen löst nicht nur die anstehenden Problem *nicht,* es verschärft sie noch. Es hat dem System die Abwehrkräfte geraubt. Die Statistik der Jobzuwachsraten vor allem in Deutschland, Frankreich, Italien spricht Bände: Sie sind nicht nur die einzigen (neben der Schweiz), die in den letzten fünf Jahren eine Negativbilanz aufweisen – das spüren wir täglich – sondern liegen auch im Langfristvergleich der bedeutenden Industrienationen hinten (Abb. 2). Es ist Zeit für mutige, neue und umfassende Ansätze, die in folgende Hauptstoßrichtungen zielen sollten:

- Stärkung der Innovationskraft der Unternehmen.
- Veränderung der Wirtschafts- und Handelsstrukturen mit der Absicht, quantitatives wie qualitatives Wachstum zu fördern.

Die Einführung der neuen, gemeinsamen Währung in Europa sollte in diesem Sinne als Chance begriffen und genutzt werden, sie ist keinesfalls die Wunderlösung.
Die Weltwirtschaft befindet sich, angetrieben von der Informationstechnologie, im Umbruch. Evolutionäre Prozesse sind derart beschleunigt, daß man von einer permanenten *Revolution* sprechen kann. Dieser Tatbestand hat massive Auswirkungen auf die vertraute Arbeitswelt.
In den letzten dreißig Jahren haben sich die Gebühren für ein Telefongespräch von New York nach London auf ein Zwanzigstel vermindert. Schiffsladungen kosten nur noch die Hälfte je Tonne. Luftfracht ist um zwei Drittel im Preis gesunken. Die internationale Wirtschaftswelt wächst schneller als die Wirtschaften der einzelnen Länder: dies wird vor allem an grenzüberschreitenden Investitionen deutlich (Abb. 3).

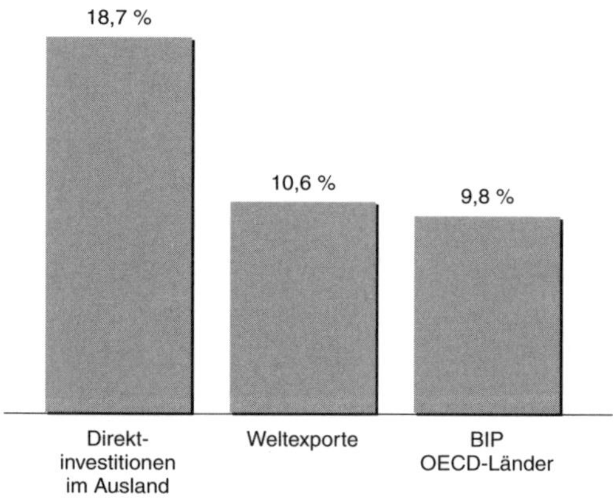

Abbildung 3: Welthandel wächst stärker als nationale Volkswirtschaften – durchschnittliches nominales Wachstum 1985-1995
[Quelle: OECD; WTO; UNCTAD; BCG-Analyse]

Die Kosten der Verarbeitung und Speicherung von Informationen fallen ökonomisch immer weniger ins Gewicht (Abb. 4).
Die technologischen Schübe, die diesen Veränderungen zugrunde liegen, haben uns an die Schwelle des Informationszeitalters gebracht. Die „Information"wird das tragende Element der fünften Technologiewelle[3] sein.

[3] vgl. „The longwave theory" von Nikolai Kondratieff, 1926 ins Deutsche übersetzt; Quelle: http://www.1-888.com/longwave/lwintro.htm

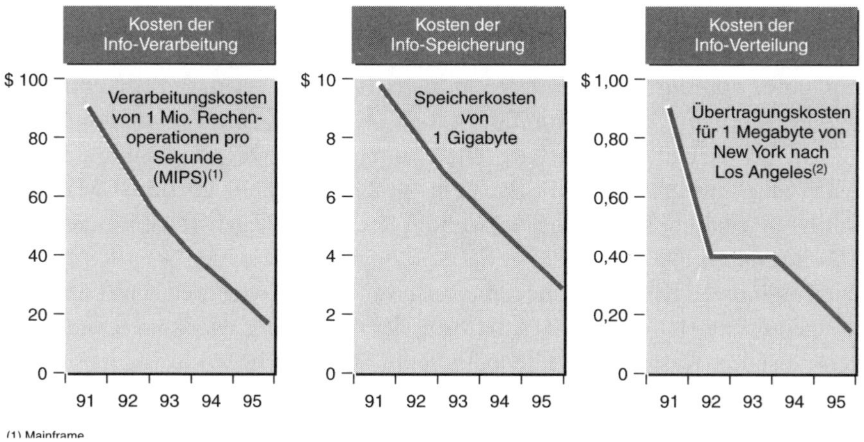

Abbildung 4: Dramatisch sinkende Kosten der Verarbeitung, Speicherung und Verteilung von Informationen
[Quelle: Soundview Financial Group, Fortune July 10, 1995]

Während bei den hardwaregeprägten früheren vier Wellen (Dampfmaschine, Eisen/Stahl, Auto, Computer) die Masse als Maßzahl des erreichten Wohlstands galt, haben wir es nun mit einem „masselosen" Produkt zu tun: Bits und Bytes.
Die sechste Welle dürfte in der ersten Hälfte des kommenden Jahrhunderts über uns hereinbrechen. Sie wird mutmaßlich von einer neuartigen Kombination aus Masse, Information und Mensch getragen werden. Mit hoher Wahrscheinlichkeit dürfte es sich dabei um einen 'Bio-Med-Gero-Schub' handeln, in dessen Mittelpunkt der Kampf gegen den Alterungsprozeß und die Gebrechen des Homo sapiens stehen.
Die siebte Welle wird wohl von der Energietechnologie ausgelöst werden. Knapper werdende Naturressourcen und nicht mehr tolerable Umweltbelastung werden die Menschheit zwingen, die Energiefrage ein für allemal ressourcenschonend und umweltfreundlich zu lösen. Gegen Ende des nächsten Jahrhunderts sollte daher die Energie kein wesentlicher Kosten- und Umweltfaktor mehr sein.
Die informationsgeprägte Technologiewelle der Gegenwart hat einschneidendere Konsequenzen für die Beschäftigungsinhalte als alle bisherigen technologischen Schübe. Mindestens aber ist sie in ihren Auswirkungen mit der Erfindung der Dampfmaschine vergleichbar. Rifkin entwirft in seinem kontrovers diskutierten Buch „Das Ende der Arbeit und ihre Zukunft"[4] eine düstere Zukunftsperspektive. Er prophezeit das Verschwinden von zwei

[4] Rifkin, Jeremy: „Das Ende der Arbeit und ihre Zukunft", Campus Verlag, Frankfurt, 1995

Dritteln aller Industriearbeiterjobs.[5/6] Auch frühere Wellen haben ihre Schwarzseher hervorgebracht. Karl Marx rechnete im vorigen Jahrhundert mit einer ständig wachsenden „industriellen Reservearmee, die mit der kapitalistischen Akkumulation entsteht"[7]. Keynes wollte Pyramiden bauen lassen, um Arbeit zu schaffen, ohne Angebot zu erzeugen[8]. Die heutigen ABM[9]-Programme hatten also ein geschichtliches Vorbild. Malthus schließlich leitete sogar die Notwendigkeit von Kriegen für eine gesunde Ökonomie ab.[10]

Die Pessimisten früherer Tage haben sich mit ihren Prognosen und Lösungskonzepten geirrt. Das gibt Anlaß zu der Hoffnung, daß auch die zeitgenössischen Kassandren fehlspekulieren. Das vorliegende Buch möchte diese Hoffnung stärken.

Freilich ist nicht zu bestreiten, daß der fünfte Technologieschub der Neuzeit einfache menschliche Arbeit in nie dagewesenem Ausmaß überflüssig macht. Diese erledigen heute Roboter oder PCs fehlerfreier und billiger. Der Trend zum verstärkten Maschineneinsatz wird in den nächsten Jahren zunehmen statt abflauen. Dies gilt weniger für körperliche Arbeiten in Industriebetrieben. Dort wird heute ohnehin kaum noch einfache menschliche Arbeit verrichtet. Der Trend zur Automatisierung der einfachen Arbeiten trifft vor allen Dingen Banken, Versicherungen, Verwaltungen von Staat und Unternehmen, Rechtsanwaltskanzleien, Wirtschaftsprüfungs- und Steuerberatungsbüros etc. Computer verfassen heute bereits einfache Novellen. Über kurz oder lang werden sie den Schachweltmeister nicht mehr nur fallweise schlagen, sondern ihm keine Chance mehr lassen.

In 15 Jahren sollen Mikroprozessoren eine Milliarde Transistoren (heute 7,5 Mio.) fassen, mit einer Taktfrequenz von 10.000 Megahertz (heute 333 MHz) arbeiten und 100 Mrd. Befehle pro Sekunde ausführen.[11] Die Leistungsexplosion der „denkenden" Maschinen wird binnen weniger Jahre geradezu gesetzmäßig zum Verschwinden einer Vielzahl von Tätig-

---

5 Rifkin, Jeremy: „The end of work", New York, 1995, Seite 8

6 Ähnlich: Schuy, Herbert: „Wollt ihr den totalen Markt", 1997; Forrester, Viviane: „Der Terror der Ökonomie", 1997, Zsolnay; Roth, Jürgen: „Absturz – Das Ende unseres Wohlstandes", 1997, Piper; „Die Grenzen des Wettbewerbes – Die Gruppe von Lissabon", 1997; Martin, Hans-Peter: „Die Globalisierungsfalle: Der Angriff auf Demokratie und Wohlstand", Rowohlt, Reinbek bei Hamburg, 1996

7 „Marx-Engels Begriffslexikon", Seite 159f, Hrsg. Konrad Lotter, Reinhard Meiners, Elmar Treptow, Verlag C.H. Beck, München, 1984

8 Keynes, John Maynard: „Allgemeine Theorie der Beschäftigung, des Zinses und des Geldes",Seite 111f und 184, Duncker und Humblot, Berlin, 1936

9 Arbeitsbeschaffungsmaßnahmen vor allem in den neuen Bundesländern

10 vgl. Thomas Robert Malthus: „An essay on the principle of population", 1798, London Quelle: http://www.socsci.mcmaster.ca/~econ/ugcm/3113/malthus/popu.htm

11 Intel Corp., auf der CEBIT 98, Süddeutsche Zeitung vom 20.3.1998

keiten führen, mit denen heute noch Menschen ihren Lebensunterhalt verdienen. Dramatische Veränderungen in den Unternehmenskulturen und Mitarbeiterprofilen werden die Folge sein. Die Arbeitswelt des nächsten Jahrhunderts wird sich fundamental von der heutigen unterscheiden. Grenzen fallen fort, entfernte Kontinente rücken zusammen, sachliche, personelle und geistige Ressourcen sind weltweit an beliebigen Orten verfügbar. Ein Unternehmen, dem der Standort X nicht zusagt, läßt sich in Y nieder, auch wenn das Celebes statt Niedersachsen ist. Globalisiert wird nicht der Status quo, sondern die Karten werden neu gemischt. Gegen die ökonomischen Folgen kann sich kein Staat auf Dauer abschirmen. Je eher und konsequenter er sich die neuen globalen Spielregeln zu eigen macht, desto größer sein Vorteil im weltweiten Wettbewerb.

Die Arbeit in den höchstentwickelten Ländern konkurriert mit der Arbeit in Osteuropa und Asien. Letztere ist bis zu 80 Prozent billiger. Das läßt der hiesigen Arbeitswelt nicht viele Optionen. Langfristig bleiben ihr nur noch das regionale Geschäft und personenbezogene Dienstleistungen, Produkte und Leistungen mit außerordentlicher Kapital- oder Infrastrukturintensität sowie absolute Spitzenleistungen, die höchste qualitative Arbeitsanforderungen stellen. Die Folge, so besagen gewissenhafte Schätzungen, ist ein Absinken des Industriearbeiteranteils in den hochentwickelten Ländern von 20 auf zwölf Prozent über die kommenden zehn Jahre. Dagegen wird der Anteil von Lehre und Beratung an der Gesamtarbeitsmenge von zehn auf 20 Prozent steigen. Auch in dieser Entwicklung hinkt Deutschland mit einem Dienstleistungsanteil von 59,1 Prozent (1995) hinterher: die USA verfügen über 73,1 Prozent der Jobs in diesem Bereich und England über 70,4 Prozent.

Die Globalisierung der Wirtschaft führt zu Veränderungen in historischen Dimensionen. Deutschland und Europa versuchen seit Jahren, den negativen Folgen dieser Umwälzungen (insbesondere für die Beschäftigung) durch viele kleine Anpassungsmaßnahmen zu begegnen. Doch mit der enormen Wucht und Geschwindigkeit des weltweiten Wandels kann dieser „evolutionäre" Ansatz nicht Schritt halten.

Sein Hauptmanko ist, daß er überkommene ökonomische Verfahrensweisen und Strukturen prinzipiell verteidigen will - gegen einen Druck von außen, der eine „revolutionäre" Umgestaltung verlangt. Wer diese Umgestaltung jahrelang vor sich herschiebt, gerät unweigerlich in Rückstand, der in einer akzelerierenden Weltwirtschaftsentwicklung immer schwerer aufzuholen sein wird.

Zögerliche, evolutionäre Anpassungen ziehen zwangsläufig strukturelle Wachstumsschwächen nach sich. Indikatoren solcher Schwächen sind, neben der hohen Arbeitslosigkeit, die exorbitante Staatsquote und die geringe Zahl der Zukunftsinvestitionen. Die Gesamtsumme ausländischer Direktinvestitionen in Deutschland ist kaum der Rede wert[12]. Der Anteil Deutschlands am Weltexport nimmt ab: lag er 1990 noch bei 12,2 Prozent, so war er im Jahre 1996 auf 9,8 Prozent gesunken.[13] Bei den meisten High-Tech-Erzeugnissen ist die Bundesrepublik längst zum Nettoimporteur geworden. „Glänzt Deutschland bald als Schlußlicht?"[14] Diese Frage muß man sich, frei von jeder Polemik, im Lichte einer Untersuchung stellen, die zehn wichtige Industrieländer anhand von 20 ökonomischen Kriterien in eine Rangfolge bringt:

Diese waren:	Rangplatz Deutschland
• Produktivität (Pro Kopf Produktion 97 in US$ indiziert)	5
• Durchschnittliches Wirtschaftswachstum (92-97)	8
• Beschäftigungszuwachs in Prozent (92-97)	9
• Langzeitarbeitslose in Prozent der Arbeitslosen (1997)	9
• Inflation (kumulierter Anstieg von 92-97)	8
• Staatsausgaben (in Prozent vom BIP 1997)	7
• Schuldenquote (in Prozent vom BIP 1997)	6
• Exportwachstum (in Prozent vom BIP 92-97)	9
• Importwachstum (in Prozent vom BIP 92-97)	7
• Privatinvestitionen (Veränderung 92-97)	10
• Sparquote (in Prozent vom BIP 95/96)	4
• Durchschnittliche Eigenkapitalrentabilität (92-97)	6
• Verfügbares Pro-Kopf-Einkommen in US$ (1997)	6
• Arbeitskosten in der verarbeitenden Industrie in D-Mark (96)	10
• Dienstleistungssektor (in Prozent vom BIP 1995)	9
• Telefondichte (1996)	6
• Internetnutzer (je 100 Einwohner 1997)	7
• Bildungsausgaben (in Prozent vom BIP 1994)	5
• Bereitschaft zur Veränderung (WEF-Umfrage 1996)	9
• Korruptionsanfälligkeit (1997)	5

Wenn wir diese Einflußfaktoren einfach zusammenfassen, indem wir die jeweils erste Position mit zehn, die letzte mit einem Punkt bewerten, und

[12] An dieser grundsätzlichen Aussage ändern auch die 1997 erfolgten ausländischen Großakquisitionen (Pharma, Energie) in Deutschland nichts. Grundsätzlich gilt, daß in Deutschland die Differenz zwischen ausländischen Direktinvestitionen in Deutschland sowie deutschen Direktinvestitionen im Ausland im Verlauf der 80er und 90er Jahre beständig größer geworden ist (5 bis 6 Mrd. Anfang der 80er Jahre, 1995 Negativsaldo von 34 Mrd. DM). Vgl. Schnellbrief „Reform für Beschäftigung des BmfWi"

[13] IW-Trends, 1/1996, S. 7

[14] Alfred Zahn, Welt am Sonntag, 1.3.98, S. 50

die Punktzahlen über alle 20 Indikatoren addieren, ergibt sich der Gesamtrang der wettbewerblichen Leistungsfähigkeit eines Landes (Abb. 5).

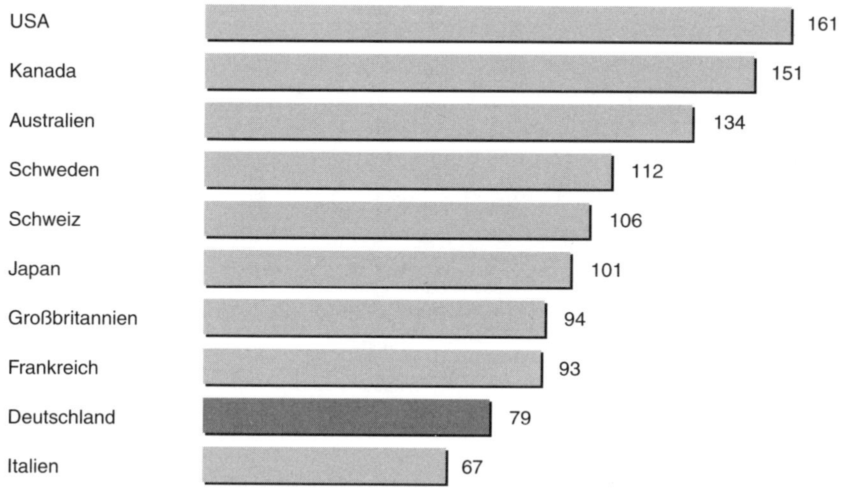

Abbildung 5: Schlußlicht Deutschland
[Quelle: Welt am Sonntag – Nr. 9 – S. 50, 1.3.1998]

Deutschland liegt auf dem vorletzten Platz. Kontinentaleuropa (repräsentiert durch Deutschland, Frankreich, Italien) bildet den traurigen Schluß der Liste. Japan ist stark abgesackt. Die offeneren, weniger „verkalkten" Volkswirtschaften besetzen die Spitzenpositionen, vorneweg die USA, die in neun von 20 Kriterien am besten abschneiden und in weiteren fünf unter den ersten drei Kandidaten rangieren. Andere Untersuchungen kommen zu demselben Ergebnis. Der Wettbewerbsbericht des World Economic Forums 1997 etwa plaziert Deutschland auf Rang 25 von 53 Ländern. Die erwähnten Studien führen den Handlungsbedarf zur Umgestaltung ein weiteres Mal eindringlich vor Augen. Wir wollen nicht dem nordamerikanischen Modell uneingeschränkt und kritiklos das Wort reden, aber wir dürfen vor den Fakten nicht die Augen verschließen.
Ein guter Staatsmann oder Unternehmensführer zeichnet sich in erster Linie durch Weitsichtigkeit aus. Er ist in der Lage, kommende Veränderungen frühzeitig zu erkennen und sein Handeln proaktiv darauf einzustellen (Abb. 6). Die Aufgabe, vor welcher der Staat jetzt steht, besteht darin, die Rahmenbedingungen für antizipierendes Handeln seitens der Unternehmen zu schaffen. Die Bremsen, die bisher eine effektive Anpassung der Wirtschaft an die Globalisierung verhindert haben, müssen gelockert werden (Überregulierung, Lohnnebenkosten u.v.a.). Die Unternehmen sollten den neu gesteckten Rahmen nutzen, um ihre Organisation und Human-

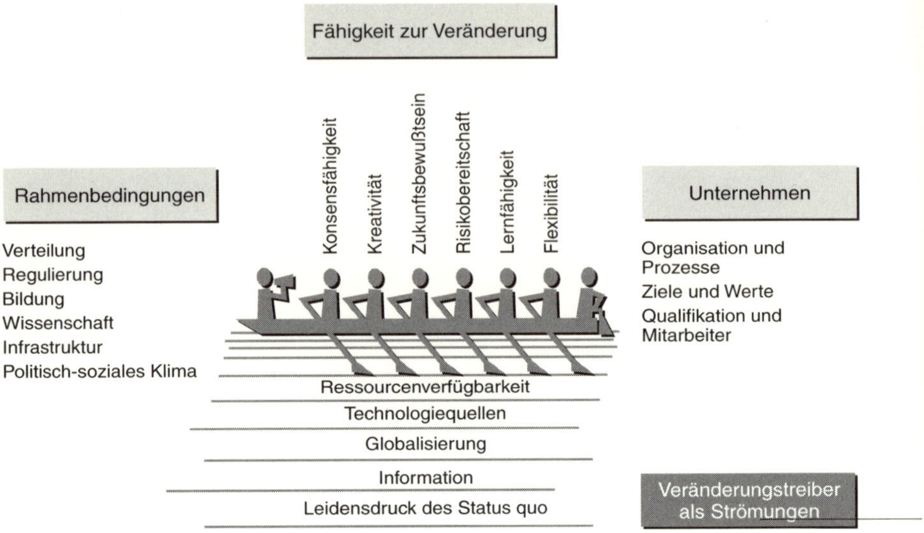

Abbildung 6: Veränderungstreiber erzwingen Veränderungen in Unternehmen und Staat

Resource-Politik auf die Erfordernisse einer globalisierten Wirtschaft einzustellen.

Das Beschäftigungsproblem, wir betonen es noch einmal, kann unseres Erachtens nicht (mehr) durch ein Kurieren an Symptomen gelöst werden, sondern nur durch grundsätzliches Umdenken und entsprechend konsequentes Handeln. Im Augenblick scheinen sich die großen Länder Westeuropas, voran Deutschland und Frankreich, aber auch Italien oder Spanien, in der Lage des berühmten Ritters von der traurigen Gestalt zu befinden, den Miguel de Cervantes beobachtete: „*Don Quijote war in Verzweiflung; allein je mehr er seinen Gaul spornte, desto weniger konnte er ihn von der Stelle bringen, da er nicht entfernt an dessen Fesseln dachte.*"[15]

Die Frankfurter Allgemeine Zeitung trifft den Nagel auf den Kopf, wenn sie diagnostiziert: „Die Massenarbeitslosigkeit dieser Jahre erklärt sich aus dem Zusammentreffen einer neuen, schöpferischen Unordnung am Weltmarkt und dem starrsinnigen Beharren auf alten Ordnungsmechaniken in sklerotisierten Gesellschaften."[16]

Einige kleinere europäische Staaten indessen, wie die Niederlande, Irland oder Dänemark, deren Existenz historisch schon immer von ihrer Flexibilität abhing, konnten das Roß zum Traben bringen.

15 Don Quijote, 9. Kapitel

16 FAZ, 07.02.1998

Mit Hilfe einer Simulation haben wir untersucht, wie sich eine weitere Verzögerung der grundlegenden Umgestaltung auf Deutschland auswirken würde. Unsere Modellrechnung basiert auf zwei vereinfachenden Annahmen:

- Einer linear anwachsenden Arbeitsproduktivität, die tendenziell Arbeitslosigkeit verursacht
- Die Verteuerung der Arbeit durch Nebenkosten aus dem Umlageprinzip ruft ein gebremstes, nicht-lineares Wachstum hervor.

Als Startparameter wurden insbesondere die Arbeitslosigkeit (1990), Steuern, Lohnnebenkosten sowie wachsende Rentenausgaben einbezogen. Deren bisherige Entwicklung wurde in einem „worst case"- und einem „best case"-Szenario extrapoliert. Die Tatsache, daß die Ist-Zahlen bis 1996 durchgängig zwischen den beiden Prognosepfaden liegen, kann für die Validität unserer Rechnung stehen (Abb. 7).

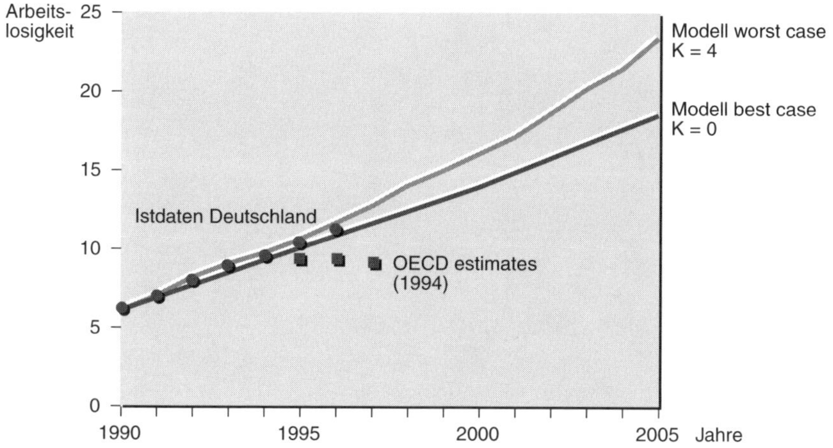

Anmerkung: K – effektive Konstante (Rückkopplung der AL auf sich)

Abbildung 7: Simulation Arbeitslosigkeit in Deutschland

Das Ergebnis ist alles andere als beruhigend. Der Verlauf der Kurven zeigt unmißverständlich, daß die Fortschreibung des Status quo auf direktem Weg in die Katastrophe führt: Steigende Kosten für Sozialausgaben, vor allem durch ausufernde Arbeitslosigkeit, bedeuten steigende Arbeitskosten, die zu forcierten Rationalisierungsbemühungen und damit zu weiteren Entlassungen etc. führen – ein Teufelskreis, aus dem es kein Entrinnen gibt. Unsere Modellrechnung macht ganz unverblümt klar: Wenn wir nicht den Mut zum Umbruch finden, wird unser Land in nicht allzu ferner Zukunft 20 Prozent arbeitslose Bürger haben. Diese Voraussage mag bei manch

einem Zweifel wecken. Deshalb weisen wir darauf hin, daß auch gezweifelt wurde, als einige mutige Ökonomen im Jahre 1990 zweistellige Arbeitslosenraten noch für diese Dekade prophezeiten.
Tatsache ist: Es gibt zu wenig Anzeichen dafür, daß wir dem oben skizzierten Teufelskreis aus steigender Arbeitslosigkeit und wachsenden Sozialausgaben entgehen könnten. Der starke Dollar mag manches beschönigen, da die Exporte boomen. Dessen ungeachtet wird die Zahl jener Menschen, die keine Arbeit mehr finden können, in diesem Land mit furchterregender Stetigkeit größer. Eine Zeitbombe tickt. Es muß in Deutschland und Europa endlich Entscheidendes geschehen! Andernfalls droht der große Kollaps – mit unabsehbaren Folgen für die Staatengemeinschaft.

II.

Der Staat als Eisbrecher und Katalysator!

Der Staat als Eisbrecher und Katalysator!

"Ihr habt nichts zu fürchten als die Furcht."

Franklin D. Roosevelt

Was muß geschehen?
Die Beantwortung dieser Frage gehen wir mit einem Projektansatz an, der vier klassische Schritte einschließt (Abb. 8):

1. **Problemanalyse:** Die externen Veränderungstreiber sowie die künftigen Erfolgsfaktoren müssen identifiziert werden. Es ist zu prüfen, ob die eigenen Fähigkeiten mit letzteren kompatibel sind.
2. **Visionsentwicklung:** Festlegung des Ziels aller Anstrengungen: Wohin soll die Reise gehen?
3. **Einigung über den Veränderungsweg:** Es muß klar sein, wie vorgegangen werden soll, welche Grundwerte und Verhaltensnormen verfolgt und welche Spielregeln akzeptiert werden können/müssen.
4. **Strategieentwicklung:** Schließlich gilt es, die wichtigsten Veränderungshebel zu erkennen und Einzelstrategien zu entwerfen, mit denen das gesteckte Ziel zu erreichen ist.

Wirtschaftsunternehmen entwickeln meist erst eine Strategie und überlegen sich anschließend, auf welchem Weg man das Ziel erreicht. Je größer die organisatorische Einheit, je demokratischer diese geführt wird und je pluralistischer ihre Zusammensetzung ist, um so wichtiger wird das "Wie", die Entwicklung und Einhaltung allgemeingültiger Spielregeln. Wir halten uns deshalb an diese Reihenfolge.

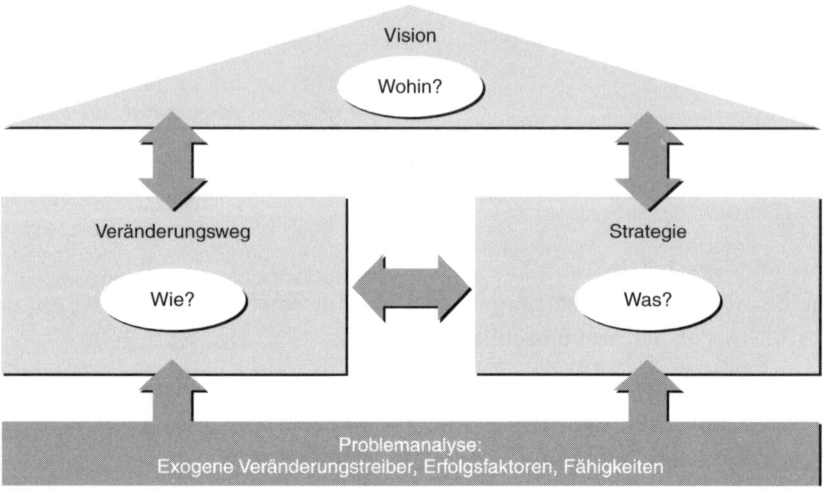

Abbildung 8: Veränderungsmanagement

Schritt 1:

Mit der **Problemanalyse** wollen wir uns nicht allzu lange aufhalten. Die europäische Misere ist hinlänglich bekannt. Wir halten stichwortartig fest, was insbesondere für Deutschland und Frankreich gilt. Dabei dienen Vereinfachungen der Verständlichkeit:

- Externe Veränderungstreiber: sinkende Transaktionskosten, informationsdominierte Technologiewelle (5. Kondratieff), Wissen und Fähigkeiten als stark limitierte Ressourcen, Umwelt als zunehmend knapp werdende Ressource
- Zukünftige Erfolgsfaktoren: Innovationsfähigkeit, Flexibilität des Arbeits- und Gütermarktes, globales Agieren, hohe Anpassungsgeschwindigkeit an externe Veränderungen
- Eigene Fähigkeiten und Stärken: soziale und technische Infrastrukturen, Bildungs- und Innnovationstradition mit überdurchschnittlich ausgebildeten Arbeitnehmern. Bedingt als Stärke zu werten: Größe des europäischen Marktes und ausgeprägte Konsenskultur (beides kann vorteilhaft sein, aber ersteres verschleiert tendenziell die bestehenden Probleme, letzteres könnte uns davon abhalten, notwendige harte Beschlüsse zu fassen und in die Tat umzusetzen).

Schritt 2:

Visionen spielen in der heutigen wirtschaftspolitischen Diskussion eine untergeordnete Rolle. Nur wenige Philosophen (R. Dahrendorf), Zukunftsforscher (M. Horx) und Wirtschaftspolitiker (R. Reich) – neuerdings auch der Club of Rome – äußern sich dezidiert dazu, wie die Arbeits- und Wirtschaftswelt in einigen Jahrzehnten aussehen sollte oder könnte. Eine Vision weist nicht den Weg, der einzuschlagen ist, sondern fixiert allein das Ziel der Reise. Sie schreibt nicht das Bestehende fort, sondern löst sich im Gegenteil mehr oder weniger ab von ihm, um einen Idealzustand zu entwerfen. Die Vision ist ein Stern am Zukunftshimmel, auf dem der Visionär sitzt, um von dort auf die weniger ideale Wirklichkeit herunterzuschauen. Von seiner hohen Warte aus erkennt er dann eher den Weg, der genommen werden muß. B. v. Oetinger[1] spricht in diesem Zusammenhang von *Retropolieren* (Abb. 9). Nutzen, Kraft und Gestaltung von Visionen hat niemand treffender beschrieben als der französische Schriftsteller Antoine de Saint-Exupéry: "*Wenn Du ein Schiff bauen willst, dann trommle nicht Männer zusammen, um Holz zu beschaffen, Werkzeuge zu verteilen und Aufgaben zu vergeben, sondern lehre sie die Sehnsucht nach dem weiten endlosen Meer.*"[2]

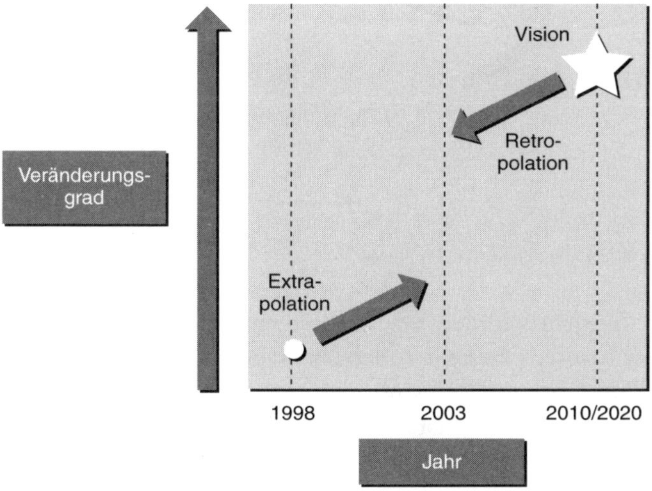

Abbildung 9: Vision Retropolation statt Extrapolation

[1] Oetinger, Bolko v., Hrsg., Das Boston Consulting Group Strategiebuch, Econ Verlag Düsseldorf, 1993

[2] Saint-Exupéry, Antoine de: Der kleine Prinz, Karl Rauch Verlag, 52. Aufl. 1998

Gerade deutschen Unternehmern und Politikern mangelt es offenbar an mitreißenden Visionen. Der Geschäftsmann aus Saint-Exupérys "Der kleine Prinz" könnte der Prototyp eines deutschen Entscheidungsträgers sein: *"Ich bin ein ernsthafter Mann. Ich habe nicht Zeit zu Träumereien."*
Die Bedeutung von Visionen für das strategische Handeln kann gar nicht hoch genug veranschlagt werden.[3] Länder wie die USA haben das längst erkannt. Die Visionen so erfolgreicher Weltunternehmen wie Hewlett-Packard, Merck (USA) und General Electric sind Legende. Ohne Vision ist der strategisch Handelnde blind. Ihm fehlt das klare Ziel.
Welche „Traumvorstellung" könnte die Europäer aus ihrer Lethargie reißen? Übermäßig „abgehoben" wird sie nicht sein dürfen, denn Europa ist gebranntes Kind in Sachen Visionäre. Allzuoft ist in den vergangenen hundert Jahren aus der großen Vision ein Alptraum geworden. „I have a dream"[4] könnte auf europäisch heißen: das Dreieck von *Freiheit*, sozialer *Ausgewogenheit* und wirtschaftlichem *Wachstum* wieder ins verlorengegangene Gleichgewicht zu bringen (Abb. 10).

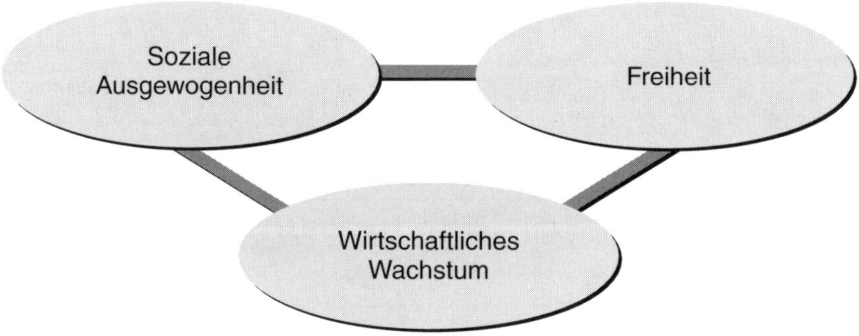

Abbildung 10: Das visionäre Dreieck

Während hinsichtlich der beiden erstgenannten Ziele in Kontinentaleuropa ein Konsens besteht (oder leicht herzustellen sein sollte), ist das dritte Ziel umstritten. Wachstumsbefürworter werden von mancher Seite gern als Wachstumsfetischisten abqualifiziert. Dabei dürfte auch der glühendste Wachstumsverweigerer kaum leugnen wollen, daß das Arbeitslosenproblem mittel- bis langfristig nur durch das Schaffen neuer Arbeitsplätze gelöst werden kann. Und neue Arbeitsplätze entstehen dort, wo Unternehmen wachsen. Aus eben diesem Grund steigt der Wohlstand in

---

3 Collins, James C., Porras, Jerry I., Visionary Companies, Visionen im Management, Artemis/CVK, 1995

4 vgl. "I have a dream"-Rede von Martin Luther King Jr., Lincoln Memorial, Washington D.C., 28.08.1963

den Schwellenländern rapide an: hohes Wirtschaftswachstum erzeugt neue Beschäftigungsmöglichkeiten. In unseren Breiten dagegen liegt das Wirtschaftswachstum unter der Produktivitätssteigerung. Arbeit wird durch Kapital substituiert und der gleiche Output mit immer weniger Aufwand geschaffen – ein Imperativ des globalen Wettbewerbs. Europa kann eine beschränkte Anzahl von Arbeitsplätzen schaffen, indem es die vorhandene Arbeit umverteilt. Sollen aber massiv neue Stellen entstehen, so führt kein Weg an einem nachhaltigen Wachstum der Volkswirtschaft vorbei.

Die entworfene Vision ist anspruchsvoll. In keiner der großen Weltwirtschaftsregionen ist sie verwirklicht. Das ostasiatische Verständnis von individueller Freiheit deckt sich nicht mit jenem der westlichen Hemisphäre. Überdies ist in Fernost jüngst das Wachstum eingebrochen. Auf der anderen Seite des Stillen Ozeans, in den USA, fehlt es an sozialer Ausgewogenheit. Die Schere zwischen Arm und Reich klafft, wir erwähnten es, für europäische Begriffe inakzeptabel weit auseinander. Die Alte Welt schließlich, in der Freiheit und weitgehende soziale Ausgewogenheit herrschen, leidet unter eklatanter Wachstumsschwäche.

Schritt 3:

Die Entscheidung über den Weg, auf dem wir die Vision erreichen wollen, ist gleichbedeutend mit dem Festlegen einer Veränderungsphilosophie. Die Schlüsselfrage lautet hier: Wollen wir die als notwendig erachtete, grundlegende Umgestaltung entschlossen und hart oder sanft und in kleinen Schritten vorantreiben, so daß sie möglichst niemandem weh tut?

Diese zentrale Frage tangiert das Wohlbefinden jedes Einzelnen in dieser Gesellschaft. Hier einen Konsens herzustellen, fällt besonders den europäischen Demokratien mit ihrem breiten Spektrum von widerstreitenden Interessen, Wünschen und Bedürfnissen schwer. Hoher Lebensstandard sorgt in weiten gesellschaftlichen Bereichen für eine hohe Anspruchshaltung und ein Besitzstandsdenken, das sich jeder allzu tiefgreifenden Umgestaltung widersetzen wird. Asiatische Gesellschaften tun sich da leichter. Die konfuzianische Lehre und die Begeisterung für das wirtschaftliche Wettrennen mit dem Westen sind der beste Humus für Veränderungsphilosophien – auch wenn diese Verzicht und persönliche Opfer verlangen. Die nordamerikanische Machbarkeitsmentalität und die besondere Risikobereitschaft sind einem radikalen Strukturbruch ebenfalls förderlich. Allein die Europäer, insbesondere die Deutschen, scheinen mentale Stützen dieser Art nicht zu besitzen. Bevor sie sich zu einschneidenden Reformen durchringen können, muß der Leidensdruck noch wesentlich größer werden. So scheint es jedenfalls. Heinrich von Pierer, Vorstandsvorsitzender der Siemens AG, bringt es auf den Punkt wenn er konstatiert,

daß „unsere Konsensgesellschaft" einerseits etwas Vernünftiges ist, doch andererseits auch Konflikte riskiert werden müssen, „wenn man klar erkennt, daß es so nicht weitergeht."[5]
Die Niederlande immerhin geben ein eindrucksvolles Beispiel für einen erfolgreichen, konsensorientierten Veränderungsprozeß. Die Toleranz des Erasmus von Rotterdam und die Pragmatik Calvins waren offensichtlich der ideale Nährboden für eine Kombination aus Strukturbruch und Konsens. Holland wurde zum „Primus, der allen voraus ist"[6].
Wie erfolgreich die konsensbasierte Umgestaltungsarbeit war, zeigt sich auch darin, daß die holländische Volkswirtschaft im Zuge des Wandlungsprozesses nur durch ein vergleichsweise flaches Wellental mußte. Die Leiden aller Beteiligten konnten auf ein Minimum beschränkt gehalten werden.
Ganz vermeiden lassen werden sich Wellentäler bei einem entschlossenen Reformprogramm nicht. Das lehren uns nicht nur alte lateinische Weisheiten („per aspera ad astra"), sondern auch jüngste Beispiele aus verschiedenen Teilen der Welt (Abb. 11).

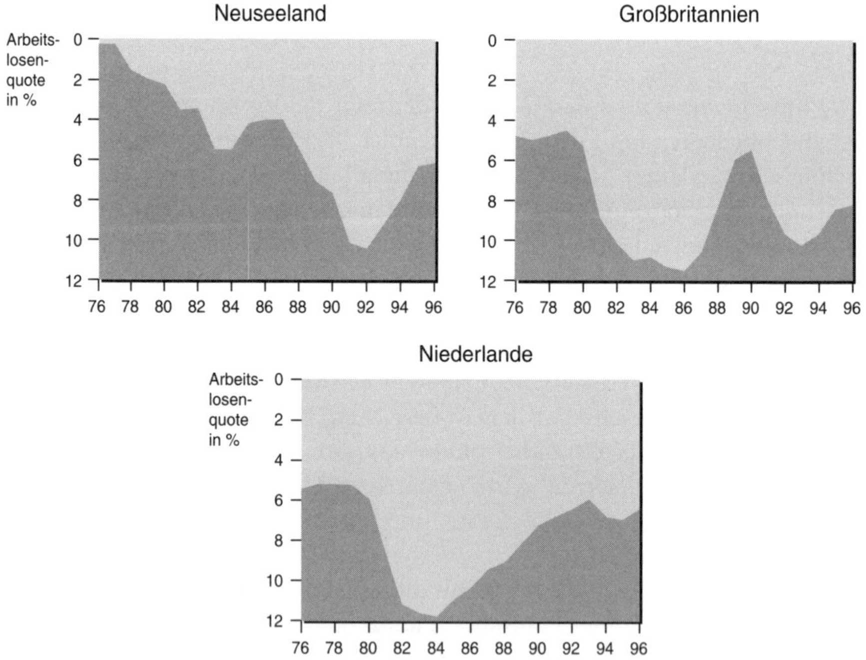

Abbildung 11: Das Wellental als Veränderungsvoraussetzung?
[Quelle: Labour Force Statistics, OECD, 1997

5 Die Zeit, 07.02.1997, S. 46
6 Bundesbankpräsident Tietmeyer, Spiegel 17/97, S. 27

Sowohl Neuseeland als auch Großbritannien haben den schmerzvollen „radikalen" Weg gewählt. Sie haben verkrustete Strukturen beseitigt, konsequent mit liebgewordenen (und kostspieligen) Gewohnheiten gebrochen, sie haben von heute auf morgen wesentliche Dinge grundlegend anders gemacht als bisher und dabei Wachstumseinbrüche ihrer Volkswirtschaften in Kauf genommen. Der Erfolg gibt ihnen letztlich recht. Vor allem Großbritannien scheint die neugewonnene strukturelle Freiheit und Flexibilität gutgetan zu haben: Während der Aufschwung nach den harten Einschnitten ca. sieben Jahre auf sich warten ließ (1980-1987), konnte das folgende Tal wesentlich schneller durchschritten werden (1991-1994). Die Niederlande scheinen dagegen ungewollt langsam in das Wellental abgeglitten zu sein – ähnlich wie Deutschland in den letzten fünf Jahren. Auf der Talsohle angekommen, sah man sich gezwungen gegenzusteuern. Doch war es auch hier nicht ausschließlich der „große runde Tisch", der konsensorientierte Weg allein, der das Land zu neuer Prosperität geführt hat. „Es gibt kein Poldermodel", sagt Hans Wijers, der niederländische Wirtschaftsminister und ehemalige Leiter des Amsterdamer Büros der Boston Consulting Group. Der Aufschwung sei vielmehr wie in anderen Staaten nur durch schmerzhafte Strukturanpassungen möglich geworden. Wichtig sei vor allem die vor 15 Jahren eingegangene Verpflichtung der Sozialpartner gewesen, sich bei Lohnsteigerungen zu mäßigen – in Kombination mit einer auf Stabilität ausgerichteten Geldpolitik und einer Begrenzung der Staatsausgaben.[7]

Wie lange können wir uns noch Zeit lassen? Kann die Vision des Gleichgewichts von Freiheit, Wachstum und sozialer Ausgewogenheit nur dann Realität werden, wenn wir zeitweilig bewußt Friktionen und Konflikte zulassen? Sind sie möglicherweise Voraussetzung für das Happy End? Werfen wir einen Blick auf das neuseeländische Modell:

Neuseeland war Mitte der 80er Jahre in eine so tiefe Krise geraten, daß das ökonomische Überleben der Nation in Frage stand. Dem Inselstaat am anderen Ende der Welt blieben zwei Optionen: entweder schnelle, tiefgreifende Reformen auf den Weg zu bringen oder auf den Status eines Entwicklungslandes zurückzusinken. Man entschied sich für die erste Version. Dabei bescherte das Schicksal dem Land eine günstige, erfolgverheißende Faktorenkonstellation: weitsichtige Politiker, klare Mehrheiten im Parlament nach der Wahl 1985 sowie einen großen Leidensdruck in der Bevölkerung, der eine größere Bereitschaft erzeugte, temporär noch eine weitere Verschlechterung der persönlichen Lage („Wellental") in Kauf zu nehmen – wenn es danach nur aufwärts ginge. Die eingeleitete Reform schnitt zum Teil tief in bestehende Privilegien ein, senkte entschlossen die Steuern

[7] Neue Züricher Zeitung, 09.03.1998

und erreichte eine drastische Reduzierung der Staatsverschuldung sowie des Haushaltsdefizits (Abb. 12). Das Gleichgewicht aus Freiheit, Wachstum und sozialer Ausgewogenheit, die Realisierung der großen Vision, kam sehr bald in Sicht.

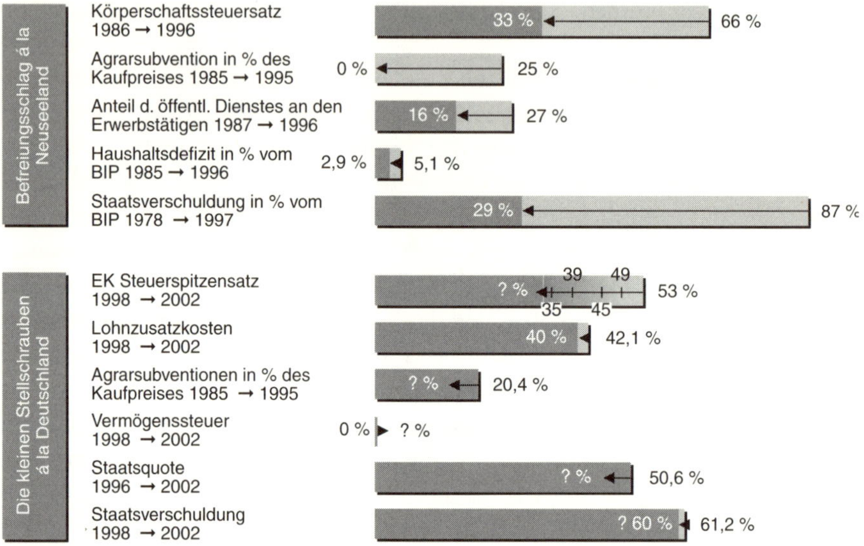

Abbildung 12: Perfektionierung und Befreiungsschlag Deutschland und Neuseeland [Quelle: Wahl- und Parteiprogramme der Parteien 1998; Europäische Kommission, Convergence Report; Generaldirektion Landwirtschaft, Statistisches Bundesamt (Feb. 1998); Statistisches Jahrbuch für das Ausland 1997]

Ein Deutschland, das, statt einen Befreiungsschlag à la Neuseeland zu wagen, sich darauf verlegt, an den kleinen Stellschrauben zu drehen, darf keine nennenswerten Erfolge erwarten und wird unweigerlich unter die Räder der Globalisierung geraten.

Bewußt herbeigeführte Strukturbrüche sind für die Initiatoren mit einem hohen politischen Risiko verbunden. Gern frißt auch hier die Revolution ihre Kinder, die Verantwortlichen werden abgewählt, bevor ihr Reformwerk Zeit hatte, erste Früchte zu tragen. Nicht selten fallen – Ironie des Schicksals – der nächste Wahltermin und der Tiefpunkt des unvermeidlich scheinenden Wellentals zeitlich zusammen. Die neuseeländischen, schwedischen und holländischen Reformer hat dieses Schicksal ereilt. Die Größe, eine umfassende Reform anzupacken trotz der Gefahr, in Ungnade zu fallen – diese Größe haben nur wenige. Wir nennen hier stellvertretend für andere (ohne die jeweiligen Ansätze werten zu wollen) Martin Luther, Margret Thatcher, Michail Gorbatschow und den Neuseeländer David Russell Lange.

Wir sind bisher den Weg des Konsens gegangen. Unsere politische Vergangenheit gebietet es uns, mit diesem Juwel vorsichtig umzugehen. Falls dieser Konsens aber über Jahre und Jahrzehnte zum kleinsten gemeinsamen Nenner des Handelns (beziehungsweise Nichthandelns) führt, sollten alle Alarmlampen auf rot gehen. Diesen kleinsten gemeinsamen Nenner darf es in der Zeit von Strukturbrüchen nicht geben. Das Teilen eines Struktur-„bruchs" durch den Nenner Null muß schon rein arithmetisch zu einem unmöglichen Ergebnis führen. Daß in Deutschland das Konsensbewußtsein in den Betrieben viel höher als in der Gesellschaft ist, muß zu denken geben. Die von den Arbeitgebern und -nehmern gemeinsam getragenen Veränderungen in der Automobil- oder Chemiebranche geben dazu beredtes Zeugnis. Ohne diesen Konsens wären diese Branchen nicht an die Weltspitze zurückgekehrt.

Warum sollte ein Konsens für den Umbruch also nicht auch gesamtgesellschaftlich möglich sein? Die Voraussetzung dafür ist, daß zentrale Themen nicht tabuisiert werden. Es sollte klar sein, daß

- es zeitweise zu Einbußen für viele Betroffene kommen kann, Strukturbrüche müssen bewußt gewollt sein
- die Stabilität der Verkrustung vorübergehend in die Instabilität des 'kreativen Chaos' umkippen kann
- es keine Instant-Belohnungen gibt, sondern durchschlagende Erfolge erst mittelfristig zu erwarten sind
- die Hauptlast der Reform von den Wirtschaftsunternehmen und Arbeitnehmern – also der „Gesellschaft" – getragen wird.

Doch auch der einträchtigste Konsens darf nicht darüber hinwegtäuschen, daß der Erfolg eines einmal eingeleiteten, grundlegenden Reformprozesses im Detail nicht vorhergesagt werden kann. Dazu ist dieser zu komplex. Wir schlagen vor, wie folgt mit der Komplexität umzugehen:

Definition von Schwerpunkten, auf die alle „Veränderungsenergie" zu fokussieren ist. Von der Schwerpunktbearbeitung erwarten wir eine Initialzündung, die eine visionskonforme Wirkung auf das Gesamtsystem hat. Diese wird allerdings nur dann eintreten, wenn die Zahl der Schwerpunkte begrenzt ist, wenn ihre Auswahl den Betroffenen plausibel gemacht werden kann (und auch gemacht wird) und wenn die Initialveränderung eine „kritische Masse" erreicht (ca. 30 bis 40 Prozent des gesamten Veränderungspotentials), die dann katalytisch wirkt.

Der andere denkbare Weg, die Komplexität vollständig beherrschen zu wollen, käme dem Versuch gleich, das gesteckte Ziel durch das Drehen an kleinen Stellschrauben zu erreichen. Hauptmotiv für dieses Vorgehen wäre es, sukzessiv kleine und kleinste Veränderungen herbeizuführen, die niemanden schmerzen, und die mithin den sozialen Frieden und damit die Machtstellung der federführend Handelnden nicht gefährden.

Indessen hat uns der „evolutionäre" Weg der kleinen Schritte, den wir seit Jahrzehnten verfolgen[8], in die heutige Lage gebracht. Auch die Historie des Sozialismus belegt, wohin ein System von Stellschrauben, von täglich verordneten kleinen Maßnahmen führen kann. Am extremsten gilt dies für die DDR. Erich Honecker und sein selbst ernannter Wirtschaftsstratege Günther Mittag gingen davon aus, eine Wirtschaft perfektionieren zu können. Mittag hatte die Vorstellung, mit Hilfe der Informationsverarbeitung die Verflechtungen einer Wirtschaft exakt abzubilden und dann am Steuerpult kurzzeitige Fehlentwicklungen zwischen Angebot und Nachfrage korrigieren zu können. Der Versuch war von vornherein zum Scheitern verurteilt, da einerseits eine perfekte deterministische Abbildung eines prinzipiell stochastischen Systems unmöglich ist und andererseits die Menschen motivierende Faktoren vollkommen unterschätzt wurden. Selbst heute sind solche Gedanken noch in der Diskussion, wenn über die Regulierung der Weltwirtschaft nachgedacht wird. Leitplanken einzuziehen, um Extremauswirkungen abzufedern oder auszuschließen, ist allerdings ein notwendiges und sinnvolles Unterfangen.

Die Tauglichkeit des perfektionierenden Weges der kleinen Stellschrauben ist empirisch widerlegt. Uns bleibt nur die Wahl der Schwerpunktsetzung. Amerika hat diesen Ansatz gewählt und ist damit erfolgreich gefahren. Die grundlegende Steuerreform anfangs der 80er Jahre hat eine Initialwirkung entfacht. Gewiß, wir dürfen hier nicht blindlings nacheifern. Übergroße soziale Härten in der Übergangsphase müssen abgefedert werden. Das entspräche guter europäischer Tradition. Aber man muß doch klar sehen, wie gewaltig der amerikanische Reformerfolg war: Über 22 Millionen neue Arbeitsplätze sind zwischen 1985 und 1997 im Land der unbegrenzten Möglichkeiten entstanden[9]. Die Arbeitslosigkeit sank auf unter fünf Prozent - eine Quote, von der europäische Regierungen nur träumen können. Es stellt sich die Frage: Welche Schwerpunktbildung ist denkbar und plausibel, sowohl inhaltlich, als auch formell? Schauen wir uns in den erfolgreichen Reformländern um: ohne Deregulierung und Flexibilisierung vor allem des Arbeitsmarktes geht es nicht, auch eine Steuerreform ist notwendig. Die Wege mögen sich unterscheiden – an schmerzhaften Einschnitten kommt man nicht vorbei (Abb. 13):

8 Abschreckendes Beispiel: das neue Ladenschlußgesetz: seit 1912 wird über diese Regelung kontrovers diskutiert. Im Jahre 1996 kam es endlich zu einer Minireform, die keinerlei stimulierende Wirkung auf die Wirtschaft hatte. Dasselbe dürfte für eine minimale Steuersenkung oder geringfügige Reduzierung der Lohnkosten gelten.

9 Bureau of Labour Statistics, 1998

	Neuseeland	UK	Niederlande
Inhalt	Steuerreform mit Subventionsabbau Deregulierung Privatisierung Flexibilisierung Sozialreform Gewerkschaftsreform	Deregulierung Flexibilisierung v. a. des Arbeitsmarktes Steuersenkung Reform des Sozialsystems Gewerkschaftsreform	Deregulierung Flexibilisierung des Arbeitsmarktes "Mäßigung"
Form	Lösen von Partikular-interessen Kassensturz Radikalreformen durch politische Führung	Radikalreformen durch politische Führung	Strukturreformen Konsensprozeß über notwendige Einschnitte

Abbildung 13: Erfolgreiche Schwerpunktsetzung

Gleichgültig, welche Art von Schwerpunkten wir wählen: Es sollten in einem ersten Schritt anspruchsvolle Ziele zustande kommen, zu deren Erreichung wir im zweiten Schritt zielführende Detailmaßnahmen („Strategien") festlegen. Dieses Vorgehen entspricht dem klassischen Projektansatz. Mit seiner Hilfe wurden die Maastricht-Kriterien bestimmt. Seltsamerweise sind die EU-Mitgliedsländer auf Gemeinschaftsebene zu einem rationalen Verhalten dieser Art fähig, nicht jedoch, wenn es um ihre eigene nationale Wirtschaftspolitik geht. Warum nicht auch hier einmal konsequente Ziele vorgeben und erst dann über das „Wie" diskutieren? Warum sind die europäischen Volkswirtschaften „zwischen Korporatismus, Veränderungsverweigerung und staatlicher Überregulierung eingezwängt?"[10] War man in Maastricht deshalb so mutig, weil die „Schuld"' an den getroffenen Entscheidungen keinem einzelnen Politiker, keiner bestimmten Partei in die Schuhe geschoben werden konnte?

Warum sind wir nicht in der Lage, ein vollkommen überholtes und überfordertes Steuersystem durch ein grundlegend neues zu ersetzen? Warum immer nur Flickschusterei am maroden Bestehenden betreiben statt „Tabula rasa" zu machen? Warum werden in den meisten Ländern Europas noch immer der Arbeit die höchsten zusätzlichen Abgaben aufgebürdet? Widerspricht es nicht allen Regeln der freien Marktwirtschaft, wenn der offensichtlich im Überfluß verfügbare Produktionsfaktor „Arbeit" die

10 F.A.Z., 23.06.1997, S.3

weitaus größte Steuerlast (über zwei Drittel des gesamten Steueraufkommens) zu tragen hat? Seit wann ist dasjenige Gut am teuersten, daß in der größten Menge vorhanden ist? Wie kann man annehmen, daß mit Arbeitsgesetzen aus den sechziger Jahren der heutigen Veränderungsdynamik noch adäquat zu begegnen ist? Wenn der Staat Arbeitsplätze schaffen will, muß das zwangsläufig in einen Teufelskreis von höheren Abgaben, geringeren privaten Investitionen, weniger privaten Arbeitsplätzen und höherer Staatsquote führen. Warum ist es so schwer zu begreifen, daß nur Unternehmen langfristig sichere Arbeitsplätze schaffen können?

Schritt 4:
Welche **Strategien** sind zu wählen?
Die großen Länder Kontinentaleuropas (Deutschland, Frankreich, Italien, Spanien) schleppen auf ihrem Wachstumspfad zuviel Ballast mit. Die Konjunktur-Lokomotiven kommen kaum voran:

- Unverantwortliche Überbelastung des Produktionsfaktors Arbeit,
- Bürokratie und Überregulierung der Wirtschaft,
- Überkonsum auf Kosten der Zukunft.

An diesen drei neuralgischen Punkten muß eine grundlegende Reformpolitik ansetzen. Damit sind zugleich unsere Schwerpunkte definiert. Wir beanspruchen kein geistiges Eigentum an den drei aufgeführten Systemschwächen. Sie sind weithin bekannt – eine Tatsache, die kein Jota an der Notwendigkeit ändert, sie auszuräumen, wenn Europa zukunftsfähig werden soll. Was wir an Neuem beizusteuern hoffen zu einer grundlegenden Reform, ist nicht das Erkennen der fundamentalen Mängel, sondern ein wirksamer Ansatz zu deren Behebung. Das Wesen dieses Ansatzes besteht in:

- Fokussierung
- Konsequenz
- „Tabula rasa"-Prinzip

Strategie 1
Im Hinblick auf die **Entlastung des Faktors Arbeit** geht es uns nicht um Einschnitte bei den Reallöhnen, sondern um die deutliche und nachhaltige Entlastung der Arbeit durch Senkung der Lohnnebenkosten. Der Faktor Arbeit ist gegenwärtig ohne Zweifel unangemessen hoch belastet (Abb. 14). Ein Drücken der Reallöhne wäre kein probates Mittel zur Steigerung der Beschäftigung. Seine Langzeitfolgen wären nachteilig für die Volkswirtschaft, da der Zwang zu Innovationen in dem Maße abnimmt, in welchem die Reallöhne sinken. Dies würde der internationalen Wettbewerbsfähigkeit schaden. Es ist also für ein technologisch hochentwickeltes Land weder möglich noch sinnvoll, seinen Platz in der Spitzengruppe der

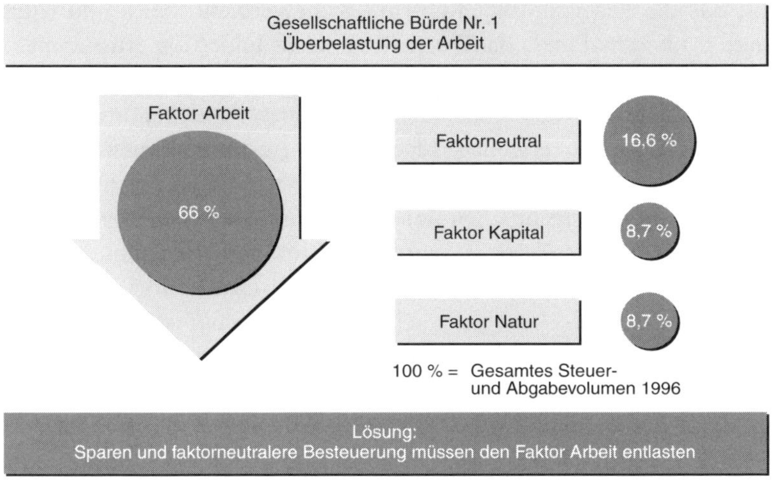

Abbildung 14: Gesellschaftliche Bürde Nr. 1: Überbelastung der Arbeit [Quelle: Bundesfinanzministerium 1996; BCG-Analyse]

Lohnskala zu räumen, um dadurch den Wettbewerbsdruck zu vermindern.[11] Die Lohnnebenkosten sollten allerdings von ihrem hohen Niveau heruntergeholt werden. In den 90er Jahren legt ein Arbeitgeber auf jede Mark Gehalt oder Lohn, die er einem Mitarbeiter zahlt, 80 Pfennig Personalzusatzkosten drauf.[12/13] Anfang der 70er Jahre waren es noch etwas mehr als 50 Pfennig. Gerade im Vergleich mit seinen westeuropäischen Partnern hat Deutschland bei den Lohnnebenkosten noch einiges aufzuholen. Eine deutliche Absenkung ließe sich durch entsprechende Erhöhung der Mehrwertsteuer finanzieren. Der Vorschlag ist zugegebenermaßen nicht neu. Neu wäre indessen seine konsequente Umsetzung.

Strategie 2:
Deregulierung tut not. Das scheint jeder vernünftige Mensch in diesem Lande zu wissen. Doch der Gesetzgeber handelt leider nicht entsprechend. Die Zahl der einzuholenden Genehmigungen, egal in welchem Wirtschaftsbereich, ist Legion. Genehmigungsverfahren ziehen sich unmäßig in die Länge. Wenn das Parlament tatsächlich einmal eine Änderung in Angriff nimmt, kommt nach langwierigen Auseinandersetzungen in aller Regel ein Ergebnis

---

[11] Vgl. bspw. DIW-Bericht, 23/97.

[12] nur alte Bundesländer, vgl. IW-Trends 1/96, S. 54

[13] Der Anteil der Lohnzusatzkosten an den Gesamtarbeitskosten betrug 1996 in Italien ca. 50 Prozent, in Frankreich um 45 Prozent, in Deutschland weit über 40 Prozent, dagegen in den USA, Kanada und Großbritannien deutlich unter 30 Prozent (Economist, 8.11.97)

heraus, das die Bezeichnung „Reform" nicht verdient. Alles und jedes ist reguliert in diesem Land, das Nicht-Regulierte bildet die Ausnahme. Vor nichts schreckt der Staat zurück: sogar eine Sandburgen-Bauverordnung gibt es in Deutschland![14] Wagemut und Eigeninitiative ersticken an der Gängelungswut. Wer auf die verwegene Idee verfällt, ein Unternehmen gründen zu wollen, der hat eine kaum vorstellbare Zahl amtlicher Vorschriften zu erfüllen,[15] ehe er mit der eigentlichen unternehmerischen Arbeit beginnen kann. Wenn dies glücklich geschafft ist, wird der hoffnungsvolle Jungunternehmer, der Kredite braucht, von risikoscheuen, bürokratischen Banken mit Antragsformularen regelrecht zugeschüttet. Bei all dem ist es kein Wunder, daß ein Drittel aller Unternehmeraspiranten aufgibt und es vorzieht, in den komfortablen Schoß deutscher Großkonzerne zu flüchten. Dabei brauchen Deutschland und Europa im Hinblick auf neue Arbeitsplätze kaum etwas dringender als junge Unternehmer mit erfolgversprechenden Ideen.

Wer in Deutschland einen Betrieb leitet, hat für 42 Behörden bis zu 187 laufende Pflichtarbeiten zu erledigen.[16] Und der Regulierungswahn wird jedes Jahr schlimmer. Betrug die Anzahl der im Bundestag eingebrachten Gesetzesvorlagen in den Jahren 1980 bis 1983 noch 242, wuchs sie mit schöner Stetigkeit während der folgenden vier Legislaturperioden über 522, 595, 895 auf gegenwärtig sage und schreibe 950 Vorlagen an! Nichts bringt die Mentalitätsunterschiede zwischen Deutschland und den USA treffender auf den Punkt als der folgende bezeichnende Satz: „In Amerika ist alles erlaubt, was nicht ausdrücklich verboten ist; in Deutschland ist alles verboten, was nicht ausdrücklich erlaubt ist."

Im Zeitraum von 1950 bis 1970 wurde Wachstum durch immer höheren Einsatz von Rohstoffressourcen und Arbeitskräften erzielt. In den neunziger Jahren basiert Wachstum überwiegend auf dem steigenden Einsatz von Know-how. Wir nennen dieses wissensbasierte Wachstum „innovatives Wachstum".

Das deutsche Arbeits- und Sozialrecht stammt aus den 60er und 70er Jahren. Das Betriebsverfassungsgesetz wurde zum letzten Mal 1972 überarbeitet. Die Deregulierung des Arbeitsmarktes ist in Holland entscheidend für den Reformerfolg gewesen. Viele Fachleute, so zum Beispiel unsere Kollegen von McKinsey, erblickten in der Beseitigung von Vorschriften-Ballast *den* Hebel zu mehr Beschäftigung. Deregulierung kann keine Insellösung sein, sondern ist nur im Rahmen eines umfassenden Reformansatzes, eines echten „Paradigmawechsels", zielführend und also notwendig.

---

[14] Auf der ostfriesischen Insel Langeoog: erlaubt sind 5 m Durchmesser und 50 cm Höhe.

[15] Laut Focus 18/1996 existieren 1.928 Gesetze, 2.946 Rechtsverordnungen, 84.500 Einzelvorschriften in Deutschland. Roland Berger spricht von einem „Dschungel aus über 100000 Gesetzen und Vorschriften", die Existenzgründern gegenüberstehen.

[16] Befragung von ASU/Impulse, zitiert nach Focus 27/97

Das World Economic Forum erstellt jährlich eine weltweite Rangliste der Arbeitsplatzflexibilität. Unter den letzten dreizehn von insgesamt 52 zu vergebenden Plätzen sind die kontinentaleuropäischen Länder elf Mal vertreten. Das ist bezeichnend für die Verkrustungen auf den nationalen Arbeitsmärkten. Lediglich die Niederlande und Dänemark rangieren weiter vorne. Auf den allerletzten fünf Plätzen liegen einträchtig Italien, Frankreich, Belgien, Deutschland und Finnland beieinander.
Es ist ein Unding, den revolutionären Veränderungen der Informationsgesellschaft mit dem Regelwerk der vergangenen "Hardware-Welt" begegnen zu wollen. Das neue innovative Wachstum braucht kein eng geschnürtes Regelkorsett, da es die Tendenz zum Ausufern auf Kosten von knappen Ressourcen, Umwelt und Infrastruktur in weit geringerem Ausmaß besitzt als das herkömmliche quantitative Wachstum. Das neue Wachstum muß im Gegenteil in jeder vertretbaren Weise gefördert, das heißt insbesondere von bürokratischen Fesseln befreit werden. Innovation und Regulierung stehen sich antagonistisch gegenüber. Diese fundamentale Erfahrung macht jedes erfolgreiche Unternehmen: Innovationen sind nicht herbeizuregulieren. Sie gedeihen in keiner engen Welt, sondern brauchen das vielzitierte „kreative Chaos". Und sie brauchen eine solide Fehlerkultur, die Irrwege und Fehlschläge als selbstverständliche Voraussetzung des Erfolgs betrachtet. Die Deregulierung ist also eine wesentliche Vorbedingung künftigen Wachstums (Abb. 15).

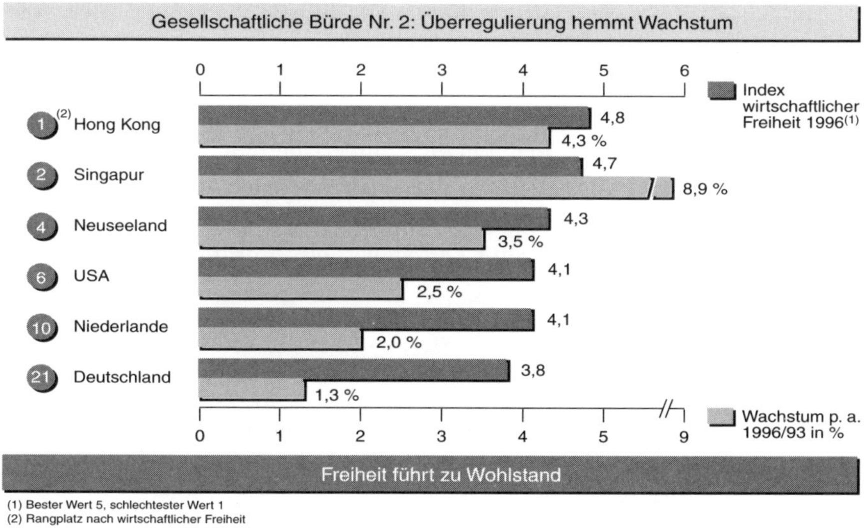

Abbildung 15: Vergleich von Wachstum und Deregulierungsgrad
[Quelle: DIW, OECD, Arbeitskreis Steuerschätzung, Sozialbericht 94; Heritage Foundation; HWWA]

Wer frühzeitig dereguliert hat, ist jetzt auf den internationalen Märkten in einer starken Position. Mutige Veränderer wie die USA, England, Holland, Dänemark oder Neuseeland ernten inzwischen die Früchte ihrer Reformanstrengungen: die Arbeitslosenzahlen sinken, die Investitionen nehmen zu. Diese Erfolge beweisen, daß ein Staat auf die wachsende Komplexität der wirtschaftlichen Umwelt nicht mit immer neuen Vorschriften reagieren darf. Er sollte vielmehr auf die Kompetenz der zuständigen „Regelkreise" setzen (Unternehmen, Regionen, Haushalte). Ihnen muß er die rechtlichen Rahmenbedingungen schaffen, die sie in die Lage versetzen, kraft eigener Einsicht und Initiative die Herausforderungen der Globalisierung zu meistern. Unterstützung ist gefragt, nicht Gängelung und Bevormundung. Die handelnden Wirtschaftssubjekte wollen das Risiko wiederhaben, und damit auch die Chancen.
Welche Folgen die ungehemmte Regelungswut respektive die beherzte Deregulierung haben kann, zeigen die folgenden Beispiele:

1. Die Unternehmen NIKE (Sportschuhe) und Enron (Strom) sind dazu übergegangen, auf Schiffen zu produzieren. Damit schaffen sie sich maximale Flexibilität. Wird eine neue Verordnung erlassen, die ihnen nicht genehm ist, verläßt das Schiff den Hafen. Die Bürokratie wird überlistet: ein Strukturbruch.
2. In Holland übertrug man kürzlich den Entwurf des Steuererklärungsformulars einem Designerbüro. Gleichzeitig wurde die Erklärung vereinfacht und um die Hälfte gekürzt. Die Bürger waren begeistert, die Anzahl der fehlerhaft ausgefüllten Bögen sank um 50 Prozent. Mit einem Schlag war aus dem jährlichen Erklärungshorror ein Vergnügen geworden: ein Paradigmenwechsel.
3. In Deutschland befragte man kürzlich Bürger aller Bundesländer, ob Steuerhinterziehungen für sie akzeptabel seien. Die Mehrzahl der Befragten äußerte Verständnis für solche Praktiken und erwog selbst, sie anzuwenden. Selbstverteidigung gegen Überregulierung: ein Kompromißbruch.

Strategie 3:
Verzicht **zugunsten der Zukunft** ist nötig. Warum? Weil ein Staat auf Dauer nicht mehr ausgeben kann als er einnimmt. Und in dieser Situation befinden sich die meisten europäischen Nationen. Die logische Schlußfolgerung heißt: in solchen Bereichen sparen, die nicht bedeutsam für unsere Zukunft sind: und das ist der Konsum. Die Holländer nennen dieses Verzichten „Mäßigung". Leider ist gerade auf diesem Feld in Deutschland und anderen Ländern kein Konsens zu erzielen, deshalb dreht man lieber an der politisch unsensibelsten Schraube: man spart lieber in der Bildungspolitik, bei den Infrastrukturinvestitionen, den Forschungsausgaben und anderen eminent

zukunftsrelevanten Bereichen (Abb. 16-18). Das ist ohne Frage der falsche Weg. Auch in puncto Mäßigung sind uns die erfolgreichen Reformnationen klar voraus. In den USA stagnieren die Löhne seit einem Jahrzehnt. In Südostasien steigen sie deutlich geringer als Wirtschaftswachstum und Investitionen. Die Japaner üben mit ihrem spezifischen Rentensystem und den geradezu gigantischen Sparquoten eine besondere Form des Verzichts. Vergleichbares ist in Europa nicht vorzufinden.

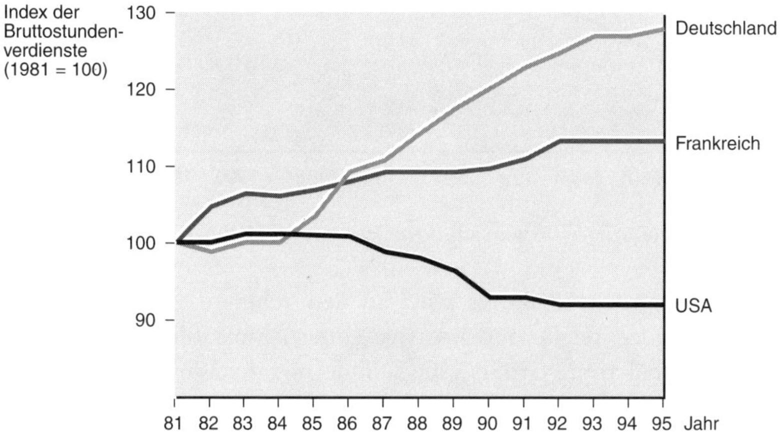

Abbildung 16: Entwicklung der Reallöhne in Deutschland, Frankreich und den USA [Quelle: Statistische Jahrbücher für das Ausland 1989 und 1996, Tabelle 15.2]

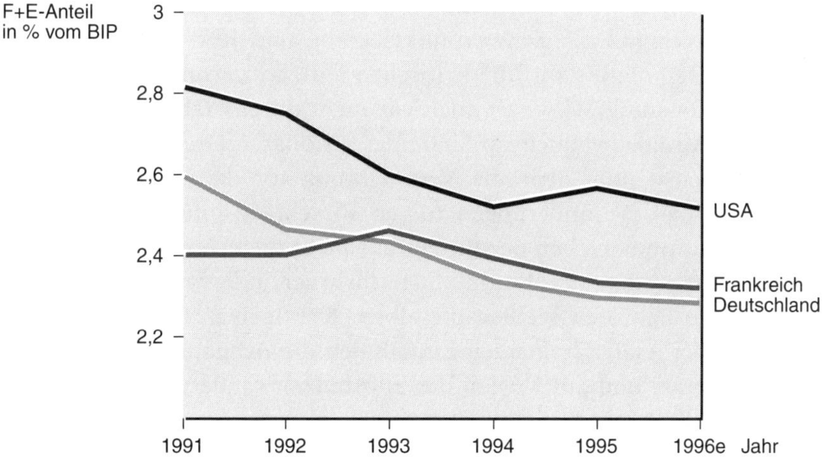

Abbildung 17: Ausgaben für Forschung und Entwicklung in Deutschland und Frankreich in jeweiligen Preisen
[Quelle: OECD 1997/2 und Berechnungen des BMF]

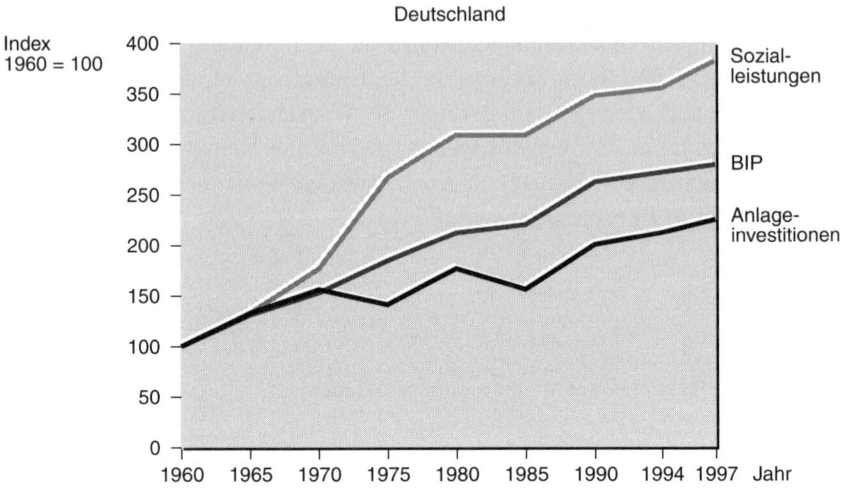

Abbildung 18: Die Schere öffnet sich [Quelle: Focus 27/1997]

Unsere wirtschaftliche Zukunft wird an den Schulen stiefmütterlich behandelt. „Der ideenreiche und kreative Unternehmer bleibt für deutsche Schüler eine unbekannte Größe", die Schilderung der Wirtschaft im Unterricht sei „geschichtslos, uninteressant und altbacken", klagen selbst deutsche Politiker. Die Zukunft wird als Restgröße betrachtet, für die es nicht wirklich lohnt zu verzichten. Und tatsächlich ist ein Staat, in dem die Neuverschuldung die Neuinvestitionen Jahr für Jahr übersteigt, vom Verzicht für die Zukunft weit entfernt. Die „fünf Weisen" bringen es auf den Punkt: „Die Bundesrepublik Deutschland ist in Gefahr, entscheidende Zukunftschancen zu verspielen." Schwerpunktsetzung und Konsequenz bedeuten nicht Umverteilung bis zur überkritischen Differenzierung. Die wäre nach 50 Jahren Konsumgesellschaft auch gar nicht durchsetzbar. Der Konsens, die soziale Ausgewogenheit im Sinne des visionären Dreiecks ist ein Wert an sich. Ebenso muß aber die Verpflichtung für die Zukunft als Wert erkannt werden. Veränderungen folgen so schnell aufeinander, daß der Staat das Zusammenleben der Bürger gar nicht mehr regulieren kann. Ob wir es beschleunigte Evolution, Strukturbruch oder Paradigmawechsel nennen – die Faktoren bleiben dieselben. Kein privater Haushalt würde versuchen, bei relativ sinkenden Einnahmen die Ausgabenstruktur unverändert zu lassen und auf Kosten der Substanz Veränderungen zu überstehen. Staaten versuchen, diesen Weg zu gehen.

Dieses Land hat die Verteidigung des Überholten zu einer höchst erfolgreichen Disziplin entwickelt. Obwohl beispielsweise infolge des medizinischen Fortschritts und der erhöhten durchschnittlichen Lebenserwartung mit einem dramatischen Anstieg der Gesundheitskosten zu rechnen ist,

bleibt das bestehende Finanzierungssystem (das mit an Sicherheit grenzender Wahrscheinlichkeit den künftigen Erfordernissen nicht gerecht werden wird) unangetastet. Ähnliches gilt für das Rentensystem.
Warum schaffen wir es nicht, fundamentale Änderungen ins Auge zu fassen und durchzusetzen? Zum Beispiel die Einführung einer generellen, durch alle finanzierten und genutzten Grundsicherung **oder** das Einschalten eines „Maklers“ zwischen den Interessengruppen im Gesundheitswesen (Kassen, Ärzte, Patienten) **oder** die Umstellung auf ein kapitalorientiertes Rentensystem **oder** die Beschränkung freier Arztpraxen auf Allgemeinmediziner und Zahnärzte **oder** die Prämierung der Patienten mit niedrigen Gesundheitsausgaben **oder** eine Steuerreform, die diesen Namen verdient **oder** ein an den Zukunftsanforderungen orientiertes Schulsystem **oder** ein leistungsabhängiges Karriere- und Gehaltssystem für Lehrer **oder** eine Kombination solcher Varianten. Wir listen hier Vorschläge aus der Presse dieses Jahres auf. Ideen sind da. Aber sie werden nicht aufgegriffen. Der Berg kreißt, gebiert aber nicht einmal eine Maus.
Fazit: Das, was in großen Unternehmen bei der Lösung komplexer Probleme funktioniert, der klassische Projektansatz, ist auch auf volkswirtschaftlicher Ebene tauglich. Ein paar Vereinfachungen tun seiner Verwendbarkeit keinen Abbruch. Es sind Ziele zu beschreiben, Prioritäten zu setzen, Arbeitsweisen zu definieren. Und vor allem ist eine zügige Umsetzung aller geplanten Maßnahmen anzustreben – gleichzeitig. Denn nichts ist tödlicher für einen Veränderungsprozeß, als nur einigen wenigen Interessengruppen Veränderungen und damit meist auch Verzicht auf Privilegien zuzumuten: sie zeigen sofort mit dem Finger auf andere. Die Veränderungstreiber warten nicht, und das Momentum des Umgestaltungsprozesses darf nicht verlorengehen. Wir müssen grundlegend anpacken. Das Drehen an den kleinen Stellschrauben wird uns nicht ans Ziel bringen.
Auf diese Zukunft muß sich Kontinentaleuropa einrichten. Durch Schwerpunktsetzung: Entlastung des Faktors Arbeit, Verzicht für die Zukunft und Deregulierung. Der Staat muß als Eisbrecher und Katalysator des Umschwungs wirken. Er soll seine Bürger wieder *be*mündigen. Er soll ihnen das Risiko zurückgeben – und damit auch die Chancen.

III.

Wege durch das Wellental

Wege durch das Wellental

„Ich kann freilich nicht sagen, ob es besser wird, wenn es anders wird. Aber soviel kann ich sagen, es muß anders werden, wenn es gut werden soll."

Georg Christoph Lichtenberg

Es ist nicht Aufgabe des Staates, Arbeitsplätze zu schaffen. Er kann nur (und muß!) für Rahmenbedingungen sorgen, die das Entstehen neuer Beschäftigung begünstigen. Aus sozialpolitischen Erwägungen mag es zuweilen sinnvoll sein, wenn der Staat zeitlich befristete Arbeitsbeschaffungsprogramme[1] ins Leben ruft. Einen mittel- und langfristigen Zuwachs an Beschäftigung können jedoch nur gesunde, wettbewerbsfähige Unternehmen garantieren.

Die Zahl der Faktoren, die den Beschäftigungsgrad einer Volkswirtschaft bestimmen, ist groß. Vom Dollarzins über Export- und Importstrukturen bis hin zum Wetterphänomen El Niño gibt es wenige Größen, denen *keine* Arbeitsmarktwirkung zugeschrieben wird. Wir konzentrieren uns im folgenden auf vier zentrale Faktoren, die primären Einfluß auf die Entstehung von Arbeitsplätzen haben:

- Arbeitsintensität der Wertschöpfung
- Flexibilisierung der Arbeit, inklusive der Verteilung der Arbeit auf mehr Arbeitsplätze
- Wachstum
- Produktivität

Alle anderen Faktoren, Hebel und Wege müssen sich letztlich in diesen vier reflektieren. Diese seien kurz erläutert:

Unter *Arbeitsintensität der Wertschöpfung* ist der Anteil der menschlichen Arbeit am Gesamteinsatz der Produktionsfaktoren zu verstehen. Je mehr Humanarbeit geleistet wird, desto höher die Arbeitsintensität. Eine Dienstleistung, etwa Vermögensberatung, ist in diesem Sinne arbeitsintensiver als die Herstellung eines Stahlträgers.

Die *Flexibilisierung der Arbeit* umfaßt ein breites Spektrum von Arbeitsgestaltungsmöglichkeiten. Dazu gehören flexible Betriebszeiten, die Einführung von Gleitzeit und flexibler Arbeitszeit, die Flexibilisierung der Entgeltsysteme, der Abbau von Überstunden sowie die Verteilung der vorhan-

[1] In Deutschland als ABM geläufig.

denen Arbeit auf mehr Köpfe. In diesem Kontext sind Begriffe wie „Teilzeitjob", „Job Sharing" und dergleichen zu nennen.
Die Begriffe *Wachstum* und *Produktivität* bedürfen wohl keiner gesonderten Erläuterung. Allerdings ist eine Bemerkung zum Verhältnis nötig, in dem die vier Einflußfaktoren zueinander stehen: Während höhere Arbeitsintensität, stärkere Flexibilisierung der Arbeit und Wachstum unmittelbar oder mittelbar zu mehr Arbeitsplätzen führen, wirkt steigende Produktivität arbeitsplatzvernichtend. Auf letzteres, die wachsende Produktivität, kann eine Volkswirtschaft aus Gründen der internationalen Wettbewerbsfähigkeit nicht verzichten. Eine Regierung, die also Arbeit schaffen will, muß Bedingungen schaffen, so daß die negative Beschäftigungswirkung der steigenden Produktivität durch die kumulierte positive Wirkung der anderen drei Faktoren überkompensiert werden kann.
Dieses Kunststück ist kaum einem europäischen Land in den vergangenen Jahren gelungen (siehe auch Abbildung 2). Zwar sind beispielsweise in Deutschland zwischen 1992 und 1995 5,8 Prozent neue Arbeitsplätze entstanden. Da aber der Produktivitätszuwachs im selben Zeitraum 8,4 Prozent betragen hat, haben per Saldo 2,6 Prozent der Beschäftigten ihren Arbeitsplatz verloren (Abbildung 19).

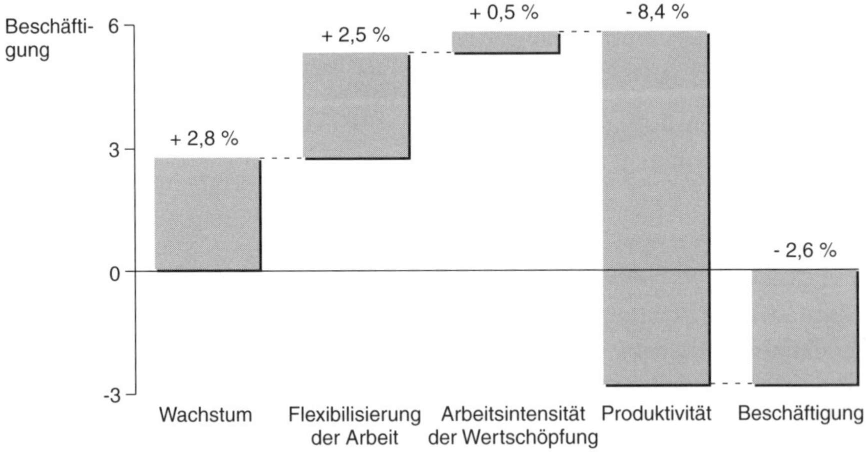

Abbildung 19: Beschäftigungsentwicklung in Deutschland im Zeitraum von 1992 bis 1995 [Quelle: BCG-Berechnung aus statistischen Jahrbüchern]

In Frankreich ist dieselbe Entwicklung zu beobachten. Im genannten Zeitraum konnten 3,4 Prozent neue Stellen geschaffen werden. Die Produktivität stieg jedoch um 3,6 Prozent an. Unter dem Strich wäre das ein Verlust von 0,2 Prozent der Arbeitsplätze gewesen – wenn nicht kürzere effektive Arbeitszeiten einen zusätzlichen Beschäftigungsgewinn von +0,4 Pro-

zent gebracht hätten[2]. Insgesamt wuchs daher die Zahl der Beschäftigten geringfügig um 0,2 Prozentpunkte.
Die strategischen Veränderungsschwerpunkte, die im vorangegangenen Kapitel diskutiert wurden, und die eben behandelten Einflußfaktoren der Beschäftigung stehen in vielfältiger Wechselbeziehung. Abbildung 20 verdeutlicht die Zusammenhänge.

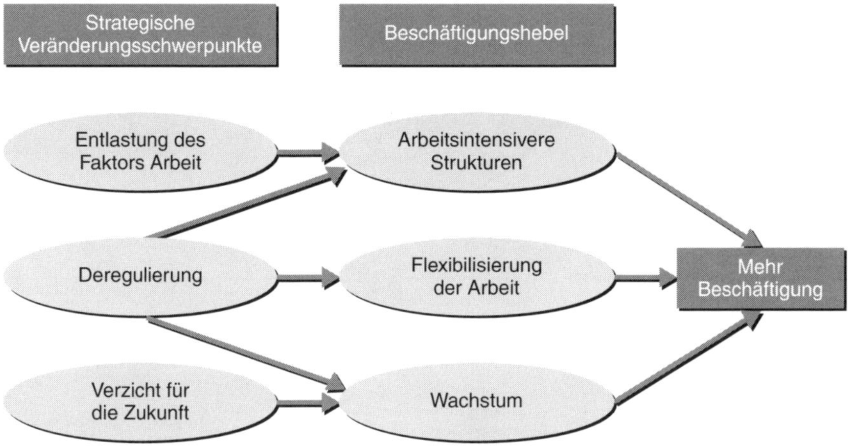

Abbildung 20: Die Veränderungsschwerpunkte setzen die Beschäftigungshebel in Bewegung

Im folgenden wollen wir auf die drei Hebel zu mehr Beschäftigung näher eingehen. Dabei schätzen wir, das sei vorab gesagt, die Beschäftigungswirkung der beiden ersten Hebel Flexibilisierung und arbeitsintensive Strukturen in toto eher geringer ein – wenn auch ihr Einmaleffekt beträchtlich sein dürfte. In jedem Fall aber wird die Betätigung dieser Hebel das „Wellental", das nach notwendigen Strukturbrüchen unvermeidlich scheint, flacher machen (Abbildung 21). Dauerhafte positive Wirkungen auf die Zahl der Arbeitsplätze gehen vor allem vom Wachstum aus.
Auch hier, das sei klargestellt, erheben wir keinen Anspruch auf geistiges Eigentum an den Beschäftigungshebeln. Die Einflußfaktoren sind bekannt, ihre Wirkung wird landauf, landab diskutiert. Uns kommt es an dieser Stelle nicht auf Originalität an, sondern darauf, die gängigen Argumente einmal systematisch zusammenzutragen und pragmatisch zu würdigen.

[2] Vgl. z.B. OECD Economic Outlook Nr. 61, Juni 1997

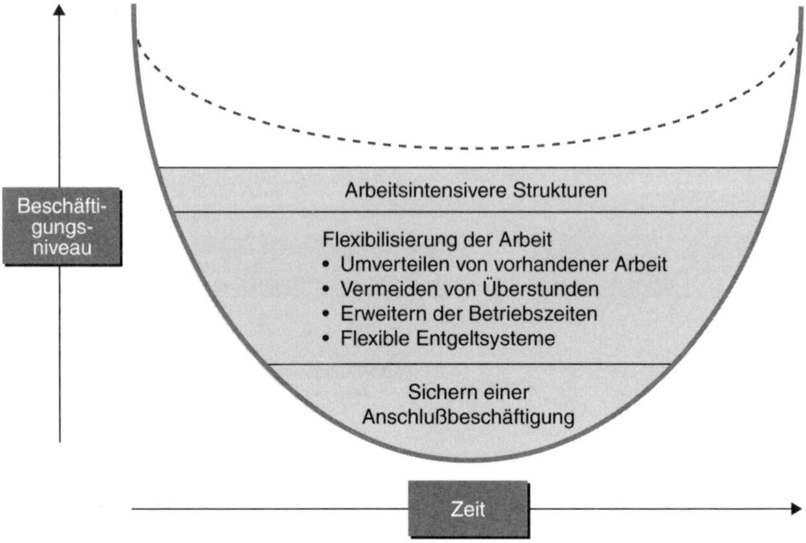

Abbildung 21: Abfedern des Strukturbruchs

1. Arbeitsintensivere Strukturen

Arbeitsintensivere Strukturen im oben definierten Sinne versprechen ein nicht zu unterschätzendes Potential zusätzlicher Arbeitsplätze. Gelänge es in Deutschland, den Dienstleistungsanteil am Sozialprodukt von gegenwärtig 59 Prozent auf US-Niveau (73 Prozent) zu schrauben (UK 70 Prozent, Frankreich 69 Prozent)[3], so dürfte davon eine erhebliche Verminderung der Arbeitslosigkeit erwartet werden.[4]

Doch der zügige Wandel zur Dienstleistungsgesellschaft verlangt die Beseitigung einiger Barrieren. Hier sind Gesetzgeber und Tarifpartner gefragt. Das schwerwiegendste Hemmnis für mehr (einfache) Dienstleistungsjobs sind die starren Lohngrenzen am unteren Ende der Einkommensskala. Würden wir es auch hier den Amerikanern gleichtun, die eine deutlich niedrigere Lohneinstiegsbarriere haben, so könnten damit in Deutschland rund 600.000 Stellen neu geschaffen werden, in Frankreich immerhin noch 400.000. Dies zeigt eine von den Autoren angestellte, vereinfachte Modell-

---

3 Statistisches Jahrbuch 1997 für das Ausland; Anteil an den Erwerbstätigen.

4 Roland Berger sieht in dem viel zu schleppenden Strukturwandel zur Dienstleistungsgesellschaft den Hauptgrund der hohen Arbeitslosigkeit, vgl. Süddeutsche Zeitung, 21./22.06.1997.

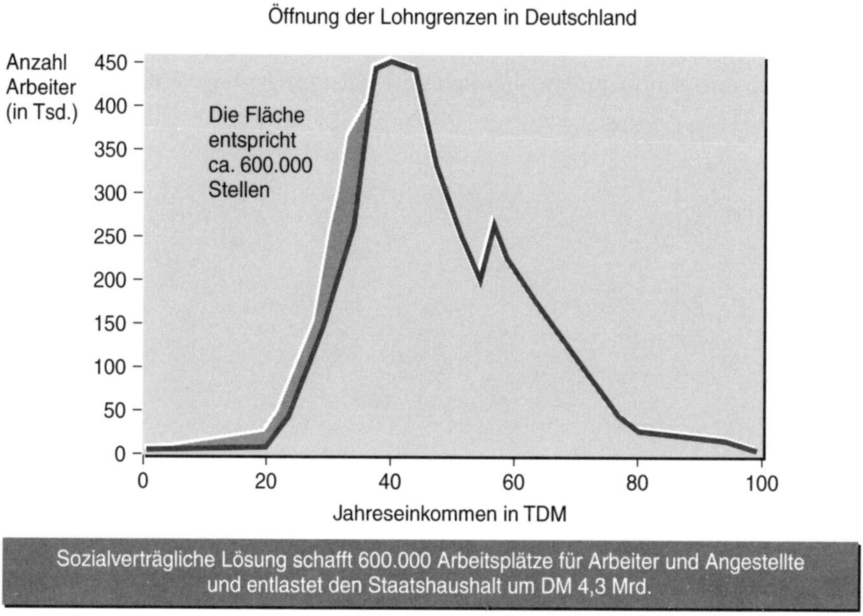

Abbildung 22: Die untere Lohnbarriere erweist sich als Beschäftigungsmauer [Quelle: Statistisches Jahrbuch 1994; BCG-Analyse]

rechnung (Abb. 22)[5]. Die Lohnbarriere erweist sich als Beschäftigungsmauer.

Das Thema „arbeitsintensivere Strukturen" wird sowohl in Europa als auch in den Vereinigten Staaten kontrovers diskutiert. Manche Gegner des Konzepts halten die geforderte Beseitigung der unteren Lohngrenzen für den Anfang vom Ende des sozial ausgewogenen europäischen Gesellschaftsmodells.[6] Man sollte, scheint uns, diesen Gedanken dennoch nicht einfach vom Tisch wischen, da Flexibilität am unteren Ende der Lohnskala unzweifelhaft dem Wachstum und der Beschäftigung starke Impulse geben wird. Ob man die Maßnahme sozialpolitisch vertreten kann, steht auf einem anderen Blatt und ist häufig eine Glaubensfrage. Der Mythos, dieser sozialpolitische Eingriff habe in den USA vorwiegend Niedriglohn-Beschäftigung, sogenannte „McJobs", geschaffen, hält einer näheren Analyse nicht stand. Im Gegenteil, eine Studie der Wirtschaftswoche[7] zeigt, daß nur in der Anfangsphase des amerikanischen „Jobwunders" überwiegend schlecht bezahlte Arbeitsplätze entstanden sind. Wir haben es hier

[5] Verglichen wurden die Einkommensverteilungskurven der Länder USA, Deutschland und Frankreich; das führt zu einem theoretisch denkbaren Arbeitspotential.

[6] Kritische Ansichten zu diesem Thema vertritt vor allem Robert Reich

[7] Vgl. Wirtschaftswoche Nr. 22, 23.5.96, S. 26-27

mit einem klassischen S-Kurven-Phänomen zu tun, wonach im Zeitverlauf zunächst die Zahl der billigen Arbeitsplätze steil ansteigt, dann aber sehr bald relativ abnimmt und schließlich eine Sättigungsphase erreicht (Abbildung 23).

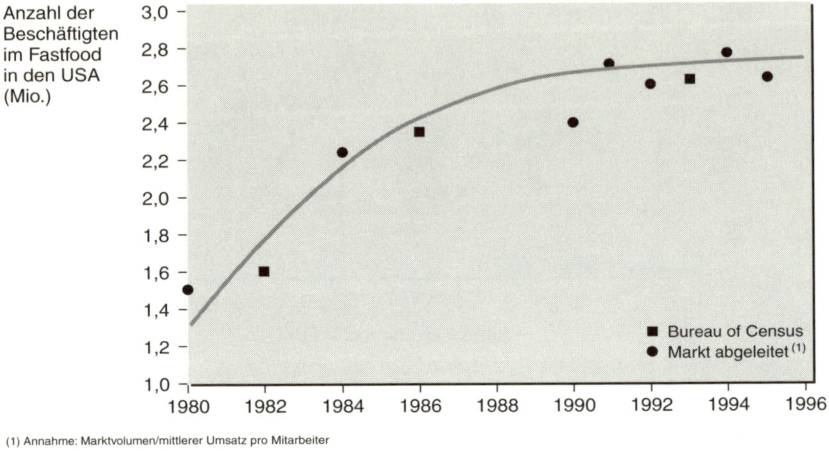

Abbildung 23: McJobs nehmen relativ zu den gut bezahlten Arbeitsplätzen ab.[8]

Spätestens von da an entstehen mehr anspruchsvolle und gut bezahlte Arbeitsplätze als „McJobs". Indiz dafür ist, daß heute in den USA mehr als die Hälfte der neuen Arbeitsplatzbesitzer einen Lohn über dem Durchschnitt erhält. [9]

Im Jahre 1995, so eine Untersuchung der NEW YORK TIMES, verdienten rund 45 Prozent der Neueingestellten überdurchschnittliche Löhne; das waren doppelt so viele wie noch 1992 – ein weiterer Beleg dafür, daß die McJobs relativ zu den gut bezahlten Arbeitsplätzen abnehmen. Laut US-Arbeitsministerium sind gar 70 Prozent der neuen Mitarbeiter besser bezahlte Manager, Facharbeiter oder Spezialisten.[10]

Auf die tiefgreifenden Veränderungen in den Wirtschaftsbereichen „Dienstleistung" und „High-Tech" reagierte die offizielle US-Statistik mit einer neuen Klassifizierung der Sektoren. Obergruppen sind nunmehr: „Information", „Professional scientific and technical services", „Arts, Entertainment and Recreation", „Health care and social assistance."[11]

---

8 Quelle: Bureau of Census, Euromonitor „Fastfood in the US„ 5/96, Country Business Patterns 93, Geschäftsberichte

9 Vgl. OECD Employment Outlook July 1997, S.2 ff.; Wirtschaftswoche Nr. 41, 2.10.97, S. 22 ff.

10 Spiegel, 17/1997, S.29

11 Business week, 29. Dec. 1997, S. 34

Muß eine Gesellschaft in einem Strukturbruch durch die „S-Kurve der Billigjobs" gehen, um letztendlich höher qualifizierte Arbeit zu generieren? Vordergründig natürlich nicht, ein indirekter Zusammenhang dieser Art zwischen beiden Job-Klassen besteht aber in der Tat. Dennoch lassen sich Jobs an beiden Qualifikationsenden auch unabhängig voneinander schaffen. Und wir raten dringend dazu. Der hohen Sockelarbeitslosigkeit und dem sich immer weiter verschärfenden Mangel an Stellen mit geringen Qualifikationsvoraussetzungen werden wir nur mit geringer bezahlten Dienstleistungen beikommen können. Eine langfristige stabilere internationale Wettbewerbsfähigkeit dagegen läßt sich nur durch ein Wachstum am oberen Qualifikationsende, also über neue Produkte und intelligente Dienstleistungen, sicherstellen. Wenn der Staat die höher qualifizierten Arbeitsplätze und die daraus entspringenden innovativen Produkte und Dienstleistungen fördern will, muß er die Transferleistungen – die zudem noch abgebaut werden sollen – in zukunftsträchtigere Bereiche umschichten. Verzicht für die Zukunft heißt: Bildung, Forschung, Unternehmensgründungen unterstützen, anstatt Erhaltungssubventionen zahlen! Wenn trotz der Umschichtung der Transferleistungen die Arbeitslosigkeit am unteren Ende abgebaut werden soll, wird man um eine Lohnöffnung nach unten nicht herumkommen.

Die Freigabe der Löhne nach unten ist in Europa traditionell ein Tabu. Man muß indessen sehen, welche gravierenden sozialen Konsequenzen das sture Beharren auf tarifpolitisch garantierten Mindestlöhnen für viele Arbeitswillige hat: Der Anteil der Langzeitarbeitslosen an der Gesamtzahl der unbeschäftigten Menschen liegt bei katastrophalen 50 Prozent! In den USA zum Beispiel hält er sich mit 20 Prozent einigermaßen in Grenzen.[12]

Percy Barnevik, Chairman von ABB, hat das Problem glasklar erkannt:

„In answer to the European argument that the price for a low unemployment rate is a 'scrupulous labor market with poor job security', it can be reported that 'job security' has little meaning when you are a long-term-unemployed in Europe and there are no jobs to apply for."[13]

Beseitigt man die Lohnbarriere nach unten, stellt sich natürlich sofort die Frage: Kann der Sozialhilfesatz unverändert bleiben? Zwischen beiden

---

[12] Zahlen für 1994: Deutschland, Portugal und UK 40 Prozent; Belgien, Niederlande Irland Italien und Spanien: 50 Prozent; USA, Japan, Schweiz und Schweden: 20 Prozent Langzeitarbeitslosenquote. Quelle: International Employment Ranking 1996, Bertelsmann Foundation Publishers.

[13] Conference on the „Strategies for full employment", Gothenburg, 14. Mai 1996 („Dem europäischen Argument, der Preis für niedrige Arbeitslosigkeit sei ein kompromißloser, von geringer Arbeitsplatzsicherheit geprägter Arbeitsmarkt, ist entgegenzuhalten, daß 'Arbeitsplatzsicherheit' einem Langzeitarbeitslosen wenig bedeutet, der nirgends unterkommt, weil es einfach keine Stellenangebote für ihn gibt.")

sollte ein Mindestabstand gewahrt bleiben. Nur wenige werden bereit sein, für einen Lohn zu arbeiten, der nur knapp oberhalb (oder gar unter) der Sozialhilfe liegt. Die Sozialhilfe darf keinesfalls zur Akzeptanzbarriere für einfache Tätigkeiten werden.

Die Senkung der Sozialhilfe freilich ist hierzulande ein weiteres Tabu, das sich ohne größere Auseinandersetzungen kaum brechen lassen wird. Dabei gäbe es sozialpolitische Alternativen, mit denen dieses heikle Problem elegant umgangen werden könnte. Nur gelten leider diese Alternativen als zu radikal, so daß sie von den meisten Verantwortlichen als mögliche Optionen gar nicht erst in Betracht gezogen werden. Wir wollen auf zwei dieser Ansätze eingehen, das sogenannte „Bürgergeld"[14], von uns hier „historischer Grundzins" genannt, und die negative Einkommensteuer. Beide Alternativen zur Sozialhilfe sind u. E. der organisierten Beschäftigung von Arbeitslosen[15] vorzuziehen. Sie werden, wenn nicht alles täuscht, im kommenden Jahrhundert in Europa eine wesentliche Rolle im Rahmen der staatlichen Sozialpolitik spielen. Nachfolgend seien die Grundgedanken beider Konzepte umrissen:

Der **Grundzins** ist ein Sockeleinkommen, vom Staat gezahlt, auf das jeder Bürger eines Landes Anspruch hat. Seine Legitimität ließe sich aus der bestehenden Infrastruktur eines Landes herleiten: Diese wurde durch die Bürger und deren Vorfahren geschaffen. Es ist real vorhandenes Vermögen, das Zinsen abwirft, den „Grundzins" eben, welcher mithin keine „soziale Gnade des Staates" darstellte, sondern einen berechtigten Einkommensanspruch.

Der Geldwert des Grundzinses könnte ungefähr dem heutigen Sozialhilfebetrag entsprechen. Er ließe sich einheitlich für alle Erwachsenen und Kinder festlegen. Er könnte aber auch soziale und steuernde Elemente enthalten, indem die Höhe für Alleinstehende, Ehepaare und Kinder differenziert wird. Das Bürgergeld steht Beschäftigten und Unbeschäftigten zu. Damit würden die bisherigen sozialen Sicherungssysteme, Arbeitslosen- und Rentenversicherung, überflüssig. Mit der Einführung eines Grundzinses wird die Arbeitslosigkeit, soweit sie ein sozialstatistisches Verteilungsproblem darstellt, verschwinden.

Die Zahl der Unwägbarkeiten bei der Realisierung eines solchen Konzeptes ist groß. Das wollen wir nicht verhehlen. Wir greifen drei wesentliche Unsicherheiten heraus:

---

14 Vgl. in Deutschland z. B. den Ansatz von Biedenkopf.

15 Vgl. z. b. Rifkin und Reich; Ansätze dazu in Deutschland sind die bereits erwähnten ABM-Stellen.

- Die Gesamtaufwendungen für den Grundzins sind beachtlich. Für Deutschland muß von einer Größenordnung von DM 800 bis 1.000 Milliarden pro Jahr ausgegangen werden.[16]
- Die Überbrückungskosten bei der Umstellung der sozialen Sicherungssysteme sind kaum präzis zu schätzen: das gilt insbesondere für die Rentenversicherung. Gering aber werden die Aufwendungen auf keinen Fall sein.
- Die Auswirkungen auf die Motivation des einzelnen Bürgers hinsichtlich Arbeit, Weiterbildung, Mobilität lassen sich ebenfalls nicht vorhersagen. Gigantische Bewegungen auf dem Arbeitsmarkt mit allen, möglicherweise gefährlichen Begleiterscheinungen sind zu erwarten und können jedenfalls nicht ausgeschlossen werden.

Diesen Unsicherheiten stehen andererseits erhebliche Vorteile und Chancen gegenüber. Da die soziale Grundsicherung eines jeden Bürgers gewährleistet wäre, ließen sich Löhne und Gehälter völlig flexibel gestalten, das Dilemma „Lohngrenzen/Sozialhilfe" wäre beseitigt. Die Energie, die bisher darauf verwendet wurde, ein engmaschiges soziales Netz zu knüpfen und intakt zu halten, könnte in andere Kanäle fließen. Die politische Diskussion in Deutschland, die heute überwiegend mit Verteilungsproblemen kurzfristiger Natur befaßt ist, könnte sich auf echte Zukunftsfragen konzentrieren. Wenn wir mit der Vision von Freiheit, Wachstum und sozialer Ausgewogenheit Ernst machen wollen, könnte der Grundzins Garant für die soziale Ausgewogenheit im nächsten Jahrhundert sein. Er wäre damit die Basis für die individuelle Freiheit zur Selbstverwirklichung.

Ein Konzept, das solche Chancen bietet, sollte nicht von vornherein wegen seiner „Radikalität" als ungeeignet abgetan werden. Die skizzierten Ideen scheinen uns zumindest eine ernsthafte Diskussion wert zu sein – auch wenn auf den ersten Blick eine Finanzierung des „Grundzinses" problematisch aussieht. Wir sehen in dem bisherigen Ausgabevolumen zumindest ein erhebliches Potential. Große Veränderungen sind immer mit großer Empörung verbunden.

Ein nicht ganz so futuristischer Ansatz ist die Einführung einer **negativen (Einkommens-) Steuer** im Niedriglohnbereich. Die Idee stammt ursprüng-

[16] Ein Anhaltspunkt für die Größenordnung kann der Regelsatz für die Sozialhilfe sowie der Zuschlag für Wohnung, Bekleidung etc. sein. Ein Gesamtbetrag für einen alleinstehenden Erwachsenen könnte etwa bei 1.200 DM pro Monat liegen. Falls weitere in einem Haushalt lebende Erwachsene 1.000 DM und Kinder 500 DM bekämen, beliefe sich der Gesamtbetrag bei der gegenwärtigen Bevölkerungsstruktur auf ca. 950 Mrd. DM. Als Gegenfinanzierung stünden die Gesamtausgaben von Bund, Ländern, Gemeinden und Sozialkassen für die soziale Sicherung außerhalb Kranken- und Pflegeversicherung zur Verfügung: dies waren 1995 ca. 670 Mrd. DM.

lich von Milton Friedman. Die Absicht ist hier, jeder Person, die kein eigenes Einkommen hat, eine Basisunterstützung zu gewähren. Wer über ein geringes Einkommen verfügt, bekommt entsprechend weniger Geld. Die Beihilfe muß so bemessen sein, daß die Motivation, mehr zu arbeiten, nicht verloren geht.[17]
Eine negative Einkommensteuer macht Mindestlöhne überflüssig, das heißt, Lohneinstiegsbarrieren wären beseitigt, mit den erwähnten positiven Folgen für den Arbeitsmarkt. Das Problem der Schwarzarbeit würde gegenstandslos werden, weil die bisherigen „Schwarzarbeitgeber" und „-nehmer" an der negativen Steuer partizipieren möchten. Das brächte dem Staat dreistellige Milliardenbeträge ein. Auf diese Größenordnung jedenfalls kommt der Linzer Wirtschaftsprofessor Schneider. Seinen Berechnungen zufolge wird 1998 für einen Gesamtwert von 560 Mrd. DM schwarzgearbeitet werden. Das entspricht 15 Prozent des Bruttoinlandsprodukts. 1990 war dieser Betrag noch halb so hoch.[18] Der durch Schwarzarbeit entstehende Schaden erreicht laut Dieter Undracik, dem Vorsitzenden der deutschen Steuergewerkschaft, jährlich bei Sozialversicherungen und Finanzbehörden die Höhe von 200 Mrd. DM. Allein die Beseitigung der Schattenwirtschaft also, einem Nebeneffekt der umfassenden Reform, brächte genügend Mittel zur Finanzierung des gesamten Unterstützungsprogramms.
Natürlich ist auch dieses Konzept nicht ohne Risiken zu verwirklichen. Das Wichtigste: Unternehmen könnten in Versuchung geraten, von dem Unterstützungsmodell massiv zu profitieren, indem sie wesentlich mehr Mitarbeitern als gerechtfertigt ein Niedrigstgehalt zahlen – womit es der Staatskasse überlassen wäre, für die Differenz zum Existenzminimum aufzukommen.
Trotz solcher und ähnlicher Gefahren gilt auch hier: Wer das Gesellschaftsproblem Nummer eins, die Arbeitslosigkeit, in den Griff bekommen will, ist gut beraten, das Konzept der negativen Einkommensteuer sorgfältig zu prüfen, bevor er es verwirft. Der Ansatz käme auch stark in Betracht als „gleitender Übergang" zum historischen Grundzins. Die Frankfurter Allgemeine Zeitung merkt an, daß Vorschläge wie Bürgergeld, Grundsicherung oder Negativsteuern „den unabdingbaren Anspruch auf eine menschenwürdige Lebensführung nicht länger mit dem löchrigen Recht auf Arbeit, sondern mit dem Bürgerstatus"[19] verknüpfen. Und genau darum geht es uns: die Arbeit entlasten, ohne die soziale Ausgewogenheit zu verletzen.

[17] Vgl. auch Giarini, O., Liedtke, P. M.: Wie wir arbeiten werden - Der neue Bericht an den Club of Rome, Hamburg 1998.
[18] Focus Nr. 15/1998
[19] FAZ vom 28. 3. 1998, I

Die Einführung arbeitsintensiverer Strukturen wird einen beachtlichen Beschäftigungseffekt haben, der jedoch nicht beliebig wiederholbar ist. Wenn wir aber einen Strukturbruch für notwendig halten, mitsamt seinen möglichen negativen Auswirkungen auf die Beschäftigung, dann soll uns jede Linderung, jede Abflachung des zu durchwandernden Wellentals, hoch willkommen sein – insbesondere wenn die Sockelarbeitslosigkeit dabei nennenswert abnimmt.

2. Flexibilisierung der Arbeit

Ein viel diskutiertes Thema in Kontinentaleuropa ist die Teilzeitbeschäftigung. Andere Aspekte, die damit eng zusammenhängen, wie die Flexibilisierung der Arbeitszeit im Allgemeinen, der Abbau von Überstunden, die Einführung von Gleitzeit und flexiblen Betriebszeiten sowie die Flexibilisierung der Entgeltsysteme, haben ebenfalls ihren Platz in der öffentlichen Diskussion. Inzwischen gibt es zahllose Modelle zur Flexibilisierung der Arbeit[20]. Manche haben sich als brauchbar erwiesen, andere als Fehlschlag.

Wir gehen davon aus, daß eine breitere Verteilung der Arbeit nur dann Ziel sein kann, wenn

- die Beteiligten selbst an verkürzter oder flexibler Arbeitszeit interessiert sind und/oder
- dadurch die Effizienz des Unternehmens erhöht, bzw. zumindest nicht verschlechtert wird.

Im Idealfall treffen beide Voraussetzungen zu. Aber selbst dann wird die Flexibilisierung oft nicht genutzt, da die Rahmenbedingungen (rechtliche Einschränkungen sowie die moralische und soziale Diskreditierung von Teilzeitjobs) es nicht zulassen. Wir finden dies bedauerlich, da so eine Möglichkeit vergeben wird, die negativen Beschäftigungseffekte der Strukturbrüche abzudämpfen. In diesem Sinne sollte die Flexibilisierung der Arbeit als soziale Verpflichtung verstanden werden.

Sind die Modelle zur Flexibilisierung der Arbeit inzwischen recht ausgefeilt, so stecken die Ansätze zur flexiblen Gestaltung der Entlohnung hierzulande noch in den Kinderschuhen. Von den anderswo gemachten positiven Erfahrungen hat man sich in Deutschland nicht inspirieren lassen. Der Anteil der Sonderzahlungen macht hier, je nach Branche, zwischen neun und dreizehn Prozent des Jahresverdienstes[21] aus. Doch der flexible Anteil der persönlichen Einkünfte liegt noch deutlich unter diesen Prozentsätzen,

---

20 Allein bei VW existieren 150 verschiedene „individuelle Flexibilisierungsmodelle".

21 Quelle: Jahrbuch des statistischen Bundesamtes

da die Sonderzahlungen auch tariflich fest vereinbarte Leistungen wie Urlaubs- und Weihnachtsgeld enthalten. In diesen Tarifabsprachen kommt die eklatante Risikoaversion unserer Gesellschaft ein weiteres Mal zum Ausdruck.
Berührungsängste gibt es auch hinsichtlich wechselnder Arbeitsbereiche und Änderungen der Aufbau- und Ablauforganisation nach den Erfordernissen der globalisierten Märkte. Das ist verständlich, da sich lineare Strukturen in Organigrammen viel besser abbilden lassen als nicht-lineare und damit dem Betrachter eine größere Sicherheit vorgaukeln. Diese Sichtweise hat seit Max Weber[22] eine solide akademische Grundlage. Nur stammt diese Grundlage unglücklicherweise aus den Anfängen unseres Jahrhunderts. Mehr braucht man über ihre Tauglichkeit zur Lösung aktueller Probleme wohl nicht zu sagen.
Es gibt höchst unterschiedliche Klassifikationen von Arbeitsflexibilisierung.[23] Wir beabsichtigen nicht, ein Inventar der diversen Modelle vorzulegen, das wissenschaftlichen Ansprüchen genügt. Wir möchten an dieser Stelle anhand einiger praktischer Beispiele lediglich auf das Potential an Effizienz und neuen Arbeitsplätzen hinweisen, das eine Flexibilisierung der betrieblichen Arbeitszeit in sich birgt. Wir tun das in der Hoffnung, damit die Einführung solcher Modelle in Deutschland zu beschleunigen.
Anlaß, sich mit dem Thema 'flexible Arbeitszeiten' zu beschäftigen, kann es für Unternehmen geben wegen

- externer Faktoren (Strategieumsetzung, Reaktion auf Wettbewerber, knappes Arbeitskräfteangebot)
- interner Faktoren (Prozeßänderungen, Mitarbeitermotivation, unternehmenspolitische Zwänge einschließlich Rationalisierungszwänge)

Konkret sind dabei etwa folgende Zielsetzungen hinsichtlich der Arbeitsflexibilisierung denkbar:

- Verlängern der betrieblichen Ansprech- oder Servicezeit zur Differenzierung gegenüber dem Wettbewerb,
- Verkürzen der Auftragsbearbeitungszeiten aus demselben Grund,
- Erhöhen der Mitarbeiterproduktivität,
- Flexible Reaktion der betrieblichen Leistungserbringung auf die Nachfrage im Markt,

---

[22] vgl. Weber, M.: Methodische Schriften, Frankfurt a. M. 1968 und: Derselbe: Gesammelte politische Schriften, Tübingen, 1971.

[23] In Deutschland sind elf grundsätzliche Arbeitszeitmodelle aktuell, die von rund 140 Unternehmen angewandt werden. Vgl. Linnenkohl et. al.: Arbeitszeitflexibilisierung, Heidelberg 1992.

- Steigern der Unternehmensattraktivität für Mitarbeiter eines bestimmten Qualifikationsprofils,
- Erhöhen des Nutzungsgrades einer kapitalintensiven betrieblichen Infrastruktur und damit Senken der Stückkosten
- Vermeiden von Entlassungen,

oder eine Kombination dieser Punkte.
Das angestrebte Flexibilisierungsmodell – soll es von allen beteiligten Parteien akzeptiert werden – wird den Kriterien der betriebswirtschaftlichen Zweckmäßigkeit, der organisatorischen und technischen Machbarkeit sowie der Sozialverträglichkeit genügen müssen. Das heißt im Klartext: jedes Modell der Arbeitsflexibilisierung muß maßgeschneidert sein. Standardkonzeptionen dürften in den seltensten Fällen der jeweils spezifischen Situation eines Unternehmens gerecht werden. Dies ist auch der Grund dafür, warum sich inzwischen so viele verschiedene Modellvarianten entwickelt haben[24]. Bei aller Individualität sind die Lösungen allerdings nach drei Basiskriterien klassifizierbar, nämlich danach, ob sie:

- vorhandene Arbeit umverteilen,
- Überstunden und Leerzeiten vermeiden oder
- Betriebszeiten erweitern

sollen. Diese Modelle haben unterschiedliche Auswirkungen auf die Wettbewerbsfähigkeit.
Anhand zweier Fallbeispiele – Umverteilung vorhandener Arbeit auf mehr Beschäftigte bei VW und Erweiterung der Betriebszeiten bei BMW – möchten wir die komplexe Problematik der Arbeitsflexibilisierung anschaulich machen.

Umverteilen vorhandener Arbeit am Beispiel VW

Das Modell der VW AG sei hier exemplarisch für eine Arbeitszeitvereinbarung zur Vermeidung von Entlassungen genannt.[25] Aufgrund von Kostenanalysen des Unternehmens wurde ein Personalüberhang von rund 30.000 Mitarbeiter/Innen festgestellt. Massenentlassungen als Folge betrieblicher Kündigungen in dieser Größenordnung schieden als Lösungsweg von vornherein aus. Zudem wären die Kosten für einen Sozialplan in die Milliarden gegangen.
Als Alternative zur Fortsetzung der (allerdings gesetzlich begrenzten) Kurzarbeit über 1993 hinaus und des politisch nicht akzeptablen Personalabbaus in der genannten Größenordnung wurde die 4-Tage-Woche bei

[24] und warum das Grundkonzept der Flächentarifverträge überdacht werden muß.
[25] Quelle: Handelsblatt Nr. 24. vom 3.2.1994

gleichbleibendem Monatsverdienst und einer effektiven elf - bis zwölfprozentigen Kürzung des Jahreseinkommens gefunden. Durch die Kürzung des Jahreseinkommens und weitere Einsparungen konnte eine der Arbeitszeitverkürzung korrespondierende Kostenanpassung erreicht werden. Hinzu kam der Wegfall der bereits vereinbarten Lohnerhöhung von 3,5 Prozent. Das Modell ist in Abbildung 24 in seinen wesentlichen Merkmalen dargestellt. Es fußt auf drei Modellkomponenten. Im Zentrum steht eine 20prozentige Arbeitszeitverkürzung von 36 auf 28,8 Wochenstunden ohne Entgeltausgleich. Um hier ein gleichbleibendes Monatseinkommen für die Beschäftigten zu sichern, wurden eine Reihe von Entgeltkomponenten auf Jahresbasis in die Rechnung einbezogen. Dabei handelt es sich um die jährliche Sonderzahlung, das Urlaubsgeld, die Weihnachtsgratifikation, eine betriebliche Erholungsfreizeit und zwei, zum Verhandlungszeitpunkt bereits vereinbarte Tariferhöhungen. Damit die Rechnung aufging, „spendierte" VW auch noch einen Beitrag von zwei Prozent des Monatseinkommens.

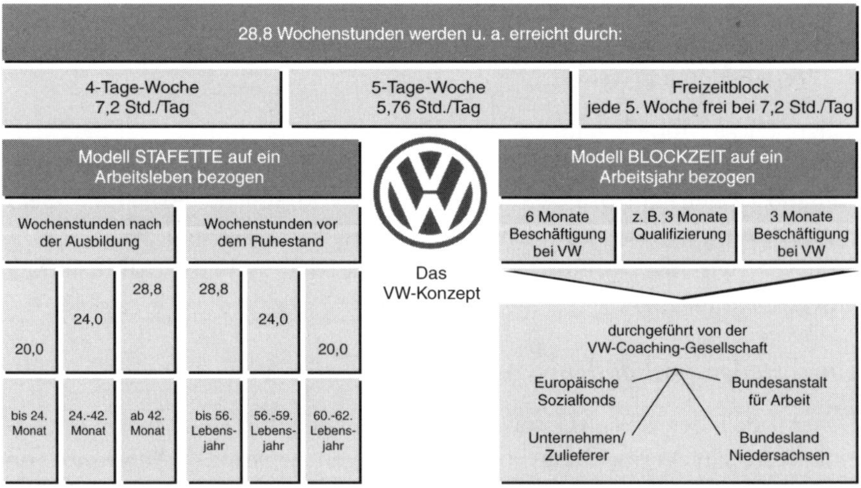

Abbildung 24: Das VW-Modell: Die Vier-Tage-Woche bricht mit alten Tabus

Die zweite Komponente ist das Modell Blockzeit, das eine blockweise jahresbezogene Freistellung vor allem der jüngeren und der alleinstehenden Arbeitnehmer/Innen vorsieht.

Die dritte Komponente – Stafette – legt eine stufenweise ansteigende Tagesarbeitszeit für gerade Ausgebildete und eine sinkende Tagesarbeitszeit für ältere Werksangehörige fest. Der Nachteil des Gesamtmodells ist, daß es nur einen Einmaleffekt hat, der nicht beliebig wiederholbar ist und die Flexibilität des Unternehmens nicht erhöht. Organisationsstrukturen

bleiben im wesentlichen unangetastet. Eine Änderungsdynamik in Richtung Wachstum wird nicht in Gang gesetzt. Der Vorteil dieser innovativen Lösung liegt vor allem darin, die unternehmerischen Belange mit der Beschäftigungssicherung in Einklang zu bringen.
VW verwendet in seinem Modell verschiedene Varianten von Teilzeitmodellen. Da gerade letztere in der öffentlichen Diskussion häufig als eine Patentlösung für mehr Arbeitsplätze gehandelt werden, lohnt es an dieser Stelle, das Thema zu vertiefen.
Der Einsatz von Teilzeitbeschäftigungsverhältnissen wird in Deutschland, insbesondere unter Hinweis auf die Niederlande, seit einigen Jahren propagiert. Tatsächlich schneidet Deutschland bei der Teilzeitquote im europäischen Vergleich schlecht ab (Abb. 25). Es liegt aber auch hinter Japan und den USA zurück.

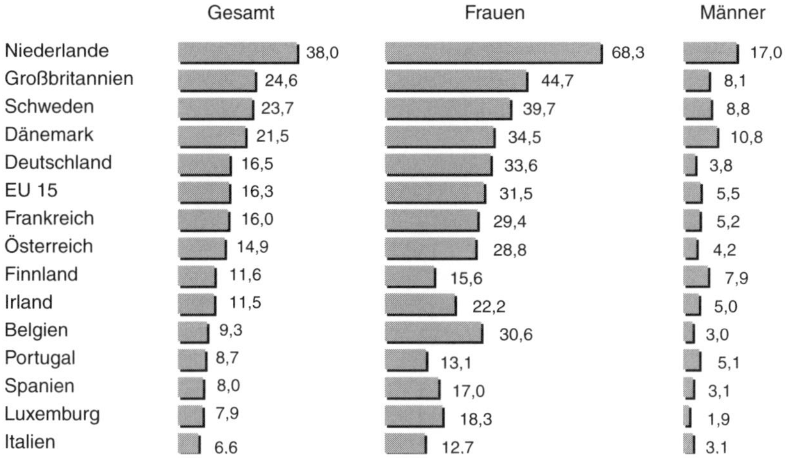

Abbildung 25: Teilzeitquoten[26] nach Ländern [Quelle: Statistisches Bundesamt]

Die Verwendung von Teilzeitmodellen im Unternehmen ist umstritten. Einerseits kann der Einsatz von Teilzeitkräften das Unternehmen bei Nachfrageschwankungen flexibler machen. Andere Studien weisen höhere Arbeitsproduktivitäten und bessere Arbeitsqualität im Teilzeitbereich nach. Eine größere Arbeitszufriedenheit führt in der Folge auch zu einer geringeren Fluktuation. All das sind kostensenkende Aspekte. Andererseits wird auf erhebliche Nachteile der Teilzeitmodelle verwiesen, da eine Reihe

[26] Anteil der Erwerbstätigen mit einer geringeren als der kollektiv vereinbarten Arbeitszeit. Laut ISO versteht man unter kollektiv vereinbarter Arbeitszeit oder Normalarbeitszeit bzw. Vollbeschäftigung eine Arbeitszeit zwischen 35 und 40 Stunden, diesich auf fünf Wochentage verteilt.

von betrieblichen Kostenpositionen von der Anzahl der Beschäftigten abhängt. Hierzu zählen vor allem die Kosten der Personalbetreuung, der Arbeitsvorbereitung, Organisation und Führung, kopfzahlbezogene gesetzliche Vorschriften und die Einarbeitung und Fortbildung. Infrastruktur- und Personalzusatzkosten sind zumindest sprungfix. Fazit: Die Kostenwirkungen von Teilzeitmodellen läßt sich nicht pauschal beurteilen. Dazu ist der Einzelfall zu prüfen.

Bemerkenswert ist, daß nach einer Umfrage des Institutes zur Erforschung sozialer Chancen im Jahre 1995 nur zehn Prozent aller Vollbeschäftigten in Teilzeit arbeiten möchten.[27] Die Gründe dafür haben andere ausführlich untersucht und diskutiert. Wir verzichten daher auf nähere Erörterungen zu diesem Punkt. Die Unternehmenspraxis (siehe das oben geschilderte Beispiel VW) belegt jedenfalls, daß die Einführung von Teilzeitmodellen durchaus positive Wirkungen für die Sicherung von Arbeitsplätzen haben kann.

Wenn es in Deutschland um die Flexibilisierung der Arbeit geht, wird oft die Forderung nach einem Abbau von Überstunden laut. Ist sie berechtigt oder nicht? Sehen wir uns die Kostensituation des Unternehmens näher an (Abbildung 26).

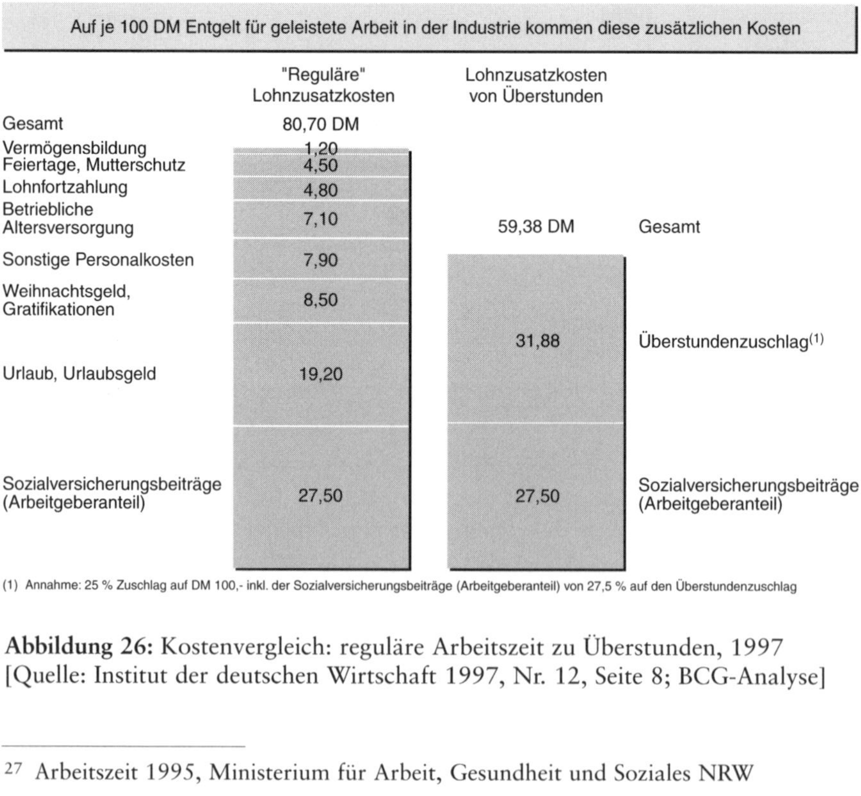

Abbildung 26: Kostenvergleich: reguläre Arbeitszeit zu Überstunden, 1997 [Quelle: Institut der deutschen Wirtschaft 1997, Nr. 12, Seite 8; BCG-Analyse]

[27] Arbeitszeit 1995, Ministerium für Arbeit, Gesundheit und Soziales NRW

Aus der Graphik ist die Antwort leicht ersichtlich: Daß Betriebe selbst bei anhaltend hoher Auslastung einen Überstundeneinsatz den Neueinstellung vorziehen, liegt schlicht und einfach daran, daß Überstunden billiger sind. Sie kosten den Arbeitgeber pro DM 100 den Zusatzbetrag von 59,38 Mark. Hingegen legt er für einen neu eingestellten Mitarbeiter DM 80,70 je 100 Mark Lohnkosten drauf. Hieraus ergibt sich klarer Handlungsbedarf für Gesetzgeber und Tarifpartner. Naheliegende Ansatzpunkte für eine Verringerung der Lohnzusatzkosten bilden die beiden größten Blöcke, der Sozialversicherungsanteil der Arbeitgeber und das Urlaubsgeld.

Im Jahre 1996 hat der Gesetzgeber die Möglichkeit geschaffen, die Lohnfortzahlung im Krankheitsfall zu kürzen. Leider konnten sich die Tarifparteien nicht auf eine zweckmäßige Umsetzung dieser rechtlichen Lockerung einigen – und der löbliche Reformansatz scheiterte. Es gibt im übrigen politische Kräfte im Land, die auch diesen minimalen Reformansatz wieder rückgängig machen wollen.

Neben Kostengesichtspunkten sind rechtliche Erwägungen ursächlich für den zögernden Überstundenabbau zugunsten von Neueinstellungen. Die Anstellung neuer Mitarbeiter will wohlüberlegt sein. Die Arbeitsgesetze und vor allem deren Auslegung durch deutsche Arbeitsgerichte verleihen den Personalkosten mittelfristig Fixkostencharakter. Auf Nachfrageschwankungen läßt sich durch Personalabbau kaum angemessen reagieren. Er dauert wegen der Vielzahl von Vorschriften, die eingehalten werden muß[28], entschieden zu lange und ist außerdem enorm kostspielig. Angesichts dieser Tatsachen kann es kaum verwundern, daß Unternehmen selbst bei nachhaltiger Auslastung solange wie irgend möglich mit bereits vorhandenem Personal auszukommen suchen. Erst wenn die Überstunden völlig ausgeschöpft sind, werden neue Mitarbeiter eingestellt.

Neuregelungen im Beschäftigungsförderungsgesetz sind zwar erfolgt. Aber erstens darf man sie mit Fug und Recht halbherzig nennen, und zweitens sitzt die Verunsicherung auf Unternehmensseite durch die jahrzehntelange Quasi-Verbeamtung ganzer Belegschaften tief. Ihr Zaudern bei der Einstellung neuer Mitarbeiter ist durch eher oberflächliche Gesetzesänderungen kaum zu beseitigen, begleitet von der öffentlichen Mahnung, bitte ganz rasch neue Arbeitsplätze zu schaffen.

Angenommen der Gesetzgeber schüfe Rahmenbedingungen, unter denen es attraktiv wäre, Überstunden zugunsten neuer Beschäftigungsverhältnisse abzubauen – wie viele Arbeitsplätze könnten dann entstehen? Manche dividieren die Zahl der jährlich registrierten Überstunden durch die

[28] Das Inhaltsverzeichnis der Tarifrechts umfaßt allein 36 Seiten. Das aushangpflichtige Arbeitsschutzrecht ist, ohne Kommentar und Register, 314 Seiten stark. Es gibt mehr als 900 Tarifverträge und jährlich rund 600.000 Arbeitsprozesse, die das Tarifrecht beständig fortschreiben; Quelle: Wirtschaftswoche Nr. 24/5.6.1997.

Regelarbeitszeit und gelangen auf diese Weise zu einem Potential von einer Million zusätzlicher Arbeitsplätze.[29] Dies dürfte u. E. wesentlich zu hoch gegriffen sein, da hier die spezifischen betrieblichen Gegebenheiten außer Acht gelassen werden, die gewiß keine simple Division gestatten. Doch selbst wenn sich die Zahl der neu gewonnenen Arbeitsplätze nur auf die Hälfte beliefe (was uns realistischer erscheint), so wäre das immer noch ein beachtlicher Erfolg. Das Wellental – durch Strukturbrüche verursacht – würde um ein beachtliches Stück flacher werden.

Erweiterung der Betriebszeit am Beispiel BMW

Eine Ausdehnung von Betriebszeiten bedeutet, daß die teuren Produktionsmittel besser genutzt werden. Die Anlagen erwirtschaften in der verlängerten Betriebszeit zusätzliche Deckungsbeiträge. Während der verlängerten Laufzeiten müssen die Maschinen bedient werden. Dazu sind mehr Arbeitskräfte nötig als bisher. Neue Mitarbeiter müssen eingestellt werden. Längere Betriebszeiten bei gleichbleibender Kapitalausstattung führen über günstigere Stückkosten zu einer verbesserten Wettbewerbsfähigkeit, die sich in steigendem Absatz, also Wachstum, niederschlägt. Dies ist die Logik der Erweiterung von Betriebszeiten. Der beschriebene Effekt läßt sich besonders gut in kapitalintensiven Bereichen beobachten.
Vielbeachtet ist in diesem Zusammenhang das Regensburger Modell der BMW AG. Ausgangspunkt war Anfang der 80er Jahre das Ziel, die Maschinenauslastung zu verbessern, um der angekündigten Verkürzung der tariflichen Wochenarbeitszeit auf 35 Stunden zu begegnen, das heißt, den Kostendruck zu mindern, der insbesondere auf kapitalintensiven Bereichen wie der Automobilindustrie lastet.
Die gefundene Lösung eines Zweischichtbetriebs mit sechs Produktionstagen, 11 je neunstündigen Schichten und einer wöchentlichen Betriebszeit von 99 Stunden ist in Abbildung 27 als Arbeitszeitmodell schematisch dargestellt.
Die Arbeitnehmer arbeiten im Zweischichtbetrieb (wechselweise Früh- und Spätschicht) in einem dreiwöchigen Zeitraum nach drei unterschiedlichen Schichtplänen. Dabei kommt es innerhalb des Drei-Wochen-Zeitraums zu einer fünftägigen Freischicht („Die fünf Tage Freizeit alle drei Wochen sind fast wie ein kleiner Urlaub") und längstens zu einer viertägigen Arbeitsperiode. Das Unternehmen hat durch die versetzte Anordnung der drei unterschiedlichen Schichtpläne die Möglichkeit, mit dem teuren Maschinenpark an fünf Wochentagen jeweils 18 Stunden pro Tag, sowie am Samstag mit der Frühschicht neun Stunden zu produzieren.

[29] In diesem Sinne äußerten sich Bernhard Jagoda, Leiter der Bundesanstalt für Arbeit, und Roland Issen (DAG).

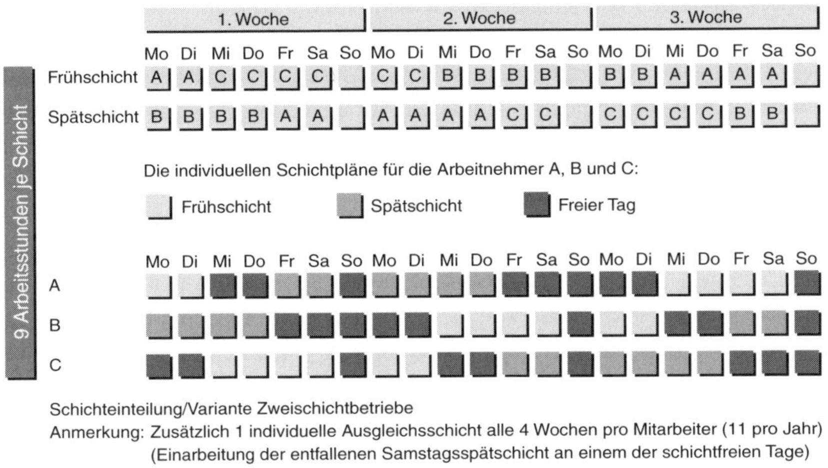

Abbildung 27: Das BMW-Arbeitszeitmodell in der Fertigung – alle drei Wochen fünf Tage frei
[Quelle: Bihl,G., 1995 Wertorientierte Personalarbeit, München 1995, S. 107]

Die gefundene Lösung bringt eine Vielzahl von Vorteilen für Unternehmen und Beschäftigte:

- Eine über 30 Prozent höhere Anlagennutzung erhöht die Wettbewerbsfähigkeit
- Leichtere Anpassung an die 35-Stunden-Woche
- Die Mitarbeiter haben einen attraktiven Schichtplan mit 5-tägigem Freizeitblock alle drei Wochen
- Das Modell hat 2.500 neue Arbeitsplätze geschaffen.[30]

Angesichts dieser Vorteile fällt der Nachteil einer alle drei Wochen zu arbeitenden Frühschicht am Samstag für die Arbeitnehmer kaum ins Gewicht. Die verbesserte Anlagennutzung war aus Sicht des Unternehmens entscheidend für den Erfolg des Modells. Zu Anfang der neunziger Jahre kostete ein Arbeitsplatz in den BMW-Werken bereits zwischen 500.000 DM und 1 Mio. DM. Vor diesem Hintergrund trägt eine um 30 Prozent höhere Anlagennutzung zu einer stark verbesserten Wirtschaftlichkeit bei. Im übrigen war seinerzeit der positive Beschäftigungseffekt des Regensburger Modells in einer Region mit hoher Arbeitslosigkeit sehr willkommen. Diesem Umstand ist auch die konstruktive Mitwirkung des Betriebsrats und der örtlichen Gewerkschaftsvertreter zu verdanken.

[30] Quelle: Handelsblatt Nr. 209 vom 28.10.1993; laut BMW hätte man das Werk andernfalls aus Kostengründen im Ausland bauen müssen.

Mittlerweile sind etwa 15.000 BMW-Mitarbeiter in fünf Werken und anderen Bereichen nach diesen oder vergleichbaren Modellen in einer persönlichen 4-Tage-Woche beschäftigt. Arbeitszeitflexibilität gehört für das Unternehmen inzwischen zum betrieblichen Alltag. BMW hat durch eine höhere Auslastung der Produktionsanlagen die Stückkosten gesenkt, die Wirtschaftlichkeit des Unternehmens verbessert und damit die Arbeitsplätze der Beschäftigten gesichert. BMW bietet heute insgesamt zirka 300 Regelungen für flexible Arbeitszeiten an. Die gesamte Palette betrieblicher Gestaltungsmöglichkeiten umfaßt die Flexibilisierung der Tages-, Wochen-, Monats- und Jahresarbeitszeit. Sie reicht von der Gleitzeit und Teilzeit über rollierende Mehrfachbesetzungen und marktorientierte Arbeitszeit – wie in den Werken Berlin und Wackersdorf – bis hin zu längeren Freizeitblöcken (Sabbaticals).
Was VW und BMW gelingt, sollten auch andere Firmen fertigbringen. Vor allem Dienstleistungsunternehmen können von einem Flexibilisierungsmodell wie dem obigen profitieren. Zwar wird wegen des geringeren Fixkostenanteils solcher Betriebe der Gewinn an Wirtschaftlichkeit längst nicht so hoch ausfallen wie in der Autoindustrie. Doch würden erstens auch hier zusätzliche Arbeitsplätze kostenneutral entstehen, und zweitens würde durch die verlängerten Öffnungs- und Ansprechzeiten eine bessere Kundenbindung geschaffen, ein klarer Wettbewerbsvorteil also, der zu Wachstum und damit wiederum zu neuen Arbeitsplätzen führen könnte.
Diese kurze Darstellung zu den Stoßrichtungen der Flexibilisierung der Arbeitszeit kann nicht umfassend sein. Wir wollten hier anhand zweier erfolgreicher Beispiele zeigen, daß dem Beschäftigungsabbau mit kreativen Arbeitszeitmodellen begegnet werden kann. Und wir wissen, daß es nur zwei Beispiele von vielen sind. Das Regensburger ist dem Wolfsburger Modell vorzuziehen, da es größere Änderungsdynamik besitzt, mehr Profitabilität und Beschäftigung verspricht sowie bestehende Strukturen nicht zementiert. Eine Entrümpelung des Regelungswerks, eine deutliche Absenkung der Lohnnebenkosten und der feste Wille *beider* Tarifparteien zur Schaffung von Arbeitsplätzen ist dafür jedoch unerläßlich. Die Lage auf dem Arbeitsmarkt ist kritisch. Und wenn wir nichts tun, wird sie über kurz oder lang katastrophal werden. Modelle der Arbeitsflexibilisierung sind *eine* Chance, dem fatalen Trend auf dem Arbeitsmarkt entgegenzutreten. Wir sollten sie nicht mutwillig vertun.

Die Flexibilisierung der Entlohnung

Hinter dem Konzept der flexiblen Entlohnung steht die Idee, bei schwankendem Geschäftsverlauf die Löhne und Gehälter anzupassen, sowohl nach oben als auch nach unten. Auf diese Weise kann eine flexible Lohngestaltung einen wesentlichen Beitrag zur Erhaltung von Arbeitsplätzen leisten.

Wir unterscheiden folgende Ausprägungsformen:

- Leistungsabhängige Entlohnung: Höhere Produktivität durch individuelle Leistungsbewertung sichert die Arbeitsplätze
- Puffersysteme mit Erfolgsbeteiligung: Beschäftigungssicherung durch automatische Kostenanpassung an die Marktentwicklung
- Erfolgsabhängige Löhne: Erfolgsbeteiligung sichert Arbeitsplätze durch höhere Produktivität und Kostenanpassung

Diese drei Modellvarianten sichern die Beschäftigung, indem sie auf unterschiedliche Weise Kosten oder/und Produktivität an die Markerfordernisse anpassen. Sie werden gegenwärtig in deutschen Unternehmen zwar diskutiert, doch Eingang in die Praxis haben sie bisher kaum gefunden. Die variablen Vergütungsanteile schwanken zwischen 14 Prozent bei Banken und neun Prozent im Handel. Wieder einmal sind andere Nationen wesentlich weiter entwickelt.[31] Und wie der Zufall so spielt, sind gerade die Länder mit den höchsten variablen Vergütungsanteilen auch diejenigen mit ausgesprochen niedriger Arbeitslosigkeit.
Der positive Effekt von leistungs- und erfolgsabhängiger Entlohnung braucht hier nicht besonders hervorgehoben zu werden. Wie die Puffersysteme zur Beschäftigungssicherung beitragen können, zeigt eine Studie aus dem Jahre 1991. D. L. Kruse untersuchte 2.976 im Zeitraum 1971 bis 1985 börsennotierte Unternehmen und fand heraus, daß bei Industrieunternehmen mit flexiblen gewinnabhängigen Entgeltsystemen der Beschäftigungsabbau bei nachlassender Konjunktur um ein Drittel geringer war als bei vergleichbaren Unternehmen ohne Gewinnbeteiligung.
Die Befunde der Studie legen die Empfehlung nahe, die Einführung flexibler Entgeltsysteme in allen Unternehmen ernsthaft zu prüfen. Lohnflexibilität mindert den Personalabbau. Davon hat einerseits das Unternehmen Vorteile, denn es spart die hohen Kosten von Entlassungen ebenso ein, wie später die Aufwendungen für die erneute Rekrutierung von Mitarbeitern und deren Einarbeitung bei wieder anspringender Konjunktur. Die Mitarbeiter andererseits erlangen höhere Arbeitsplatzsicherheit in schlechten Zeiten. Gehen die Geschäfte hingegen gut, partizipieren sie an steigenden Unternehmensgewinnen. Eine typische Win/Win-Situation, die geradezu danach ruft, flexible Lohnkonzepte in die Praxis umzusetzen! Für Intrapreneurship-Modelle jeder Art (Kapitel IV und VI) sind leistungs- und gewinnabhängige Entgeltsysteme ohnehin unverzichtbar.

[31] Lt. World Competitiveness Report von 1995 etwa die USA, Taiwan, Singapore, UK, Korea, Kanada, Hong Kong und Neuseeland.

Innovative Organisationsformen zur Krisenbewältigung

Wir möchten nicht den Eindruck erwecken, mit der flexiblen Arbeitszeitgestaltung den Stein der Weisen gefunden zu haben und damit sämtliche Beschäftigungsprobleme lösen zu können. Der Strukturwandel ist voll im Gange. Flexible Arbeitszeitgestaltung wirkt einerseits katalytisch, andererseits lindernd. Und der Wandel trifft zuerst die Unternehmen. Nachfragemuster ändern sich so durchgreifend und schnell wie kaum jemals zuvor. Unternehmen sehen ganze Geschäftsfelder innerhalb kürzester Zeit wegbrechen und neue entstehen. An diese ungeheure Marktdynamik müssen sie sich hinsichtlich der Beschäftigungssicherung anpassen. Und der Staat steht vor derselben Aufgabe. Jeder tut das auf seine Weise. Während der Staat nun die Möglichkeit hat, subventionierte Beschäftigung mit mehr oder weniger sinnvollem Inhalt zu schaffen (siehe „ABM")[32], können die Unternehmen die vorhandenen Fähigkeiten ihrer Mitarbeiter produktiv einsetzen – entweder im eigenen Unternehmen in neuen Feldern, oder in neu zu gründenden Einheiten.

Eine Schlüsselrolle bei der Anpassung spielt die Weiterbildung auf allen Hierarchieebenen. Mitarbeiter und Management müssen lernen, sich auf die neuen Markterfordernisse einzustellen. Der beständige Wandel muß als die einzige Konstante im Zeitablauf akzeptiert werden. Strukturwandel muß keineswegs zwangsläufig zu Massenentlassungen führen. Kündigungen sollten die ultima ratio sein. Es gibt intelligentere Methoden, Krisen zu bewältigen. Wir haben sie in Form von Arbeitszeitflexibilisierung und flexibler Entgeltgestaltung kennengelernt. Das Geld, das die Verwaltung der Arbeitslosigkeit kostet[33], sollte sinnvoller zu deren Vermeidung ausgegeben werden.

Neben den beiden genannten Methoden der Arbeitsplatzsicherung gibt es einen dritten Ansatz: die Schaffung innovativer Organisationsformen. Was wir damit meinen, möchten wir anhand zweier lehrreicher Fallbeispiele verdeutlichen. Es handelt sich dabei zum einen um die Auflösung des ehemaligen Standorts der AEG-Olympia in Wilhelmshaven mit anschließender Überführung in das Technologie Centrum Nordwest (TCN) und die Privatisierung kommunaler Dienstleistungen der Stadt Oberhausen durch ein Public Private Partnership (Abb. 28).

Zunächst wollen wir uns näher mit dem Fall des ehemaligen Olympia-Werks in Wilhelmshaven befassen. Hier haben wir geradezu ein Paradebeispiel dafür, wie durch einen kreativen Strukturwandel eine große Zahl

---

[32] Arbeitsbeschaffungsmaßnahme

[33] In Deutschland „kostet" ein durchschnittlicher Arbeitsloser dem Unternehmen und dem Staat, in Abhängigkeit von der Dauer seiner Betriebszugehörigkeit, zwischen 25 und 110 TDM.

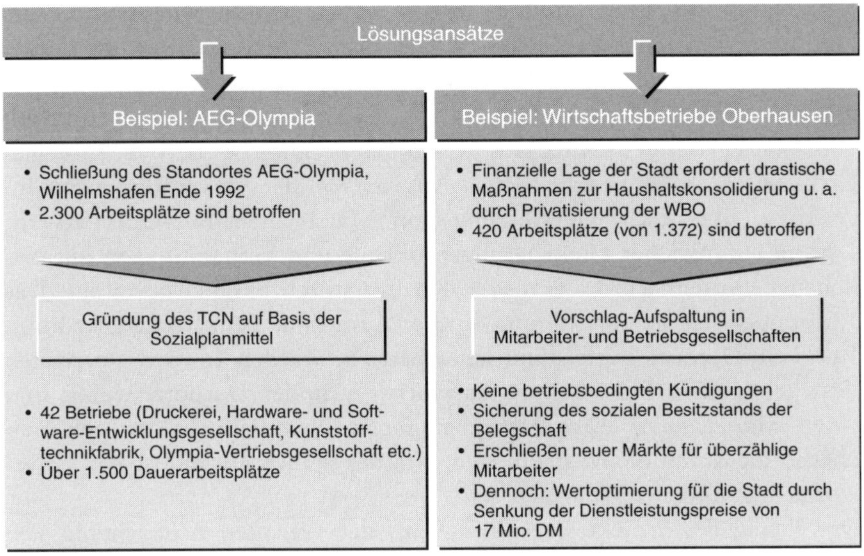

Abbildung 28: Innovative Beschäftigungsstrategien

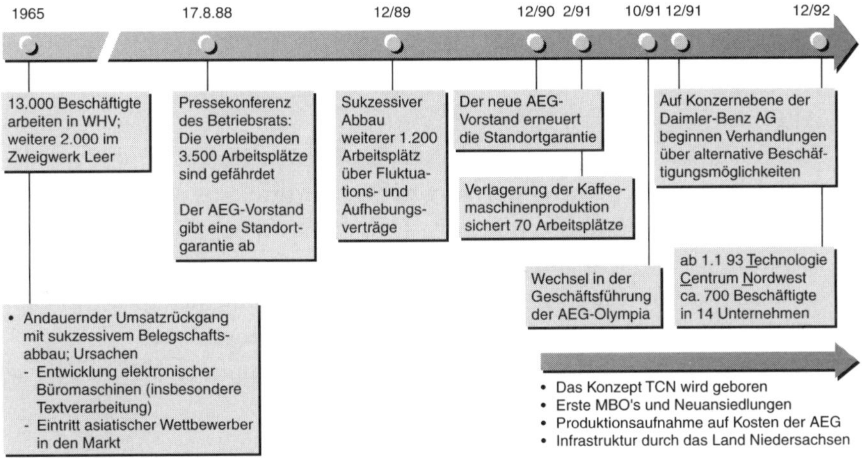

Abbildung 29: Entwicklung des Standortes Wilhelmshaven der AEG-Olympia [Quelle: TCN Marketing GmbH]

von Arbeitsplätzen erhalten werden konnte. Abbildung 29 gibt die Entwicklung des Büromaschinenherstellers von 1965 an bis zur Eröffnung der Nachfolgeorganisation Technologie Centrum Nordwest (TCN) im Jahre 1993 in Stichworten wieder.

Nach langen Jahren sich ständig verschlechternder Wettbewerbsfähigkeit begann die Arbeitnehmerseite im Jahre 1991 kurz vor dem Aus Verhand-

lungen zum Erhalt des Standorts in einer neuen Struktur. Dies war der Beginn eines Konzeptes für einen erfolgreichen Strukturwandel, an dessen Ende wettbewerbsfähige Arbeitsplätze standen: das Technologie Centrum Nordwest (TCN).
Das Konzept unterscheidet sich von anderen Gewerbe- und Technologieparks durch seinen ganzheitlichen Ansatz. Von der Anwerbung neuer Investoren, über die Unterstützung von Management-Buy-Outs bis zur Lösung anfänglicher Finanzierungsprobleme und Verhandlungen mit örtlichen Behörden wurde alles von den Initiatoren parallel bewältigt. Das Konzept erwies sich als stimmig und war am Ende vom Erfolg gekrönt.
Rund ein Dutzend mittelständischer Betriebe wurden aus den Überresten des ehemaligen AEG-Olympia Standorts gegründet. Darunter waren zum einen Management Buy Outs ehemaliger Olympianer. Dazu gehörten ebenso die durch Neuansiedlungen externer – auch ausländischer – Investoren entstandenen Unternehmen.
Der Erfolg des Projektes resultierte aus der vereinten Anstrengung von ehemaligem Arbeitgeber, Arbeitnehmern und staatlichen Stellen. Eine Fülle von Maßnahmen wurde ergriffen, darunter:

- Die Übernahme von Umzugs- und Umstrukturierungskosten
- Auftragsvergabe durch alten Arbeitgeber
- Kostengünstige oder kostenlose Überlassung von Inventar durch die AEG
- Arbeitnehmer, die von einer der neuen Firmen übernommen wurde, erhielten nur zwei Drittel der vorgesehenen Mittel aus dem Sozialplan, der Rest floß dem übernehmenden Unternehmen zu
- Großzügige Bereitstellung von Infrastruktur durch das Land Niedersachsen (Verkabelung der Bürogebäude, Erschließung der Grundstücke)
- Zügige Bearbeitung der Anträge auf Investitionszuschüsse
- Günstige Rahmenbedingungen seitens der Kommune, beispielsweise hinsichtlich der Gewerbesteuer

Der Erfolg war bereits nach einem Jahr sichtbar. Von den Ende 1991 noch bei AEG-Olympia beschäftigten 2.000 Arbeitnehmer/Innen fanden immerhin die Hälfte, also 1.000, eine direkte Anschlußbeschäftigung in einem der neu gegründeten Unternehmen (an denen sie zum Teil selbst beteiligt waren). Die verbleibenden 1.000 Arbeitsplätze wurden auf „traditionellen" Weise, wie die Nutzung natürlicher Fluktuation, Vorruhestand und zeitlich begrenzte Qualifizierung abgebaut.
Das Beispiel TCN zeigt, daß innovative Organisationsformen in der Lage sind, Arbeitsplätze zu erhalten, die bei normalem Gang der Dinge – in diesem Fall: Konkurs – verloren gewesen wären.

Die Stadt Oberhausen stand bei der 1995 geplanten Privatisierung kommunaler Dienstleistungen vor einer Reihe unlösbar scheinender Zielkonflikte. Heute gilt Oberhausen in Deutschland als Musterbeispiel beschäftigungsschonender Privatisierung.
Die Gemeinde war, wie viele Kommunen, in Finanznot geraten. Kostensenkung und Verbesserung der Wirtschaftlichkeit tat not. Ein Drehen an der Gebührenschraube oder die Entlassung städtischer Bediensteter kam schon aus politischen, z. T. auch gesetzlichen Gründen nicht in Betracht. Man wollte aber auch die kommunalen Dienstleistungen nicht abbauen – obwohl dieser Gedanke nahegelegen hätte, zumal private Anbieter dieselben Dienstleistungen in vergleichbarem Umfang und ähnlicher Qualität mit nur rund zwei Dritteln des Personals erbrachten, das die Wirtschaftsbetriebe Oberhausen dafür einsetzten.
Was tat man? Man entschloß sich, Personal auszugliedern und es (auch) für private Auftraggeber arbeiten zu lassen. Das heißt, man erschloß neue Märkte, kam also auf eine augenscheinlich simple Lösung. Doch diesen Schritt zu tun, kam für eine Behörde angesichts der vielen verwaltungs-, gebühren- und arbeitsrechtlichen Fallstricke der Quadratur des Kreises gleich. Heute können beispielsweise die „privatisierten" Beschäftigten der Gebäudereinigung auch andere als nur städtische Gebäude säubern. Der überregionale Einsatz von Personal und ansonsten ungenutztem Anlagevermögen (z.B. der Müllentsorgung) trug ebenfalls zur Arbeitsplatzerhaltung bei. In einzelnen Bereichen (beispielsweise der Abwasserentsorgung) werden hochqualifizierte Engineering-Leistungen erbracht, die auf dem „freien" Markt auf Nachfrage treffen. 420 Arbeitsplätze wurden gesichert.
Die beiden Fallbeispiele machen deutlich, daß kein Unternehmen der wirtschaftlichen Entwicklung hilflos ausgeliefert ist und sie als unabwendbares Schicksal über sich ergehen lassen muß. Mit Phantasie und Mut zum Unorthodoxen können die negativen Folgen des Strukturwandels, insbesondere für die Beschäftigung, zumindest sehr erfolgreich abgefedert werden – noch bevor sie eingetreten sind.
Wir möchten allerdings an dieser Stelle nochmals betonen: Die im vorliegenden Kapitel aufgezeigten Möglichkeiten zur Schaffung beziehungsweise Erhaltung von Arbeitsplätzen – arbeitsintensivere Strukturen, Flexibilisierung von Arbeit und Entlohnung, innovative Organisationen – können das Beschäftigungsproblem in diesem Lande und in Europa nicht dauerhaft lösen. Von ihnen darf man eine vorübergehende Erleichterung erwarten – eine Abflachung des Wellentals. Nicht mehr, aber auch und nicht weniger. Allerdings kann, wir haben bereits darauf hingewiesen, eine Beseitigung der unteren Lohngrenzen eine durchaus nennenswerte Zahl von Arbeitsplätzen im Dienstleistungsbereich schaffen. Und damit ließe sich die langfristige Sockelarbeitslosigkeit zu einem guten Teil abbauen.

Der Hauptpfad heraus aus dem Wellental führt jedoch nur über Wachstum. Zum Beleg unserer Auffassung noch einmal einige Zahlen:
Eine Reihe von Studien bemüht sich um gewissenhafte Schätzung der Anzahl neuer Arbeitsplätze, die eine konsequente Flexibilisierung sowie die Schaffung arbeitsintensiverer Strukturen mit sich bringen würde. Zwei Millionen neue Stellen sind dabei ein häufig geschätzter Wert, der auch unseren überschlägigen Berechnungen nahekommt. Dies bedeutete immerhin eine Halbierung der heutigen Arbeitslosenzahl. Doch selbst wenn die Schätzung korrekt wäre, so bestünde, wie die nachfolgenden Überlegungen zeigen, dennoch kein Grund zu übermäßiger Euphorie:

1. Die 2 Millionen Arbeitsplätze werden nicht an einem Tag entstehen, sondern über einen längeren Zeitraum hinweg. Bei Beseitigung aller Barrieren dürfte es mindesten vier Jahre, eine Legislaturperiode, dauern, bis das Potential voll realisiert ist. Das heißt: pro Jahr entstehen 500.000 neue Arbeitsplätze. Diese Zahl neuer Stellen kompensiert – und das ist ernüchternd – gerade mal einen Produktivitätszuwachs von 1,5 Prozent.

2. Es steht aber zu erwarten, daß die Produktivität hierzulande wesentlich stärker steigt und auch steigen muß. Vier Prozent p.A. sind angesichts der bevorstehenden Rationalisierungsmaßnahmen bei Finanzdienstleistern und im öffentlichen Dienst nicht unwahrscheinlich.[34] Auch die Deregulierung der Telekommunikation sowie der Elektrizitätswirtschaft wird den Effizienzdruck verschärfen. Bei einer Produktivitätssteigerung von vier Prozent im Jahr aber braucht Deutschland jährlich knapp 1,5 Millionen neue Arbeitsplätze – nur um den derzeitigen Arbeitslosenbestand zu halten. Von Abbau der Arbeitslosigkeit kann dann noch gar keine Rede sein.

Um die Arbeitslosigkeit unter Berücksichtigung des Produktivitätsfortschritts in vier Jahren zu halbieren, sind also jährlich zwei Millionen neue Stellen erforderlich. So gesehen sind die eingangs errechneten 500.000 Arbeitsplätze aus konsequenter Flexibilisierung und Arbeitsintensivierung nur ein – allerdings großer – Tropfen auf den heißen Stein. Die verbleibende Lücke von 1,5 Millionen Arbeitsplätzen kann nur, wir wiederholen es, durch innovatives Wachstum geschlossen werden (Abbildung 30).

[34] Seit 1970 wuchs in Westdeutschland die Produktivität um drei Prozent p. a. (gemessen in Mark zu realen Preisen)

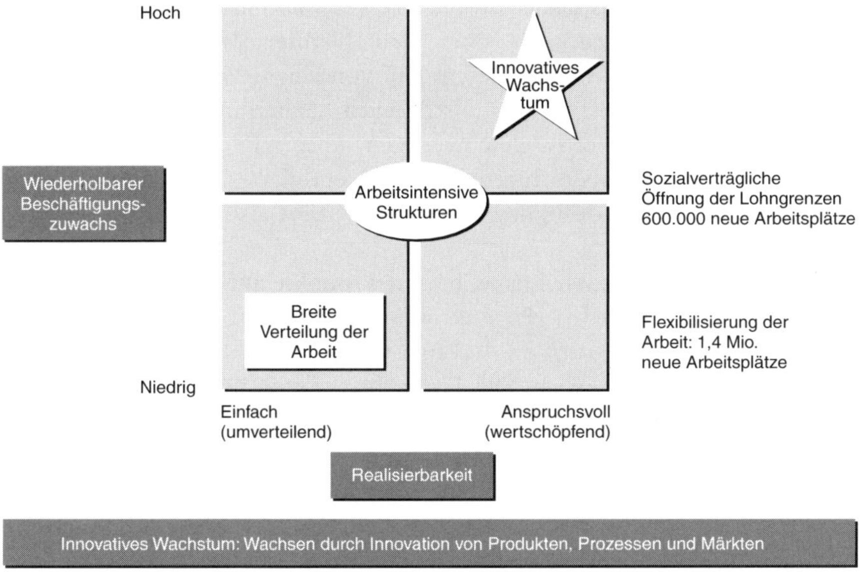

Abbildung 30: Innovatives Wachstum ist der Königsweg zu mehr Beschäftigung

3. Wachstum

Was verstehen wir unter innovativem Wachstum? Zur Definition müssen wir ein wenig ausholen. Historisch und methodisch werden im allgemeinen zwei Wachstumstypen unterschieden, die in der ökonomischen Realität kaum in Reinform auftreten: extensives und intensives Wachstum.
Extensives Wachstum bedeutet, daß Input (Ressourceneinsatz) und Output (Produktionsergebnisse) in gleichem Maße steigen. Und mit der Produktion – wir vereinfachen – wächst proportional die Beschäftigung. Die Produktivität pro Kopf bleibt unverändert. Solche Wachstumsphasen sind in der Regel mit hohem Ressourcenverbrauch verbunden und führen nicht selten zu Migrationen größeren Ausmaßes. Arbeitskräfte wandern aus der Landwirtschaft in die Industrie ab, aus der „Küche" ins „Büro" (Hausfrauen werden berufstätig) oder aus niedriger in höher entwickelte Länder. Bis in die 60er Jahre hinein gab es in den hochentwickelten Ländern solche Abschnitte überwiegend extensiven Wachstums.
Das intensive Wachstum zeichnet sich vor allem durch eine ständig steigende Arbeitsproduktivität aus. Größere Produktivität schafft größeren Wohlstand. Allerdings bringt sie auch die Gefahr des Beschäftigungsabbaus mit sich. Liegt die Produktivität über dem Produktionszuwachs, gehen Arbeitsplätze verloren. Diese Gefahr ist insbesondere dann gegeben, wenn die Produktivität wächst, weil existierende Güter und Dienstleistun-

gen kostengünstiger als bisher produziert werden können (der Produktivitätsgewinn läuft sozusagen über den Nenner der Produktivitätsgleichung[35]). Wir sprechen in diesem Fall von einem *Verdrängungswachstum*. Typisches Beispiel: die Aufholstrategien („catch-up") von Schwellenländern, die mit qualitativ gleichwertigen, aber sehr billig produzierten Gütern den Markt überschwemmen und etablierte Anbieter aus dem Geschäft drängen. Verdrängungswachstum basiert also auf Kostenwettbewerb.

Steigt die Produktivität, weil neue, bessere Produkte mit demselben Arbeitseinsatz hergestellt werden (Produktivitätsänderung über den Zähler), so sprechen wir von *innovativem Wachstum*. Innovatives Wachstum basiert auf einem Ideenwettbewerb. Die Firma Intel kann als Beispiel für beide Wachstumsvarianten dienen. Intel stieg aus dem Geschäft für einfache Speicherchips (DRAMS) aus, als asiatische Firmen diese Produkte unerreichbar billig produzieren konnten. Man konzentrierte sich fortan ausschließlich auf Chips mit anspruchsvollem Design, also auf kostenresistente Produktinnovationen. Auf diesem Feld ist Intel nach wie vor unangefochtener Marktführer.

Innovatives Wachstum führt zu einer Vergrößerung des Gesamtmarktvolumens durch „originär Neues", also zu „echtem" Wachstum. Verdrängungswettbewerb hingegen vergrößert den Marktanteil des erfolgreichen Verdrängers zu Lasten der Konkurrenz. Sein Ergebnis: ein „Nullsummenspiel".

Die Qualität der eingesetzten Produktionsfaktoren bestimmt das innovative Wachstum mehr als deren Quantität. Innovationsfähigkeit wird zur alles entscheidenden Ressource. Quellen der Innovationsfähigkeit sind vor allem die Kreativität und Qualifikation der Mitarbeiter sowie innovationsorientierte Organisationsformen. Daß Innovationsfähigkeit vom Kapitalmarkt immens honoriert wird (und also ein bedeutsamer Wertschaffungsfaktor ist), zeigt sich an den exorbitant hohen Börsenkursen von Biotech-Firmen, die zum Teil über Jahre hohe Anlaufverluste aufweisen.

Im folgenden beschäftigen wir uns mit den Quellen des innovativen Wachstums:

- Qualität der Human Resources,
- innovationsorientierte Organisationsformen und
- Wertorientierung.

Dabei werden wir insbesondere auf die engen Interdependenzen der drei Faktoren eingehen.

[35] Arbeitsproduktivität = Produktion/Arbeitseinheit

Innovativ wachsen können durchaus nicht nur High-Tech-Firmen, sondern Unternehmen aus jeder beliebigen Branche. Die Zeitschrift Focus[36] hat kürzlich unter 300 Unternehmern[37] diejenigen herausgefiltert, die im Laufe ihres Lebens in Deutschland die meisten Arbeitsplätze geschaffen haben. Unter den Top 20[38] sind neben elf Einzelhandels- und fünf Reinigungsunternehmen auch Reinhard Mohn mit Bertelsmann (Media), Michael Otto (Versandhandel), R.A. Oetker (Nahrungsmittel) und Reinhold Würth (Montagebedarf, siehe auch Kap. VI). Neben dem Nachholbedarf im Handel sind es also innovative Handelsformen, innovative Dienstleistungen und Produkte. Es ist nicht verwunderlich, daß die letztgenannten auch bei den verschiedensten Anlässen als Unternehmer gepriesen werden, die ihre Mitarbeiter explizit in den Vordergrund gestellt haben.

Wachstum durch Innovationen ist langfristig der Königsweg zu mehr Arbeitsplätzen. Im Zeitalter sinkender Transaktionskosten und weltumspannender Kommunikationsnetze können sich die hochentwickelten Staaten gegen die Konkurrenz der nachdrängenden Schwellenländer nur mit immer neuen und besseren Produkten, Dienstleistungen und Organisationsformen behaupten. Das ist ein höchst anspruchsvoller und aufwendiger Weg – aber der einzige, der uns bleibt, um das virulente Beschäftigungsproblem zu lösen.

[36] Focus 18/1998, S. 248 ff

[37] In dieser Untersuchung waren nur Unternehmer einbezogen, Großunternehmen mit angestellten Managern dagegen nicht.

[38] Die Top 20 haben im Laufe ihres Lebens insgesamt 425.000 Arbeitsplätze geschaffen.

IV.

Wertorientierung und Human Resource als Quellen innovativen Wachstums

Wertorientierung und Human Resource als Quellen innovativen Wachstums

Man soll niemanden beneiden. Denn die Guten verdienen den Neid nicht, die Schlechten aber schaden sich selbst um so mehr, je mehr Erfolg sie haben.

EPIKUR (1, 340)

Wer ein Schiff sicher über die Weltmeere steuern will, hat dazu, neben großer Erfahrung, verläßliche Instrumente nötig. Ähnliches gilt für ein Unternehmen: soll Kurs auf innovatives Wachstum gesetzt werden, braucht die Unternehmensführung außer sicherem Gespür ein leistungsfähiges Steuerungsinstrumentarium. Hierfür kommen, wie Untersuchungen der Boston Consulting Group zeigen, insbesondere zwei Führungsphilosophien in Betracht: zum einen die konsequente Wertorientierung des Unternehmens, zum anderen die Optimierung der „Human Resource". Dabei strebt Wertmanagement den günstigsten Einsatz des Faktors „Kapital" an. "Human Resource" setzt auf Mitarbeiterfokus und Intrapreneurship. Anders ausgedrückt: Human-Recource-Optimierung schafft qualifizierte und motivierte Mitarbeiter – Grundlage aller Innovationen – und das Wertmanagement sorgt dafür, daß deren Kreativität in jene Geschäfte fließt, die den höchsten Wert schaffen.

Wertmanagement

Schlüsselparameter des Wertmanagements sind die *Rendite*, das *Wachstum* sowie die *Kapitalkosten*. Von diesen drei Größen hängt es ab, wieviel Wert systematisch und langfristig im Unternehmen geschaffen wird. Bei börsennotierten Unternehmen ist die Wertsteigerung an der Aktienrendite ablesbar.[1] Die Wertschaffung nicht-börsennotierter Unternehmen muß mit Hilfe interner Meßgrößen bestimmt werden.

Die Grundregeln erfolgreichen Wertmanagements sind einfach und einleuchtend: Eine Verbesserung der Rentabilität erhöht grundsätzlich den Unternehmenswert, gleichgültig, ob ein Geschäft unter oder über Kapitalkosten verdient. Renditesteigerungen basieren jedoch häufig auf Restrukturierungen, Einmalaktionen gewissermaßen, die nicht selten mit Personalabbau einhergehen. Ihr Wertschaffungspotential ist mithin begrenzt, da die Rendite nicht beliebig gesteigert werden kann; der Markt selbst setzt einen

---

1 In die Aktienrendite fließen die Kursgewinne und die ausgeschütteten Dividenden ein.

Punkt davor. Dauerhafte Wertsteigerungen sind nur zu erreichen, wenn das Unternehmen nachhaltig wächst und zwar in profitablen Geschäften, solchen also, die über den Kapitalkosten verdienen. Ein Wachstum unterhalb der Kapitalkosten führt zur Werterosion (Abb. 31).

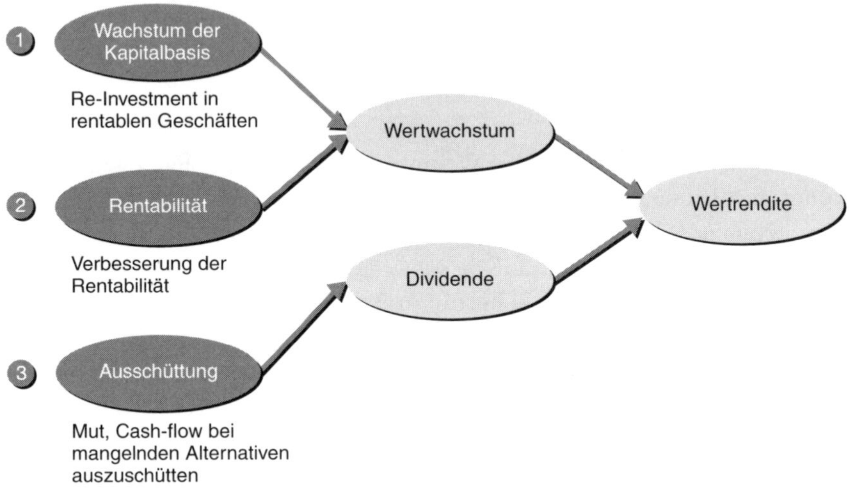

Abbildung 31: Drei Hebel steuern die Wertrendite

Trotz dieser einfachen Regeln ist die praktische Umsetzung des Wertmanagementkonzepts eine höchst anspruchsvolle Aufgabe. Das hat vor allen Dingen zwei Gründe:

- die Entwicklung des Unternehmenswertes läßt sich nur indirekt vom Management beeinflussen, nämlich über interne Wertkenngrößen („Wertrendite"), die mehr oder weniger stark mit dem (externen) Börsenwert korrelieren;
- diese internen Wertkenngrößen können auf unterschiedlichen Berechnungsverfahren basieren (buchhaltungs- vs. cash-orientiert, statisch vs. dynamisch) und – Hauptschwierigkeit! – sie müssen, um als Zielgrößen für einzelne Unternehmensteile eingesetzt werden zu können, in Vorgaben heruntergebrochen werden, die einen konkreten Bezug zur operativen Tagesarbeit in den Business-Units haben. Ein Beispiel: Der Produktionschef einer strategischen Geschäftseinheit wird mit der Anweisung „Zum Jahresende muß die Wertrendite deines Geschäfts bei 12 Prozent liegen" im Hinblick auf seine tägliche Arbeit wenig anfangen können. Hingegen ermöglicht ihm die Vorgabe „Verringere die Ausschußquote um fünf Prozentpunkte" oder „Verkürze die Durchlaufzeit um 30 Minuten" unmittelbar ein entsprechendes Handeln.

Mit diesen kurzen Hinweisen sind die Grundzüge des Wertmanagements grob umrissen. Näheres Eingehen auf die Details der praktischen Umsetzung des Konzepts ist nicht Zweck dieses Buchs und würde dessen Rahmen sprengen. Wir dürfen den interessierten Leser diesbezüglich auf die tiefschürfende, gut lesbare Monographie von Stelter[2] verweisen. Uns geht es an dieser Stelle nicht darum darzulegen, wie Wertmanagement im einzelnen „funktioniert", sondern welche Wirkungen es auf das innovative Wachstum und damit auf die Beschäftigung hat. Dazu ein Blick auf die nachfolgende Abbildung (Abb. 32):

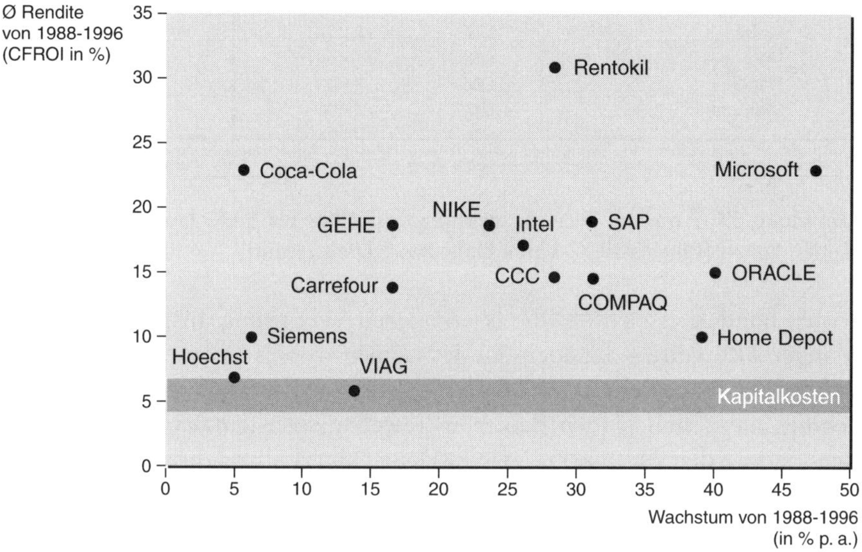

Abbildung 32: Profitables Wachstum ist der Werthebel
[BCG-Value Data Base, Datastream]

Die Abbildung stellt die (Aktien-)Rendite dem Wachstum verschiedener Unternehmen gegenüber. Es wird optisch deutlich, daß Wertschaffung und innovatives Wachstum in engem Zusammenhang miteinander stehen. Abbildung 33 (siehe nächste Seite) belegt dies mit Zahlen: die schnell wachsenden Firmen haben das vom Aktionär investierte Kapital erheblich höher verzinst als die weniger dynamischen.

Unternehmen schaffen Wert, sagten wir, wenn sie in Geschäften wachsen, die über den Kapitalkosten verdienen. Nun wird bisweilen die Frage gestellt, ob es nicht sinnvoll sei, trotz schlechter Rentabilität zu Gunsten von Arbeitsplätzen zu wachsen. Dahinter steht die Auffassung, bei den Kapital-

2 Stelter, D. et al.: „Shareholder-Value - was wirklich dahinter steckt" (Arbeitstitel), in Vorbereitung.

Absolute Wertentwicklung von 1988-1997			= % p. a.
SAP	DM	36.200 (1)	67 %
CCC	$	132.800	63 %
Microsoft	$	42.900	46 %
Home Depot	$	32.900	42 %
Intel	$	21.500	36 %
Oracle	$	20.800	35 %
Rentokil	£	18.100	34 %
Nike	$	18.100	34 %
Coca-Cola	$	16.600	32 %
Compaq	$	15.300	31 %
Carrefour	FFr.	12.700	29 %
Gehe	DM	11.000	27 %
Viag	DM	7.900	23 %
Hoechst	DM	3.600	14 %
Siemens	DM	3.600	14 %

(1) Nur 1991-1997, da im DAX die SAP Vorzüge enthalten sind, diese aber erst seit Ende 1990 an der Börse notiert sind und somit erst ab 1991 TSR-Zahlen (Gesamtaktienrendite) berechnet werden. Der hypothetische Wert über den vergleichbaren Zehnjahreszeitraum wäre 168.600 DM

Abbildung 33: Absolute Wertentwicklung von 1988 bis 1997 bezogen auf 1000 Geldeinheiten [Quelle: BCG-Value Data Base, Datastream]

kosten handele es sich um die überzogenen Verzinsungsansprüche einiger weniger Aktionäre – die doch um des Gemeinwohles willen zurückstecken sollten. Die Frage hat unzweifelhaft eine ethische Komponente. Kein Unternehmer kann sich jedoch den Marktmechanismen entziehen, und einer Regulierung der Weltmärkte, wie es Deutschland über Jahrzehnte im eigenen Land versucht hat, kann niemand ernsthaft das Wort reden. Das heißt nicht, daß man nicht versuchen sollte, sich über internationale Organisationen auf Mindeststandards in ausgewählten Bereichen zu verständigen. Wir möchten dennoch auf folgendes hinweisen: im Zuge der Globalisierung der Wirtschaft haben sich naturgemäß auch die Kapitalmärkte globalisiert. Jeder Investor, auch wenn er sein Geld „nur" für die eigene Altersversorgung anlegt, trachtet danach, für das eingesetzte Kapital eine möglichst hohe Verzinsung zu erzielen. Bietet ihm der heimische Kapitalmarkt in dieser Hinsicht zu wenig, sieht er sich weltweit nach attraktiveren Anlagemöglichkeiten um. Mit anderen Worten: Es bildet sich ein internationaler Kapitalmarkt heraus, auf dem die Unternehmen miteinander im Wettbewerb um Investoren stehen. Ein Unternehmen, das nur geringe Aktienrenditen erwirtschaftet, hat eine schwache Position auf diesem Kapitalmarkt, da kaum jemand seine Aktien kauft. Es wird Probleme haben, genügend günstige Geldmittel für Expansionen aufzubringen. Wer aber nicht wächst, der schafft auch keine Arbeitsplätze. Und hier beißt sich die Katze in den Schwanz: Wer zugunsten von Beschäftigung bescheidenere Verzinsungsansprüche verlangt, der fördert implizit den Abbau von Arbeitsplätzen. Nur gesunde, wertschaffenden Unternehmen können den Interessen aller „Stakeholder" dienen - Kapitalgeber, Mitarbeiter, Lieferanten, Kunden, Staat: sie garantieren hohe Aktienrenditen, sie schaffen Arbeitsplätze, sie erteilen Aufträge, sie bringen neue Produkte hervor und – sie führen hohe Steuerbeträge ab.

Daß in Deutschland und Kontinentaleuropa das Bewußtsein für diesen internationalen Kapitalmarkt noch schwächer entwickelt ist und deshalb zu wenig Wert auf eine möglichst gute Aktienrendite gelegt wird, zeigt sich unter anderem darin, daß in Großbritannien 40 Prozent aller Aktien von Versicherungen und internationalen Pensionsfonds gehalten werden, in den USA 31 Prozent, in Deutschland jedoch nur zwölf und in Frankreich gar nur zwei Prozent.

Natürlich gibt es Perioden, in denen es unumgänglich ist, Wert durch Rationalisierung zu schaffen. Das ist immer dann der Fall, wenn die Rendite eines Geschäfts über die Kapitalkosten gehoben werden muß, bevor das Wachstum forciert werden kann. Was für Staaten gilt (z.B. Kalifornien während der Krise der Rüstungsindustrie, England und Neuseeland in den 80er Jahren), trifft auch für Unternehmen zu: ein erfolgreicher Turnaround ist nicht ohne harte Einschnitte zu haben. Indem wertorientierte Unternehmensführung also einerseits die Ertragskraft sichert und damit andererseits auf wertschaffendes Wachstum abzielt, vergrößert es für alle Interessengruppen den Verteilungspielraum.

Wem unsere bisherigen Erklärungen zum Thema „Wertmanagement" nicht anschaulich genug sind, der versetze sich in die Rolle eines Wohnungsbesitzers: Eine Steigerung der Rentabilität entspricht der Erhöhung des Mietpreises oder der Senkung der Kosten pro Quadratmeter. Greift ein Vermieter zu diesem Mittel, so verbessert er damit unmittelbar die Erträge aus dem eingesetzten Kapital. Jedoch sind dieser Art von Rentabilitätssteigerung Grenzen gesetzt. Einerseits legt der Gesetzgeber Höchstmieten fest. Andererseits locken hohe Mieten Wettbewerber in den Markt, die Wohnungen bauen, um ebenfalls in den Genuß guter „Renditen" zu kommen. Das vermehrte Angebot läßt die Mieten sinken. Es ist einleuchtend, daß auch der Kostensenkung enge Grenzen gesetzt sind. Unser Immobilienbesitzer kann also den Wert seines Vermögens nur begrenzt durch Renditesteigerungen erhöhen. Hat er diese Grenzen erreicht, steht ihm als weiterer Wertsteigerungshebel das Wachstum zur Verfügung. Er investiert in eine neue Wohnung und vergrößert damit den Wert seines Vermögens. Und dieses Wachstum ist für alle Beteiligten von Vorteil: für den Vermieter insofern, als er eine neue Basis für zukünftige Wertsteigerungen legt; für den Mieter insofern, als das vermehrte Wohnungsangebot den Mietzins erschwinglich hält. Damit ist klar, daß der langfristig optimale Wertschaffungshebel das Wachstum ist. Übrigens kann – das sei noch angefügt

– in dieser Analogie sehr schön gezeigt werden, warum Wachstum bei einer Rendite unterhalb der Kapitalkosten wertvernichtend ist: Man braucht sich nur einen Vermieter vorzustellen, der ständig neue Wohnungen baut und für diese Wohnungen nur Mieten bekommt, die nicht seine Kosten decken. Jedes neue Investitionsobjekt vermindert mithin seine Vermögenssubsstanz. Und je schneller er unter diesen Bedingungen wächst, desto eher ist sein Vermögen aufgezehrt.
Wachstum lohnt sich also nur dann, wenn man in profitablen Geschäften wächst. Umfangreiche Untersuchungen der Boston Consulting Group und Anderer (z.B. Deutsche Morgan Grenfell)[3] haben ergeben, daß einige große deutsche Unternehmen mit der Rendite (immer noch) unterhalb der Kapitalkosten liegen. In diesen Fällen ist also zunächst die Rentabilität zu steigern, bevor eine gezielte Wachstumsstrategie gefahren werden kann. Das Bemühen um eine Renditeverbesserung wird sich dabei auf jenen Faktor konzentrieren, der am schwersten wiegt. Und das dürfte der mit hohen Nebenkosten belastete Lohn sein – mit entsprechenden Folgen für die Beschäftigung. Dies hat insbesondere in Deutschland und anderen kontinentaleuropäischen Ländern in den vergangenen fünf Jahren zu Nettoverlusten bei den Arbeitsplätzen geführt. Eine Trendwende müßte möglich sein, vorausgesetzt, der Staat setzt bei den Rahmenbedingungen die richtigen Signale (siehe Kap. II). Unsere Untersuchungen haben eindeutig ergeben, daß

- Wachstum in Geschäften, deren Rendite über den Kapitalkosten liegt, der wichtigste Hebel für einen langfristigen Erfolg ist,
- eine Orientierung auf die Mitarbeiter und Intrapreneurship die besten Voraussetzungen für innovatives Wachstum sind,
- wertorientierte Unternehmensführung das geeignetste Mittel ist, langfristiges Wachstum und mehr Arbeitsplätze zu schaffen.

Wir wollten die „Probe aufs Exempel" machen und haben deshalb jüngst eine Reihe amerikanischer und deutscher Unternehmen unter dem Aspekt „Wertschaffung und Beschäftigung" miteinander verglichen.[4] Ein völlig einleuchtender Zusammenhang besteht in beiden Ländern zwischen Wachstum der Kapitalbasis und Beschäftigungswachstum (Abb. 34). Falls es sich um sehr geringe Zuwächse oder gar um den Ersatz der Kapitalbasis handelt, ist das Ergebnis häufig ein Abbau der Mitarbeiter aufgrund des Produktivitätszuwachses.

---

[3] Deutsche Morgan Grenfell: „Shareholder Value in Germany, Revolution, Evolution or Illusion?", 13 Dezember 1996.

[4] Um eine über einen längeren Zeitraum konsistente Datenbasis zu erhalten, haben wir für Deutschland aus der Hoppenstedt Bilanzdatenbank die TOP 200 Firmen ohne Finanzdienstleister, Energieversorger und solche mit Brüchen in der Datenhistorie herausgefiltert. Das ergab 92 Firmen. Für die USA ergaben sich aus dem S+P 500 mit derselben Auswahl 292 Firmen. Siehe auch Erläuterungen im Anhang 1 und 2.

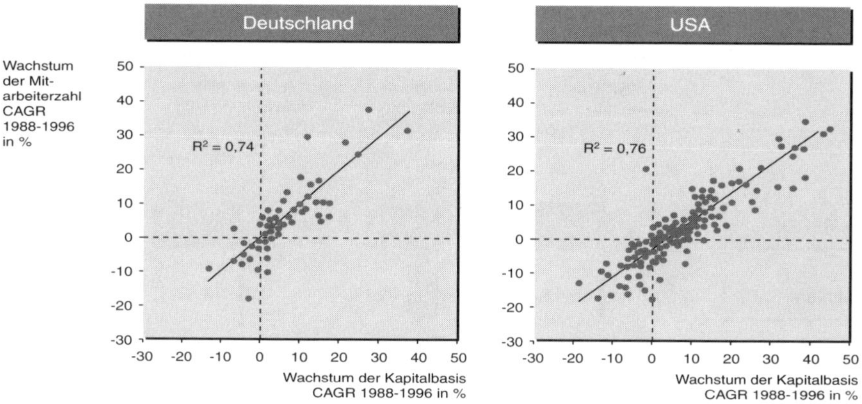

Abbildung 34: Hohe Korrelation von Vermögens- und Beschäftigungszuwachs [Quelle: Datastream; BCG-Analyse; siehe auch Erläuterungen im Anhang 1 und 2]

Viel aufschlußreicher und entscheidender für die politische Diskussion in Europa und die zielgerichteten Taten, die hoffentlich folgen, ist der Zusammenhang zwischen Wertschaffung und Beschäftigung (Abb. 35, siehe nächste Seite) – ein Ergebnis, das nicht gerade die Auffassung absichert, Arbeitsplätze würden auf dem Altar der Aktionärsinteressen geopfert werden. Es zeigt sich, daß in Deutschland die 25 Prozent der Firmen mit den höchsten Steigerungen der durchschnittlichen jährlichen Aktienrendite (plus 20,3 Prozent = 8,2%+12,1%) über den Zeitraum 1988 bis 1996 auch einen durchschnittlichen Beschäftigungszuwachs von 7,5 Prozent pro Jahr vorweisen konnten. In den USA lag der Wert für die Top 25 Prozent bei 7,7 Prozent Beschäftigungszuwachs pro Jahr. Das entsprechende untere Viertel der Unternehmen bei der Wertschaffung, das auch eine insgesamt negative Renditeentwicklung aufwies (minus 5,4 Prozent pro Jahr), konnte dagegen auch nichts zum Arbeitsplatzzuwachs beitragen – im Gegenteil.
Da wir gesamtwirtschaftliche Zusammenhänge erkennen wollten, haben wir Durchschnittswerte zu Rate gezogen. Natürlich gibt es auch Unternehmen, die bei überdurchschnittlichem Wertwachstum Arbeitsplätze abbauen. Wir wollten wissen, wieviele es sind, wie sich die Beschäftigungsveränderungen unterscheiden und ob die USA ein anderes Bild abgeben als Deutschland (Abb. 36, siehe nächste Seite).
Ergebnis: In Deutschland haben 52 Prozent der Unternehmen, die ein überdurchschnittliches Ansteigen der Aktienrendite zu verzeichnen hatten, dies über Wachstum erledigt. Es waren auch genau diese Unternehmen, die im Schnitt pro Jahr über neun Jahre hinweg 12,4 Prozent mehr Arbeitsplätze schufen! Andererseits verlegten sich knapp die Hälfte der Wertschaffer auf Restrukturierungen, also auf Renditesteigerungen. Wir müs-

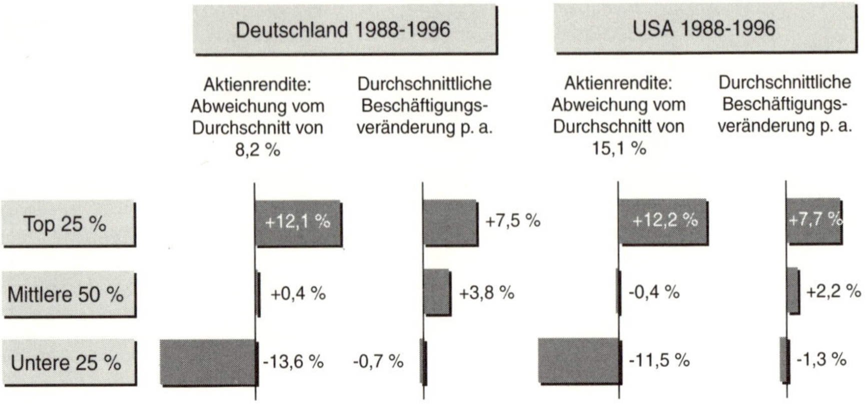

Abbildung 35: Beschäftigungswachstum und Wertschaffung
[Quelle: Datastream; BCG-Analyse; siehe auch Erläuterungen im Anhang 1 und 2]

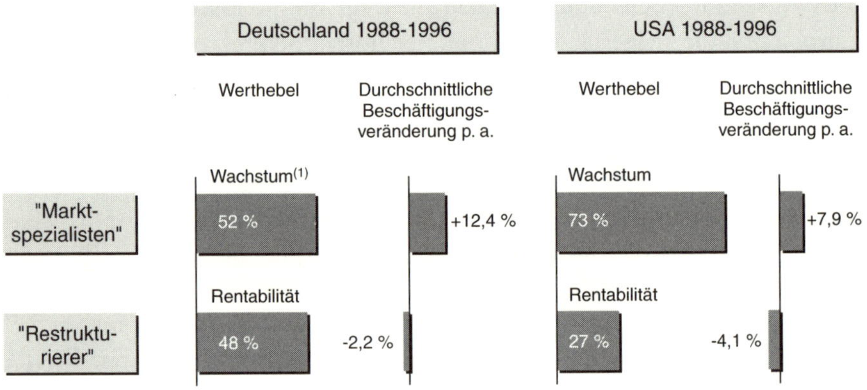

(1) Wertschaffende Unternehmen mit einem durchschnittlichen realen Wachstum der Kapitalbasis ≥ 3 % p. a.; das entspricht ungefähr dem Produktivitätszuwachs
Quelle: Datastream, BCG-HOLT, BCG-Analyse mit Anhang

Abbildung 36: Die „Marktspezialisten" schaffen Arbeitsplätze
[Quelle: Datastream; BCG-Analyse; siehe auch Erläuterungen im Anhang 1 und 2]

sen dies schließen, da es zur Wertsteigerung nur zwei Möglichkeiten gibt: profitables Wachstum oder Renditesteigerung oder beides. Es überrascht keineswegs, daß die Beschäftigung hier um 2,2 Prozent pro Jahr zurückging. Dies sind Unternehmen, die ihre Geschäfte zunächst wieder profitabel machen mußten, bevor das Wachstum forciert werden kann.
In diesem Sinne verstanden bedeutet „Rationalisierung" oder „Restrukturierung" den Verlust eines Teils der Arbeitsplätze zugunsten des Erhalts der Mehrzahl der Stellen und der Möglichkeit, zukünftig zu wachsen –

beim Wert und den Arbeitsplätzen. Dies ist die Logik, nach welcher der Kapitalmarkt betriebsbedingte Entlassungen mit steigenden Aktienkursen „honoriert". Er erkennt, daß Anstrengungen unternommen werden, die dem Unternehmen in Zukunft höhere Erträge einbringen sollen. Und mit den künftigen, höheren Erträgen wird die Zahl der Arbeitsplätze tendenziell wieder zunehmen.

Bemerkenswert ist, daß in den betrachteten Jahren fast drei Viertel der amerikanischen Unternehmen auf eine reine Wachstumsstrategie bzw. eine Kombination von Wachstum und Renditesteigerung setzten.

Auf den ersten Blick scheint es einen ganz plausiblen Grund für diese deutsch-amerikanischen Unterschiede zu geben. Die Amerikaner mußten aufgrund der starken japanischen Konkurrenz früher als die Deutschen damit beginnen, ihre Unternehmen zu sanieren und restrukturieren und hatten deshalb früher bessere Voraussetzungen für wertschaffendes Wachstum. Die Deutschen begannen später mit der Restrukturierung und ernten jetzt (1997/98) langsam die Früchte ihrer Mühen. Auf den zweiten Blick erkennt man, daß dies nicht die ganze Wahrheit sein kann, gab es doch eine nicht unerhebliche Anzahl deutscher Unternehmen mit über den Kapitalkosten liegender Rendite, also kerngesunde Wirtschaftseinheiten trotz fehlender japanischer Konkurrenz, die darauf verzichtet haben, profitabel zu wachsen. Deutsche Unternehmen tun sich zudem schwerer mit der Erschließung neuer Geschäftsfelder. Das dürfte auf die schwierigen wirtschaftlichen Rahmenbedingungen sowie kulturelle Besonderheiten zurückzuführen sein.

Wir haben nun mehrfach die entscheidende Bedeutung innovativen Wachstums für die Beschäftigung aufgezeigt. Gleichwohl behindert der Staat nach Kräften das dringend benötigte Wachstum – überwiegend in der Absicht, drohende Risiken zu minimieren oder auszuschalten. Beispiel Biotechnologie: Auf diesem innovativen Feld par excellence wurden denkbar strenge Vorschriften erlassen, um die Öffentlichkeit vor „bösen" Überraschungen zu schützen. Genehmigungsverfahren involvieren zig Behörden, in denen die eingereichten Projekte auf eventuelle Sicherheitsschwachstellen abgeklopft werden. Innovation ist aber ohne Risikobereitschaft nicht zu haben.

Beispiel Kapitalmarkt: Depotstimmrecht der Banken, Überkreuzbeteiligungen, fehlende Börse für kleine Unternehmen, die restriktiven Investitionsvorschriften für institutionelle Anleger (z.B. Versicherungen) – all dies sind legislative Merkmale, die mögliche Risiken ausschalten wollen, obwohl das Risiko eigentlich das „Kerngeschäft" des Kapitalmarktes ist. Sobald das Wort „Risiko" fällt, sieht jedermann sofort die potentielle Gefährdung und nicht die damit verbundenen Chancen.

„In Germany, venture capital is dominated by former bankers. And after

all, who has ever heard of a banker giving money to a company without a collateral" (W. Bygrave, HBS) („In Deutschland steht Wagniskapital unter der Kontrolle ehemaliger Bankiers. Und wer hätte je davon gehört, daß ein Bankier einem Unternehmen Geld leiht, ohne dafür Sicherheiten zu wollen.").

Neben dem Gesetzgeber tragen kulturelle Eigenarten ein übriges zur Pflege deutscher Risikoaversion bei. Die sogenannte „Vollkasko-Mentalität" ist weit verbreitet. Sicherheitserwägungen spielen hierzulande in jeder Phase eines wirtschaftlichen Projekts eine Schlüsselrolle. Seit dem großen Börsenkrach Ende der dreißiger Jahre wurzelt in den meisten deutschen Investorenseelen tiefe Skepsis gegenüber dem Aktienmarkt – auch wenn sich dies in jüngster Zeit zu ändern scheint. Technischer Perfektionsdrang, der den Deutschen gern nachgesagt wird, verträgt sich nicht mit Risikobereitschaft. Die mißliche Folge ist, daß wir selten die ersten sind, wenn es darum geht, erfolgverheißende (aber eben auch risikobehaftete) Innovationen auf den Markt zu bringen. Entsprechend niedrig liegt die Börsenkapitalisierung in Prozent des Bruttoinlandsprodukts in Deutschland (Abbildung 37).[5]

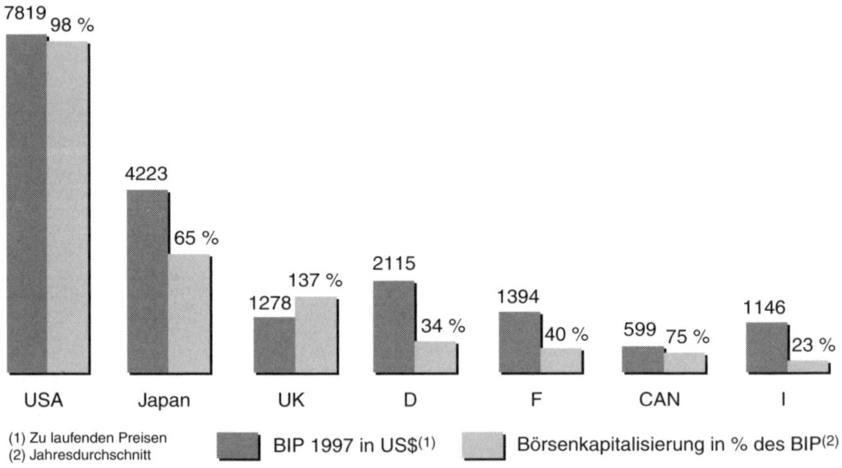

Abbildung 37: Börsenkapitalisierung wichtiger Industriestaaten
[Quelle: OECD, Datastream, Handelsblatt 9.4.1998]

[5] Dieses Bild wird natürlich durch den hohen Anteil des Pensionsfonds in den USA, UK und Japan mitbestimmt. Andererseits muß die Frage erlaubt sein, warum es den Versicherungen in Deutschland – von Staats wegen – nicht erlaubt ist, mehr in – langfristig wertsteigerndes – Aktienkapital zu investieren.

Fazit: Wertmanagement lenkt die finanziellen Ressourcen in solche Geschäfte, die den größten Wert schaffen und sorgt damit langfristig tendenziell für eine steigende Zahl von Arbeitsplätzen. Wertsteigerung läßt sich kurzfristig durch Rentabilitätsverbesserung erzielen, langfristig jedoch nur durch innovatives Wachstum.
Wie nun kommt ein Unternehmen zu Wachstum durch Innovationen?

Human Resource

Innovationen – und daraus folgendes Wachstum – entstehen nicht primär, weil ein Unternehmen mit einer bestimmten Managementtechnik, etwa Wertmanagement, geführt wird. Innovationen entstehen aus dem Engagement und der Kreativität der Mitarbeiter. Und in diesem Sinne muß man Lewis Platt, den Chief Executive Officer von Hewlett Packard (HP), verstehen, wenn er sagt: *„Die gute Aktienrendite ist das Resultat unserer Grundwerte (nicht selber ein Grundwert; d.V). Weil wir den Menschen in den Mittelpunkt stellen und nicht das Kapital, haben wir wirtschaftlichen Erfolg, der auch den Aktionären zugute kommt."*[6]
Der CEO unterstreicht mit seiner Aussage die Schlüsselrolle, die Mitarbeiterqualität und flexible Organisationsformen für die langfristige, nachhaltige Steigerung des Unternehmenswertes spielen. Er verkündet damit keine Lehrbuchdoktrin, sondern spricht, wie wir unten sehen werden, aus Erfahrung. Hewlett Packard setzt seit vielen Jahren auf Human-Resource-Orientierung. Untersuchungen der Boston Consulting Group bestätigen Platts Sichtweise. Eine Analyse von über 100 deutschen Unternehmen ergab eine klare Korrelation von Unternehmenswertsteigerung und Mitarbeiterförderung. Firmen, die überdurchschnittlich in die Personalressource investierten, waren im Markt erfolgreicher als solche Wettbewerber, die eher wenig für die Förderung ihrer Belegschaft taten (Abbildung 38, siehe nächste Seite).
Die Studie umfaßte Unternehmen aus zehn verschiedenen Industriebereichen, darunter Banken und Versicherungen, Automobilfirmen, Elektrotechnik und Anlagenbau. Der Untersuchungszeitraum erstreckte sich über die Jahre 1987 bis 1994. Das Thema „Personalressource" wurde in die zwei oben erwähnten Aspekte aufgeschlüsselt: „Mitarbeiterfocus" und „Intrapreneurship".
Eine zweite Studie (Abbildung 39, siehe nächste Seite) untersuchte den amerikanischen Markt, 1989 bis 1996, nach denselben Kriterien. Hier gehörten 30 Unternehmen aus sechs Branchen zum Sample.
Beide Untersuchungen erbrachten dasselbe Ergebnis: Unternehmen, die über einen längeren Zeitraum Spitzenrenditen – meist durch innovatives Wachs-

[6] Wirtschaftswoche Nr. 23 vom 29.5.1997

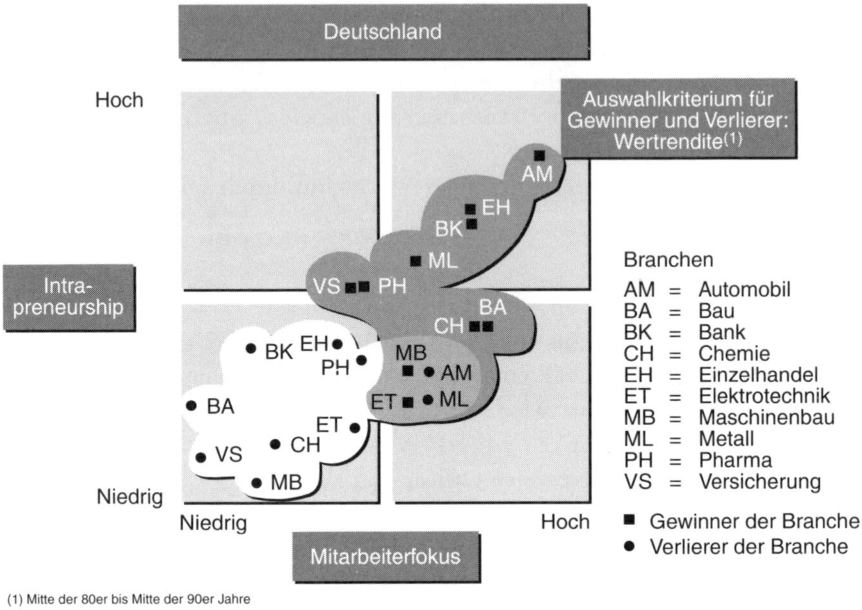

Abbildung 38: Die Erfolgsvoraussetzungen: Intrapreneurship und Mitarbeiterfokus führen zu Wert [Quelle: BCG-Analyse]

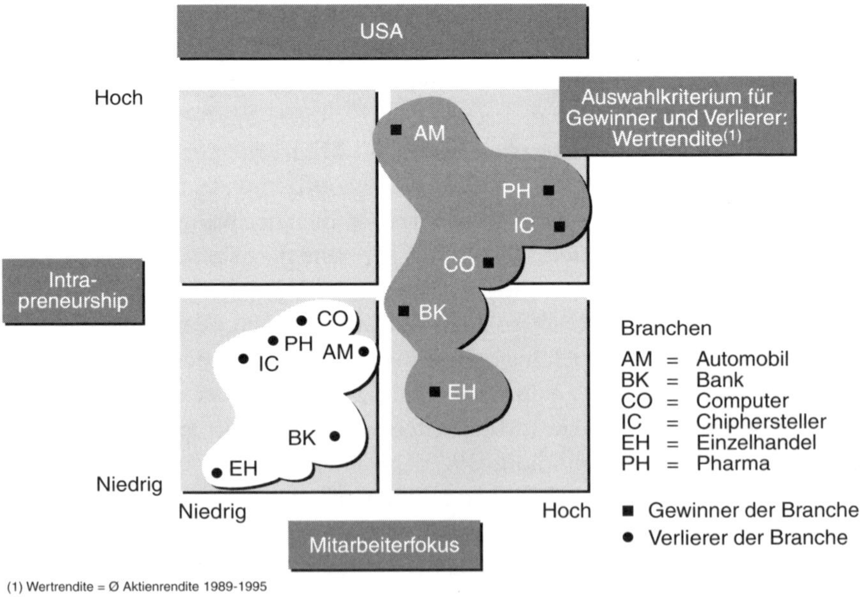

Abbildung 39: Die Erfolgsvoraussetzungen: Intrapreneurship und Mitarbeiterfokus führen zu Wert [Quelle: BCG-Analyse]

tum – erzielten, stellten ihre Mitarbeiter in den Mittelpunkt und pflegten eine ausgeprägtere Intrapreneurship-Kultur als Wettbewerber am unteren Ende der Renditeskala.

Beide Elemente – Mitarbeiterfokus und Intrapreneurship – sind so untrennbar miteinander verbunden wie die Instrumente in einem Orchester. Für ein gelungenes Konzert bedarf es sowohl guter Musiker, die ihr Instrument perfekt beherrschen, als auch des harmonischen Zusammenspiels aller Beteiligten. Das Zusammenspiel muß allerdings nicht unbedingt festen Regeln gehorchen wie die Aufführung einer Symphonie. Es kann frei improvisiert werden – und dennoch ein Meisterwerk entstehen. Genau in diesem Sinne sehen wir ein Human-Resource-orientiertes Unternehmen: Die Mitarbeiter sind die Musiker, und die Freiheit zur meisterlichen Improvisation gibt ihnen die Intrapreneurship-Kultur. Innovative Unternehmen ziehen dabei den improvisierten Jazz der strengen Ordnung eines symphonischen Werkes vor.

Nicht mehr das Kapital ist die knappe Ressource, sondern der bestens ausgebildete, hochmotivierte Mensch. Brechen wir starre Organisationen auf! Nur in Freiheit kann sich der Mensch entfalten und verwirklichen – und seine besten Leistungen erbringen. Gute und engagierte Mitarbeiter sind in verkrusteten Strukturen nicht lange zu halten.

Im folgenden wollen wir Mitarbeiterfokus und Intrapreneurship, die beiden Komponenten der Human Resources, näher charakterisieren. Wir sind uns dabei der Tatsache bewußt, daß beide Dimensionen nicht immer sauber voneinander abgegrenzt und verläßlich gemessen werden können. Dies tut aber, wie wir meinen, der Stichhaltigkeit unserer Überlegungen keinen Abbruch.

Die Qualität der Mitarbeiterentwicklung, also den **Mitarbeiterfokus,** beschreiben und messen wir unter vier Aspekten:

- *Mitarbeiter-Training und Weiterbildung:* Unternehmen, die ihre Mitarbeiter als wichtigste Ressource ansehen, sorgen dafür, daß deren Qualifikationsniveau stetig steigt. Dies betrifft die Basisqualifikation ebenso wie die individuellen Fähigkeiten der Mitarbeiter. Sogenannte „laterale" Qualifikationen werden durch entsprechende Ausbildungsprogramme gefördert. Damit arbeitet das Unternehmen starrem Ressortdenken entgegen. Die Mitarbeiter werden systematisch dazu angehalten, über ihren Tellerrand hinauszuschauen. Dies ist die beste Vorbereitung für echtes unternehmerisches Denken. Wie mitarbeiterfokussiert ein Unternehmen ist, zeigt sich nicht zuletzt an dem Geldbetrag, den es für die verbesserte Qualifikation eines Mitarbeiters im Durchschnitt auszugeben bereit ist.

- *Loyalität des Arbeitgebers:* Unternehmen, die sich in schwieriger wirtschaftlicher Lage befinden, gehen recht unterschiedlich mit ihren Mitarbeitern um. Während die einen sofort Entlassungen vornehmen, mühen sich andere um mitarbeiterfreundlichere Lösungen, wie etwa der vorübergehenden Einführung von Teilzeitarbeit. Letzteres zielt darauf, den Mitarbeitern eine Zukunft im Unternehmen zu bieten, genauer gesagt, zu erhalten. Sind Kündigungen unumgänglich, fühlen sich manche Unternehmen zur Vermittlung einer neuen, anderweitigen Arbeitsstelle verpflichtet. Messen läßt sich die Loyalität eines Arbeitgebers gegen seine Arbeitnehmer näherungsweise mit Hilfe des Arbeitsplatzabbaus im Unternehmen relativ zum Branchendurchschnitt.

- *Mitarbeiter als Subjekte der Unternehmensphilosophie:* Unternehmen sollten sich klar und deutlich zu ihren Mitarbeitern bekennen und dies auch dokumentieren, etwa in Form von Grundsatzerklärungen, Veröffentlichungen, Interviews und dergleichen. Ob diese Dokumentationen mehr sind als wohlfeile Lippenbekenntnisse, muß sich im alltäglichen Umgang der Vorgesetzten mit den Mitarbeitern erweisen. Hier kommt der Ansprechbarkeit des Chefs hohe Bedeutung zu, das heißt, seiner Bereitschaft, bei Bedarf zum Gespräch zur Verfügung zu stehen

- *Allgemeine Regeln der Personalpolitik:* Diese schließen Anforderungsprofile für Neueinstellungen, Bewertung der Leistungen der Mitarbeiter nach Maßgabe der Unternehmensphilosophie sowie die Rückkopplungsmechanismen ein. Diesem allgemeinen Regelwerk läßt sich beispielsweise entnehmen, wie risikobereit ein Unternehmen ist, welche Potentiale es sich eröffnen möchte, und ob eine Fehlerkultur besteht und gefördert wird.

Intrapreneurship bedeutet, den Mitarbeitern die Möglichkeit zu unternehmerischen Handeln zu bieten. Dazu gehört vor allem ein Freiraum, in dem sie – innerhalb eines definierten Rahmens – ihre Arbeit eigenverantwortlich gestalten (individuelle Ebene) und eigenständige geschäftliche Entscheidungen treffen können (Unternehmensebene). Zu unternehmerischen Befugnissen gehört eine unternehmerische Entlohnung. Die Mitarbeiter sollten deshalb unbedingt finanziell am Erfolg oder Mißerfolg ihres Handelns partizipieren.
Intrapreneurship wird, wie Mitarbeiterfokus, unter vier Aspekten beschrieben und gemessen:

- *Arbeitsflexibilität:* Hierunter ist der Grad der Freiheit zu verstehen, den ein Mitarbeiter zur eigenverantwortlichen Gestaltung seiner Arbeit hat: Gestaltung der eigenen Arbeitsgruppe, -inhalte und der Termine; Gestaltung der Arbeitszeiten (flexible Arbeitszeiten) bis hin zu Arbeitsteilung und Entscheidung über Freizeiten (Mutterschafts-/Vaterschaftsurlaub, bezahlte/-unbezahlte Sabbaticals).

- *Projektorganisation:* Mit Hilfe dieser Organisationsform werden komplexere Aufgaben (z.B.: Entwicklung eines Motors) in größeren Teams bewältigt. Die Möglichkeiten zur flexiblen Arbeitsgestaltung sind entsprechend vielfältiger.
- *Anpassungsfähigkeit der Mitarbeiter:* Hier ist – auf der individuellen Ebene – die „Geschwindigkeit" gemeint, mit der die Mitarbeiter in neuen Arbeitsgebieten eingesetzt werden können. Auf der Unternehmensebene wird darunter die Fähigkeit verstanden, schnell neue Geschäftsfelder zu identifizieren und zu besetzen. Unternehmen können die Anpassungsfähigkeit ihrer Mitarbeiter gezielt fördern, indem sie ihnen etwa neue Aufgaben in Geschäftsfeldern zuweisen, in denen sie bereits arbeiten, oder indem sie diese turnusmäßig in andere Geschäftsfelder (nationale und internationale) versetzen.
- *Incentive-Systeme:* Wenn Intrapreneurship, also unternehmerisches Denken und Handeln „im Kleinen" ernsthaft gewollt ist, führt kein Weg an adäquaten Incentives vorbei. Initiative muß sich für die Mitarbeiter lohnen, sowohl auf der individuellen als auch auf der unternehmerischen Ebene. Dabei liegt der Akzent auf der Belohnung des langfristigen Erfolgs. Unter anderem sind folgende Modalitäten denkbar:
  - Belohnung für individuelle Leistung, „Preise" für Innovationen, hervorragende Teamleistung, Know-How-Ausbreitung
  - Gewinn- und Kapitalbeteiligung
  - Möglichkeit, eigene Geschäfte im Unternehmensverbund aufzubauen mit Beteiligung an Gewinnchancen und Verlustrisiken.

Wir halten als Zwischenergebnis fest: Unternehmen, die auf Mitarbeiterfokus und Intrapreneurship setzen, erwirtschaften – das gilt quer durch alle untersuchten Branchen – durchwegs höhere Wertrenditen als Wettbewerber, welche die Personalressource vernachlässigen. Im Hinblick auf unser Thema ist die positive Korrelation hervorzuheben, die zwischen Human-Resource-Fokus und Kapitalverzinsung auf der einen Seite sowie der Schaffung neuer Arbeitsplätze auf der anderen Seite besteht. Es gilt, formalisiert ausgedrückt, tendenziell folgender Zusammenhang: *Wertmanagement + Human-Resource-Fokus = innovatives Wachstum = steigender Unternehmenswert + wachsende Zahl von Arbeitsplätzen.*

Diese Gleichung sollte insbesondere für Deutsche und Franzosen von größtem Interesse sein, widerlegt sie doch das in beiden Ländern aufwendig gepflegte Vorurteil, Wertmanagement (fast immer und fälschlich mit „Shareholder Value" gleichgesetzt) sei grundsätzlich und unvermeidlich mit

Arbeitsplatzabbau verbunden. Die zitierten BCG-Untersuchungen, deren Ergebnisse Abbildung 40 noch einmal zusammenfassend darstellt, entziehen dieser Mär den Boden. Die Graphik belegt, daß gerade die Unternehmen mit dem höchsten Beschäftigungswachstum in den Bereichen Mitarbeiterfokus und Intrapreneurship am weitesten entwickelt waren.

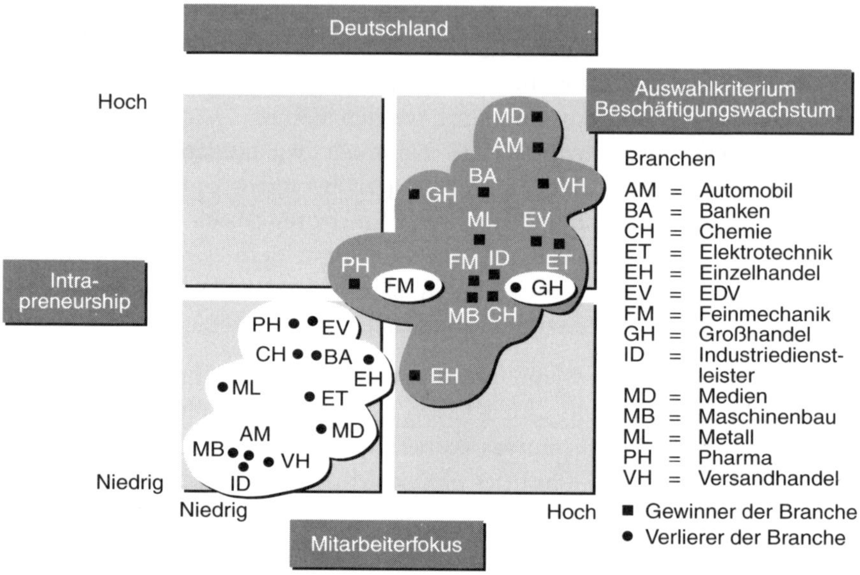

Abbildung 40: Die Erfolgsvoraussetzungen: Intrapreneurship und Mitarbeiterfokus führen zu Beschäftigungswachstum [Quelle: BCG-Analyse]

Es gibt immer mehr gute Beispiele, die auf die Human Resources setzen und damit ihren Mitbewerbern davoneilen. Viele sind im High-Tech-Bereich zu finden. SAP gehört dazu.

SAP hat nahezu sämtliche Regeln der klassischen Unternehmensführung außer Kraft gesetzt, die in Deutschland gemeinhin gelten. Der Erfolg des Unternehmens ist selbst nach den Maßstäben der erfolgsverwöhnten Softwarebranche erstaunlich. Die Umsätze sind in den letzten fünf Jahren von unter 1 Mrd. DM auf rund 6 Mrd. DM gestiegen. Die Firma beschäftigt heute über 12.000 Mitarbeiter und hat mindestens weitere 40.000 bis 50.000 Arbeitsplätze in „Partner"-Gesellschaften geschaffen. Diese Partner-Gesellschaften – innovativer Vertriebsweg! – verkaufen und installieren SAP-Produkte. In dem erwähnten Zeitraum konnten sich die Aktionäre Jahr für Jahr über eine durchschnittliche Rendite von 79 Prozent auf ihr eingesetztes Kapital freuen. Ausführliches dazu in Kapitel VI. „Menschen brauchen Freiheit, um ihr Bestes geben zu können" sagt H. Gilbert, Personaldirektor von SAP. „Die Mitarbeiter setzen ihre eigenen Ziele und Prioritäten, und wir helfen ihnen, wenn sie danach fragen."

Wir brauchen aber gar nicht so berühmte Beispiele wie SAP zu bemühen. Es gibt viele kleine und gute Beispiele von Unternehmen in Deutschland, die ständig bemüht sind, ihre Wettbewerbspositionen zu verbessern: so das Toshiba-Werk für die PC-Montage in Regensburg. Es ist seit 1990 in Betrieb, hat seine Monatskapazität von 5.000 auf 80.000 PCs gesteigert und die Belegschaft von 60 auf 400. Warum werden ausgerechnet am teuren Standort Deutschland höchst effizient tragbare Computer gefertigt? Weil der Grundsatz herrscht: nur zufriedene Mitarbeiter leisten gute Arbeit. Sie fehlen selten – der Krankenstand steht seit Jahren bei drei Prozent – und ihnen fällt pausenlos Neues ein, um das komplizierte Zusammenspiel von Produktion, Verpackung, Lagerung und Versand noch geschmeidiger werden zu lassen.[7]

Die positive Korrelation von Human-Resource-Orientierung und Shareholder Value ist aber nicht nur in „neuen" Branchen vorzufinden. Auch in Sektoren wie dem Einzelhandel, dem Maschinenbau und sogar der Basisindustrie „Bau" besteht eine enge Beziehung zwischen beiden Größen.

Die Geschichte des Turnarounds von **Bilfinger+Berger (B+B)** ist ein instruktives Beispiel für die Kraft von Intrapreneurship (Abb. 41).

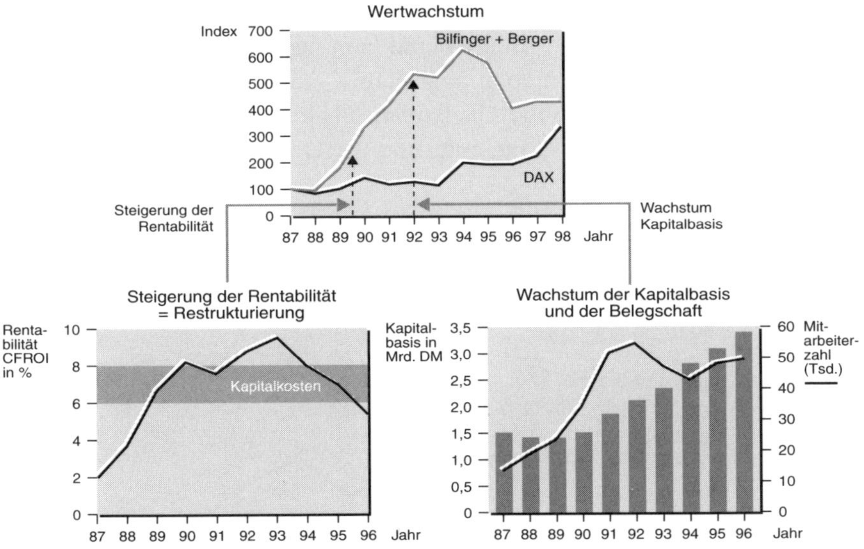

Abbildung 41: Bilfinger + Berger
[Quelle: Hoppenstedt Bilanzdatenbank, BCG Analyse]

7 Süddeutsche Zeitung 23./24. Mai 1998

Vor rund einer Dekade steckte B+B in Schwierigkeiten. Das Baugeschäft verdiente die Kapitalkosten nicht, ein typischer Fall von Werterosion. Der Aktienkurs des Unternehmens sank entsprechend in den „Keller". Einschneidende Veränderungen waren dringend geboten. Der Vorstand entschloß sich zu zwei radikalen Maßnahmen: den forcierten Ausbau des Auslandsgeschäfts sowie die Dezentralisierung der Führungsorganisation. Letzteres führte zu einer Organisation, in der jeder Manager bis hinunter zum Meister vor Ort an den Chancen und Risiken eines Projektes teilhatte. Grundlage für den Erfolg dieser Neustrukturierung war ein Intensivtraining für Manager und Mitarbeiter sowie die Entwicklung von Konzepten zur Verbesserung von Teamarbeit und Vergütung. Es gibt nicht nur eine variable Gehaltskomponente, die mit dem Projekterfolg gekoppelt ist, sondern darüber hinaus beziehen ca. 14.000 Mitarbeiter (ca. 30 Prozent der Belegschaft) Mitarbeiteraktien.

Die mutige Reform erbrachte höchst positive Resultate: B+B kletterte zwischen 1987 und 1995 in der Rangliste der größten deutschen Bauunternehmungen von Platz vier auf Platz zwei. Die Umsätze wuchsen in jedem Jahr um rund 20 Prozent. Der Aktienkurs stieg steil in die Höhe und lag mit einem durchschnittlichen Wachstum der Rendite um 25 Prozent p.A. in der Folge klar über dem DAX. Neue Geschäftsbereiche, wie Umwelt- und Spezialbau, wurden erschlossen. Man stieß erfolgreich in neue regionale Märkte vor. Der Höhenflug der Rentabilität nahm 1995 ein jähes Ende: die Baukonjunktur in Deutschland kam ins Stocken. Dadurch wurde der Ausgleich durch die Internationalisierung um so wichtiger: 1995 und 1996 wurde die Expansion in B+Bs Bauleistung kontinuierlich vom Ausland getragen. Ein Ergebnisrückgang aufgrund der Gesamtlage war aber unver-

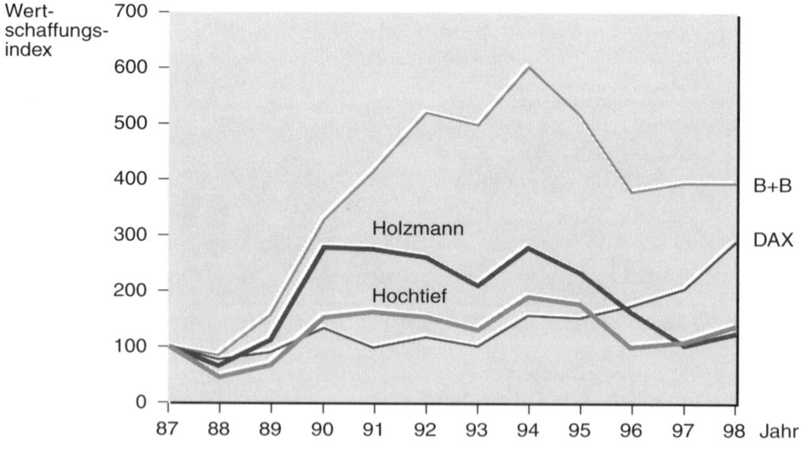

Abbildung 42: Die drei größten Bauunternehmen im Vergleich [Quelle: Datastream]

meidbar. Der Vergleich mit den Wettbewerbern in der Bauindustrie hebt die relativ gute Entwicklung von B+B auch in Krisenzeiten hervor (Abb. 42). Die Rolle von Intrapreneurship und Mitarbeiterfokus wurde um so deutlicher.

Hewlett-Packard wird häufig zitiert. Da sich dieses Unternehmen über ein Vierteljahrhundert beispielhaft verhalten hat, wollen wir näher darauf eingehen. HP gehört zweifelsohne zu den Vorreitern in Sachen Intrapreneurship und Mitarbeiterfokus. HP hat in den vergangenen 25 bis 30 Jahren eine Firmenkultur der Innovation geschaffen wie kaum ein anderes Unternehmen zuvor. Heute setzt Hewlett-Packard weltweit gut 42 Milliarden US-Dollar um und beschäftigt rund 122.000 Mitarbeiter (Abb. 43). Das aus unserer Sicht interessanteste Faktum aber ist, daß innerhalb der letzten zehn Jahre (in denen der Umsatz sich verfünffacht hat) die Anzahl der Mitarbeiter um 50 Prozent gestiegen ist, also eine jährliche Steigerung von vier Prozent. In der gleichen Zeit ging der Personalbestand bei IBM um knapp vier Prozent pro Jahr zurück.

	1987	1992	1997	CAGR 1987-1997 10 Jahre	CAGR 1992-1997 5 Jahre
Umsatz (Mio. $)	8.090	16.410	42.895	18,2 %	21,2 %
Beschäftigung	82.300	92.600	121.900	4,0 %	5,7 %
Gewinn(1) (Mio. $)	962	1.325	4.455	16,6 %	29,8 %
Marktwert (Mrd. $)	15	17,6	64,9	15,8 %	29,9 %
Relative Aktienrendite				1,76 %	9,70 %

(1) Operating Profit before Tax

Abbildung 43: Hewlett-Packard [Quelle: Datastream; BCG-Analyse]

Der Grund für den durchschlagenden Markterfolg von Hewlett-Packard ist ohne Frage in der beeindruckenden Innovationskultur des Unternehmens zu suchen. Diese stellt die Mitarbeiter absolut in den Mittelpunkt allen unternehmerischen Handelns. Konsequenz: Freisetzung einer enormen belegschaftsweiten Kreativität, die dazu geführt hat, daß heute 50 Prozent des Umsatzes mit Produkten gemacht werden, die jünger als zwei Jahre sind. Neue Produkte entwickeln und sie in kürzester Frist auf

den Markt bringen – so lautet das Credo des Unternehmens. Schauen wir uns einige erfolgreiche Aktionen näher an:
Berühmt ist das Beispiel der Einführung des Laser-Jet-Printers. Dieses Gerät wurde vor ungefähr zehn Jahren nach nur fünfzehn Monaten Entwicklungszeit auf den Markt gebracht. Im Zuge der Marktoffensive änderte HP gleich drei Gewohnheiten, die bis dahin eisern befolgt worden waren: Man vergab erstmals Aufträge zur Entwicklung wesentlicher Bauteile eines HP-Produkts an fremde Firmen (Ziel: Zeitgewinn); anstatt wie üblich eine proprietäre Technologie zu entwickeln, legte man diesmal Wert auf Kompatibilität mit den Geräten anderer Hersteller (Ziel: flexiblere Einsetzbarkeit der HP-Drucker); man ging drittens davon ab, den Markt ausschließlich mit einer eigenen Vertriebsmannschaft zu bearbeiten und entschloß sich, auch über große Händler zu vertreiben (Ziel: größeres Absatzvolumen). Drei eherne Regeln wurden umgestoßen – und der Erfolg des Produktes war enorm.
18 Monate nach der Markteinführung, wurde bereits ein weiterentwickelter Druckertyp herausgebracht. Da bei Herstellung und Vertrieb die Kosten gesenkt werden konnten, wurde das neue Gerät deutlich preisgünstiger angeboten als sein Vorgänger. 1995 war HP mit einem Marktanteil von rund 50 Prozent Marktführer für Laser und Tintenstrahldrucker.
Hewlett-Packard gibt 90 Prozent seiner ca. US$ 2 Milliarden Forschungs- und Entwicklungsausgaben in den Unternehmensbereichen aus. Ein zentrales Forschungslabor bekommt den Rest. Nischenprodukte und Kundenspezialitäten können nicht in einer Zentralstelle erdacht werden.
HP kommt nicht selten schon dann mit neuen Produkten auf den Markt, wenn die alten noch gute Renditen abwerfen. Kanibalisierung wird als gezielte Strategie betrieben. Die Idee dahinter ist einleuchtend. HP weiß: Wenn wir selbst nicht die nächste Produktgeneration bringen, wird es der Wettbewerb tun.
Die Arbeitszeitflexibilisierung hat im Unternehmen schon sehr früh begonnen. Bereits im Jahre 1970 wurden weltweit in allen HP-Werken die Stechuhren entfernt. Seit 1972 gibt es offiziell flexible Arbeitszeiten. Heute organisieren die Mitarbeiter ihre eigene Arbeitszeit nach den Erfordernissen der Aufgabe, die sie zu bewältigen haben. Wachsende Bedeutung kommt dabei dem Telecommuting zu. Manche Mitarbeiter erscheinen nur noch einmal pro Woche im Büro. Job-Sharing, auch in den Führungsrängen, wird unterstützt. Bedürfnisse der privaten Lebensphäre werden, soweit wie irgend möglich und vertretbar, bei der Organisation der individuellen Arbeit berücksichtigt. Die Kommunikation verläuft ausgesprochen informell. Die Leiter der Forschungslabore besuchen die Planungsrunden der Geschäftseinheiten, um deren Probleme und Bedürfnisse besser zu verstehen. Die Forschungslabore andererseits veranstalten zweimal im Jahr einen Wochen-

workshop, den jeweils alle Leiter der Geschäftseinheiten besuchen. Neue Ideen werden vorgestellt, Prototypen getestet. Dahinter steht die Absicht, die Geschäftseinheiten zu inspirieren. Sie sollen die gebotenen Ideen aufgreifen und – wo möglich – weiterentwickeln. Kommunikation wird in vielen Varianten angeboten. Man muß diese Angebote nicht annehmen, sollte jedoch gute Gründe haben, wenn man es nicht tut.
Der Managementstil von HP kann pointiert mit „Management by Wandering Around" beschrieben werden: wenig Formalitäten, viel Informelles, elektronische Medien wie E-Mail und Voicemail sind dabei sicherlich hilfreich.
Bleibt zum Schluß die Frage: Wie wird ein mutiger Intrapreneur belohnt? Der Anteil der Mitarbeiter, der Belegschaftsaktien, inklusive Stock Options, besitzt, ist vermutlich nirgends größer als bei Hewlett-Packard (40.000 von 122.000). In Deutschland ist diese Entlohnungsform noch Zukunftsmusik. Hier beginnt man gerade erst, über Stock Options für Vorstandsmitglieder zu debattieren. In einigen wenigen Fällen wird das Gehalt der Führungskräfte bei HP sogar direkt an die Anzahl neu eingeführter Produkte gekoppelt.

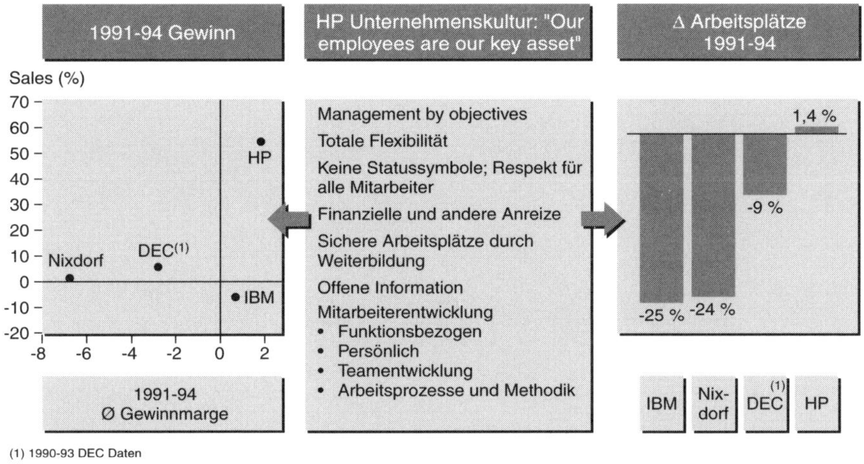

Abbildung 44: HPs Hebel für die Mitarbeiterqualität
[Quelle: Strategien der Personalentwicklung, Gabler, 3. Aufl. (S. 201 ff); Geschäftsberichte/die Zahlen in der Abbildung beziehen sich nur auf Deutschland]

Hewlett-Packard, halten wir fest, sieht in seinen Mitarbeitern das wichtigste „Asset" des Unternehmens. Die Tatsache, daß der Belegschaft denkbar große Freiheiten bei der Gestaltung der eigenen Arbeit und überdies eine Fülle von persönlichen Entwicklungsmöglichkeiten geboten werden, belegt, daß HP kein bloßes Lippenbekenntnis ablegt. Der Markterfolg des Unternehmens auch in Deutschland gibt dieser Grundphilosphie recht (Abb. 44).

Wertorientierung und Beschäftigungswachstum sind keine Gegensätze. Das haben die Darlegungen in diesem Kapitel, so hoffen wir, deutlich gemacht. Allerdings resultiert Unternehmenswert nicht allein aus der Installation eines bestimmten Managementsystems oder der Deklaration einer Unternehmensphilosophie. Wert entsteht durch langfristigen Erfolg im Markt (kurzfristig auch durch Rationalisierung). Und langfristiger Erfolg heißt: wachsen. Nachhaltiges Wachstum – und damit positive Beschäftigungswirkung! – ist nur mit innovativen Produkten und Dienstleistungen zu erreichen. Und Innovationen gelingen einem Unternehmen nur, wenn es hervorragend ausgebildete und hochmotivierte Mitarbeiter hat. Hier fällt der Qualität der Mitarbeiterentwicklung die Schlüsselrolle zu. Allerdings sollte der Prozeß der Innovationsfindung gesteuert werden, damit er nicht ausufert und unvertretbar hohe Kosten verursacht. Welche Steuerungstechniken stehen dem Management hierfür zur Verfügung? Mit dieser Frage beschäftigt sich das nachfolgende Kapitel.

V.

Strategische Steuerung innovativen Wachstums

Strategische Steuerung innovativen Wachstums

Innovation requires, above all else,
a willingness to embrace chaos.

Tim Brown[1]

Das Wesen der Strategie ist die Suche nach relativen Wettbewerbsvorteilen. Überlegene Gewinne, überlegenes Wachstum, überlegene Wertentwicklung wird sich nur dann einstellen, wenn ein Unternehmer es schafft, seine Kunden besser zu bedienen als die Wettbewerber. „Besser" kann heißen „Gleich zu niedrigeren Kosten" oder „Anders zu gleichen oder auch höheren Kosten", wenn dieses „Andere" von den Kunden als höherwertig empfunden wird. Unternehmerisches Handeln kann letztlich auf diese einfache Formel zurückgeführt werden. Die Entscheidung über den Erfolg trifft der Kunde.

Das Andere und Höherwertige ist normalerweise neu. Um Neues zu schaffen, bedarf es freier, befähigter Mitarbeiter. Allerdings reicht es in den meisten Fällen nicht aus, nur die Organisation von der Leine zu lassen. Das mag effektiv, aber in den wenigsten Fällen effizient sein. Es ist sowohl hilfreich als auch sinnvoll, dem Neuen eine Orientierungshilfe zu geben, es in die richtige Richtung zu steuern. Man kann das auch „Strategisches Management" nennen.

Dies ist kein Strategiebuch. Darüber hat die Boston Consulting Group an anderer Stelle geschrieben.[2] Trotzdem möchten wir einige Hinweise zur strategischen Steuerung des innovativen Wachstums geben (Abb. 45). Viele dieser Themen wurden in über 50 Kronberger Konferenzen mit Vorständen führender Unternehmen diskutiert und für diese in aller kürze dargestellt.[3]

---

1 Financial Times, 17.11.1997

2 U. a. Zeitwettbewerb, Stalk/Hout
Bolko v. Oetinger, Das Boston Consulting Group Strategiebuch, Econ Verlag Düsseldorf, 1993
Philip B. Evans, Thomas S. Wurster: Strategy and the New Economics of Information, HBR 1997
Carl W. Stern, George Stalk: Perspectives on Strategy, John Wiley & Sons 1998

3 Die folgenden Ausführungen basieren im wesentlichen auf den Konferenz-Zusammenfassungen von Bolko v. Oetinger, Senior Partner bei BCG in München, der die Kronberger Konferenz seit 15 Jahren leitet

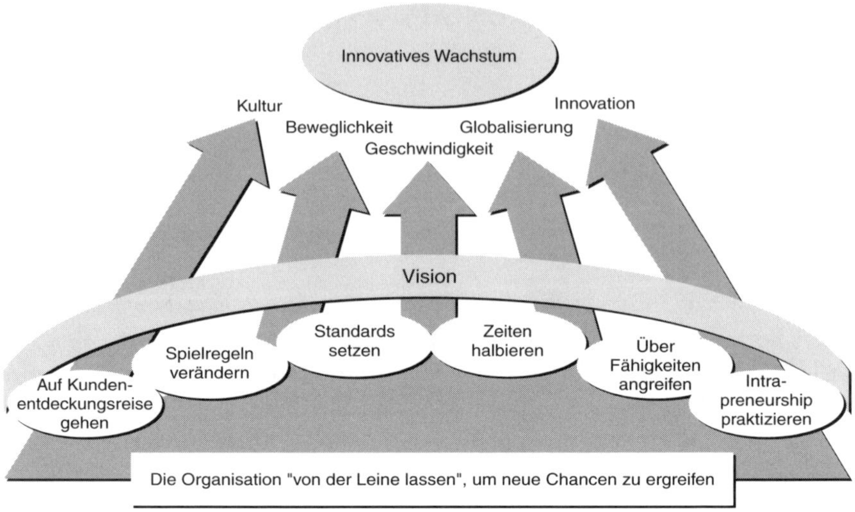

Abbildung 45: Sich selbst erneuern = wachsen [Quelle: Kronberg]

Auf Kundenentdeckungsreise gehen

Der Kunde muß neu entdeckt werden! Als Lieferant kann man gemeinsam mit seinen Kunden feststellen, wie diese ihr Geld verdienen und wie man ihnen helfen kann, noch besser zu verdienen. In der Kundenbasis steckt ein beträchtliches Wachstumspotential. Kundenbedürfnisse möglichst genau zu kennen, sensibel und individuell auf sie einzugehen, ist ein wesentlicher Hebel zur Unternehmenserneuerung. Individualisierte Kundenbindung im Sinnes eines tieferen Kundenverständnisses, einer besseren Marktsegmentierung und einer optimierten gemeinsamen Wertschöpfungskette kann Ihrem Unternehmen einen enormen Wachstumsschub bringen. Diese Strategie, deren Ziel weniger das kundenspezifische Produkt als vielmehr die kundenspezifische Bedienung ist, verlangt die Beachtung folgender Grundregeln:

Die wertvollen Kunden erkennen: Sie sollten sich Klarheit darüber verschaffen, wer Ihre wertvollen Kunden sind. Als Maßstab kann der Lebensertragswert dienen, das heißt, alle auf den heutigen Tag abgezinsten potentiellen Erträge, die mit einzelnen Kunden oder Kundengruppen voraussichtlich zu erzielen sind. Diese Größe läßt sich natürlich nicht exakt berechnen. Zu ihrer Bestimmung ist ein gewogenes Urteil nötig, das sich auf eingehende Diskussionen im Unternehmen stützen sollte. Stellen Sie sich folgende Fragen: Welches Potential hat der Kunde? Wie steht er relativ zum Wettbewerb? Welche Entwicklungsmöglichkeiten sehen Sie für ihn?

Ist er offen und fähig zu kooperieren, die Wertschöpfungskette mit uns gemeinsam zu gestalten?
Haben Sie die wertvollsten Abnehmer identifiziert, so kümmern Sie sich bevorzugt um diese mit dem Ziel, sie stark an das Unternehmen zu binden. Da Ressourcen nicht beliebig vermehrbar sind, werden sie zwangsläufig auf die intensive Betreuung weniger attraktiver Kunden verzichten müssen. Individualisierte Kundenbindung verlangt also eine Neudefinition von Vertriebsprioritäten.

Die Kundenpenetration messen: Der Marktanteil ist eine Durchschnittsgröße, hinter der wesentliche Informationen verborgen bleiben. Brechen Sie den Marktanteil auf den Kundenanteil herunter! Stellen Sie fest, wieviel seines Gesamtbedarfs jeder einzelne Kunde bei Ihnen deckt und wieviel beim Wettbewerber. Versuchen Sie, dies dynamisch über die Zeit zu erfassen. Um den Kundenanteil zu steigern, sollten Sie mehr in die Tiefe (Kundendurchdringung) anstatt nur in die Breite (Marktdurchdringung) gehen.

Gemeinsam am Kundennutzen arbeiten: Discovery – die Kundenentdeckungsreise – ist ein Weg zu neuem Wachstum (Abb. 46). Der erste Schritt dahin besteht in der systematischen Ausschöpfung Ihrer Kundenbasis. Wir bezeichnen dies als **Exploiting**. Hier geht es – und das ist eigentlich Vertriebsbasisarbeit – darum, möglichst sorgfältig die Marktanteile je Kunden („Kundenanteile") zu analysieren, Cluster vergleichbarer Kunden zu bilden, die durchschnittlichen Kundenanteile zu ermitteln, festzustellen, wo Über- bzw. Unterdeckungen bestehen, warum sie bestehen (Interpretationsbedarf) und schließlich aus diesen Informationen realistische Potentiale hochzurechnen.

Es gilt, vom Verteilungskampf umzuschalten auf gemeinsames Wertschaffen. **Partnering**, als Verknüpfung der Wertschöpfungskette zweier Unternehmen (z.B. Hersteller und Lieferant) verstanden, versucht, dem klassischen Markt-Antagonismus zu entkommen. Konsequentes Partnering bedeutet, in die Gewinn- und Verlustrechnung des Kunden einzusteigen, um Antwort auf folgende Fragen zu finden: Womit verdient mein Kunde sein Geld? Wie sieht seine Kostenstruktur aus? Wie segmentiert er seinen Markt? Welches sind seine Wettbewerber beziehungsweise Abnehmer? Wie kann ich ihm helfen, mehr Geld zu verdienen? Konsequentes Partnering ist keine Einmalaktion, sondern ein fortdauernder Prozeß. Er verlangt von Ihnen, sich in die Rolle Ihres Kunden zu versetzen und aus dessen Sicht die Anforderungen an Ihr Unternehmen zu formulieren.

Beim **Exploring** geht es - bildlich gesprochen - um die Vergrößerung der Schnittmenge aus Ihren Fähigkeiten einerseits und den Bedürfnissen des

Kunden andererseits. Basis ist eine tiefgehende Entdeckungsreise in die Bedürfnisstruktur des Kunden, deren Ziel darin besteht, neue Ideen, Produkte und Dienstleistungen zum gemeinsamen Nutzen zu kreieren. Von der ganz „normalen" Arbeit am Kunden unterscheidet das Exploring der klarere Fokus, die wesentlich tiefere Analyse (Product-in-use, Consumer-in-action-research) und die kreativere, interdisziplinäre Interpretation. Wir fassen Partnering, Exploiting und Exploring unter dem Überbegriff „Discovery" zusammen.

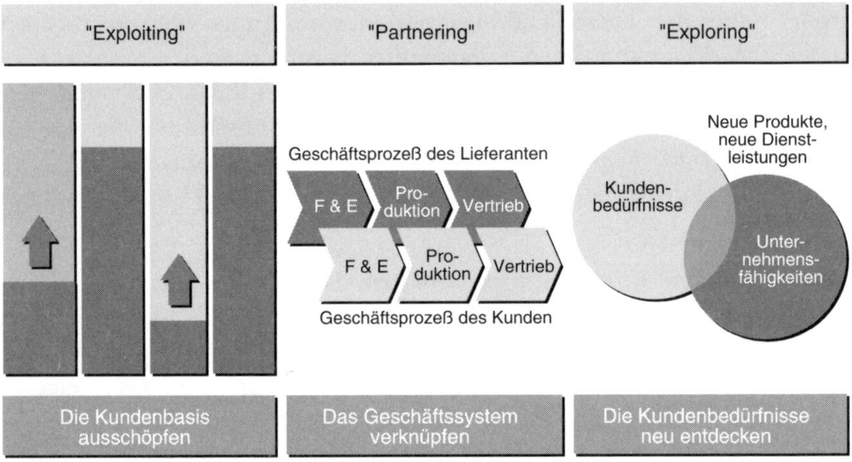

Abbildung 46: Discovery – Der Weg zu neuem Wachstum

Keine „Durchschnittsleistungen" erbringen: Behandeln Sie Ihre Kunden individuell, nicht standardisiert. Dabei müssen nicht notwendigerweise die Produkte selbst spezifisch gestaltet werden. Zur Differenzierung Ihrer Leistung genügt es oft, Bedienung und Beratung auf den Kunden zuzuschneiden. Dieser Aufwand lohnt sich vor allem in den wertvollen Kunden-Zielsegmenten, dort, wo die Individualisierung die größte Hebelwirkung hat.

In Kundenkenntnisse investieren: Sie können die ersten vier Schritte nicht tun, wenn Sie nicht die entsprechenden Kundenkenntnisse besitzen. Kundenkenntnisse sind die neuen Vermögenswerte. Allerdings nützt Ihnen ein Informationsvorsprung wenig ohne einen entsprechenden Interpretationsvorsprung. Ermitteln Sie die wichtigsten Segmente (nach Lebensertragswert und Bedürfniskategorien), verfolgen Sie Ertrags- und Verhaltensmuster der Kunden (z. B. Aktionsempfindlichkeit, Serviceneigung, typische Sollbruchstellen) über die Zeit. Aber vor allem: Schaffen Sie Vertrauen durch Nähe, Ansprechbarkeit, Hilfsbereitschaft. Allein dadurch kann eine wirkliche Bindung entstehen.

Die Organisation kundenbindungsfähig machen: Sie werden Ihren Kunden nur dann besser verstehen, individueller bedienen und stärker binden können, wenn sich Ihre gesamte Organisation zum Kunden hin öffnet. Mit anderen Worten: Es muß die Bereitschaft vorhanden sein, Ihre komplette Leistungskette von F&E über Einkauf, Fertigung, Montage, QS, Logistik, Service bis hin zu Vertrieb/Marketing mit jener des Kunden zu verzahnen. Firmen, die individualisierte Kundenbindungen aufgebaut haben und pflegen, wie etwa Whirlpool, Gilette, Stihl oder Home Depot, wachsen schneller, sind innovativer und erzielen höhere Gewinne. Wer es heute versäumt, die Voraussetzung für Discovery zu schaffen und seine Organisation kundenbindungsfähig zu machen, der wird morgen beim Kampf um den Endverbraucher unweigerlich ins Hintertreffen geraten.

Spielregeln verändern

Wenn wir den Staat und die Gesellschaft auffordern, Strukturbrüche zu wagen und Paradigmen zu wechseln, müssen wir das erst recht von Unternehmen verlangen. Das Netz eherner Glaubenssätze zu zerreißen und wohldefinierte Grenzen zu überschreiten, ist häufig notwendig, um „neues Wachstum" zu schaffen.

Als die amerikanische Spielwaren-Handelskette Toys „R" Us auf dem deutschen Markt erschien, verwandelte sie zunächst das Spielwarengeschäft, das traditionell einmal im Jahr – nämlich vor Weihnachten – Saison hatte, in ein kontinuierliches Geschäft. Anschließend repositionierte man sich vom „Spielwarenladen" zum „Fachmarkt für Kinder". Dieser Übergang vom Produkt- zum Kundenverständnis ist ein vielversprechender Ansatz. Mit dem eigenen Markterfolg bescherte Toys „R" Us der ganzen deutschen Spielzeugbranche einen enormen Wachstumsschub (Abb. 47, siehe nächste Seite).

Der Wettbewerb auf vielen Märkten vollzieht sich heute in der Weise, daß konkurrierende Unternehmen sich unentwegt miteinander vergleichen. Dieses Verhalten hat über die Jahre auf einigen Sektoren zu einer fatalen Angleichung der Angebote geführt. Man denke nur an HiFi-Geräte, Weiße Ware oder Waschmittel. Marktanteile müssen mit millionenschweren Werbekampagnen verteidigt werden. Auszuweiten sind sie kaum. In vielen Branchen herrscht Stellungskrieg, der die Erträge schrumpfen läßt und langfristig die Existenz der beteiligten Unternehmen bedroht. Die Werbungen sind sich täuschend ähnlich. Viele machen alles gleich. Die Unterschiede scheinen zu risikoreich oder werden nicht einmal erdacht. Wir stehen am Ende der Gleichzeit.

Wie ist dieser mißlichen Lage zu entkommen? Nur dadurch, daß man herkömmliche Glaubenssätze, „Wie man das Geschäft betreibt", abstreift, sich

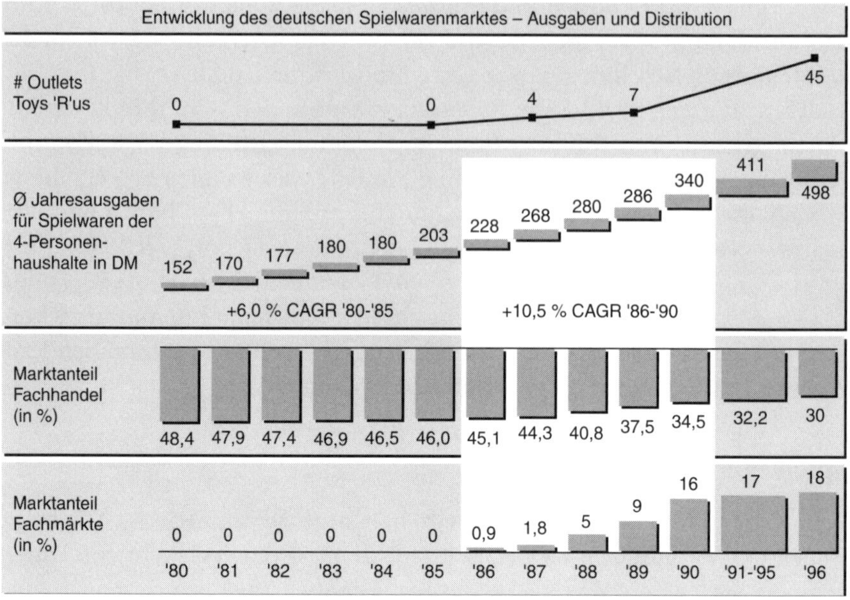

Abbildung 47: Roll-out der Fachmärkte zu Lasten des Fachhandels – Toys „R" Us als Treiber für höhere Pro-Kopf-Ausgaben
[Quelle: Statistisches Bundesamt, Nielsen, Euromonitor, Broker Reports, Presse; BCG-Analyse]

von Denkmustern und Verhaltensweisen, die in der Branche als bewährt gelten, löst. Man muß mit den bestehenden Spielregeln brechen, darf den Wettbewerb nicht mit akribischem Benchmarking nachahmen, sondern sollte sich selbstbewußt für „Benchbreaking" entscheiden, die bestehende Ordnung über den Haufen werfen und eine neue Unordnung schaffen.

So ist der „Van" entstanden. Ein findiger Autobauer hat Elemente des Kombis, des Transporters und der Limousine zu einem neuen, höchst erfolgreichen Produkt rekombiniert. Jahrzehnte haben diese Fahrzeugkategorien wie gottgegeben nebeneinander existiert. Anderes schien nicht machbar – bis einer kam, der sich über die alten Denkschablonen hinwegsetzte. Inzwischen sind 40 Prozent der in den USA verkauften Pkws keine „normalen" Limousinen mehr.

Ähnliches gilt für die Zeitschrift „Focus", eine Rekombination aus Illustrierter und Nachrichtenmagazin, ein „Illuzin" sozusagen. Die „Van-Denke" hat auch die Tankstelle in einen Convenience-Store verwandelt, eine Kombination aus Benzinfüllstation und Nachbarschaftssupermarkt. Hier sind erfolgreich Branchengrenzen überschritten worden. Mittlerweile ist die neue Tankstelle der schnellstwachsende Einzelhandelsvertriebsweg im Lande.

Spielregeln verändern führt zur Migration („Business Migration") von Geschäften und ganzen Industrien. Fließende Branchengrenzen gehören heute zum Alltag: Autokonzerne, die Banken gründen und Versicherungsleistungen anbieten; Anlagenbauer, die nur dann erfolgreich bleiben werden, wenn sie mit den Anlagen Betreiberkonzepte vorlegen und ins Risiko ihrer ehemaligen Kunden einsteigen; Softwareunternehmen, die zu ernstzunehmender Bankenkonkurrenz werden.
Die vertikale Struktur der Informationsindustrie (Telekommunikation, Fernsehen, Radio, Computertechnologie und Verlagswesen) wird sich infolge der fortschreitenden Digitalisierung in eine horizontale (Informationserzeuger/-dienstleister, Informationstransporteur, Gerätehersteller) verwandeln. Die traditionellen Grenzen werden verschwinden.
In dieser Welt wird es immer schwerer – und wichtiger, neue Geschäftsfelder mit sensiblen Antennen zu erkennen und zu sortieren. Um das Neue zu sehen und anzunehmen, muß man sich von dem Alten verabschieden. Herkömmliche starre Strukturen sind dabei wenig hilfreich – das vernetzte Unternehmen kann sich leichter und billiger von Überkommenem trennen (Abb. 48).

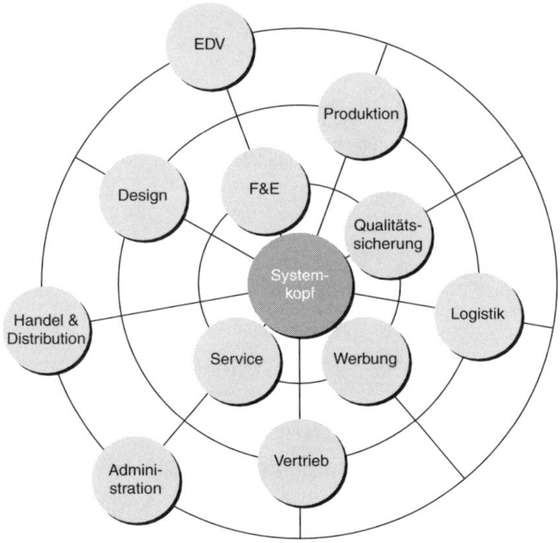

Abbildung 48: Vernetzte Unternehmen sind flexibler

Ein Systemkopf gibt dem Netzwerk eine Identität, definiert die Kernfähigkeiten und orchestriert die Leistungserbringung. Man kann wachsen, ohne die Komplexität zu erhöhen. Die Partner haben gleiche Ziele, unterschiedliche Talente, und teilen das Risiko. Wir stehen hier am Beginn: die Unternehmen Virgin, Nike und Adidas, Porsche, Dell und Swatch stehen Pate.

Die Antriebskräfte hinter diesen Veränderungen sind neue Technologien und neue Ansätze, das Geschäft zu führen.
Innovationen entstehen also, indem man ganz bewußt bestehende Grenzen überschreitet, gültige Kategorien außer Kraft setzt, Zusammenhänge herstellt, die der Konkurrenz ungewöhnlich, auf den ersten Blick sogar absurd erscheinen mögen. Der erfolgreiche Innovator tritt als Störenfried auf, denkt und handelt bewußt anders, als die Mitwettbewerber es erwarten. Und dieses Andershandeln beginnt damit, daß man die alten, ehernen Glaubenssätze verwirft, die jahrelang das eigene Denken bestimmt (und behindert!) haben: indem man sich sozusagen neben das eigene Unternehmen stellt und die Haupterfolgsfaktoren systematisch in Zweifel zieht. Das ist ein kreativer und dennoch disziplinierter Prozeß, den jedes Management mit seinen Mitarbeitern durchführen kann. Und es ist immer wieder erstaunlich, zu welchen Ergebnissen er führt.

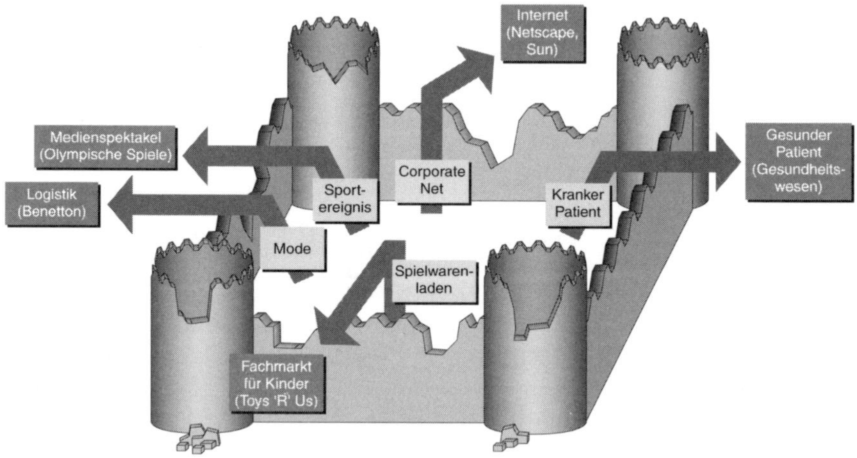

Abbildung 49: Spielregeln verändern = Glaubenssätze überkommen

Spielregeln verändern - die praktische Umsetzung (Abb. 49): Wenn man den Eindruck hat, in einem Stellungskrieg gefangen zu sein, dann ist es Zeit, aus den alten Paradigmen auszubrechen. „Anders machen statt besser machen!" lautet die Devise. Dem Kunden bietet man damit neuen Nutzen, selbst behält (oder erobert) man die Kontrolle über das Geschäft. Erfolgreich kann dieses Vorgehen allerdings nur sein, wenn der Vorstand die Spielregeln wirklich ändern will. Alle wichtigen Führungskräfte müssen engstens eingebunden werden, denn man begibt sich auf die Wanderschaft ins Niemandsland. Das Risiko ist hoch und entschiedene Führung unverzichtbar. Sind diese Voraussetzungen gegeben, beginnt die Analyse der aktuellen Lage: Gehen vom Markt Signale aus – und seien sie auch schwach – die auf bevorstehende Innovationen hindeuten? Laterales Denken, die Entwicklung alternativer Optionen und ihre spielerische Entfaltung unter dynamischen Gesichtspunkten: was passiert, wenn die Konkurrenz so oder so reagiert? Allerdings sollte man sich immer bewußt sein, daß die Innovation, also der eigentliche Akt des Kreierens, nur bedingt der Analyse zugänglich ist. Je stärker man sich aber von Bestehendem löst, desto weniger vorbelastet ist das Denken und desto größer wird die Wahrscheinlichkeit, daß man auf etwas wirklich Neues stößt. Der freie Mitarbeiter in einem System des Intrapreneurship ist eine ideale Voraussetzung.

Standards setzen

Innovationen sind teuer. Ihre Absicherung zahlt sich aus. Ein technisch orientiertes Unternehmen sollte danach streben, auf seinem Gebiet die Standards zu setzen. Versäumt es dies, droht das Schicksal von IBM im PC-Geschäft. Dort hatte man es zugelassen – und mußte schmerzlich mit schrumpfenden Gewinnen dafür büßen – daß andere Firmen die Standards kontrollierten: Intel bei den Prozessoren, HP bei der Peripherie, Microsoft beim Betriebssystem. Daher wundert es nicht, daß IBM sich neuerdings mit der Lotus-Akquisition müht, die Standards wieder selbst zu setzen: im Netzwerk.

Im Internet hatten Sun und Netscape innerhalb weniger Monate den Standard definiert. In der ersten Dezemberwoche 1995 erklärten sich 30 Firmen (darunter IBM, Oracle, Apple, Silicon Graphics) bereit, Software auf der Basis der Sun/Netscape-Standards zu schreiben. Microsoft „kapitulierte" und stimmt als letzter zu. Wer den technischen Standard kontrolliert, der bestimmt die Marschrichtung in seiner Branche, er erzielt hohes Wachstum und schöpft die Gewinne ab.

Im Hause Siemens sind die ISDN-Bausteine des Bereichs Halbleiter ein Beispiel für den geglückten Versuch, Standards zu setzen. Die erfreulichen Konsequenzen sind immer noch spürbar: hohe Marktanteile.

Standards stehen am Anfang einer geschäftlichen Entwicklung. Auf welchem Gebiet kann man zukünftige Standards mit welchem Nutzen anbieten? Das größte Risiko besteht darin, zu früh zu kommen, zu wenig Kundennutzen zu bieten oder die falschen Allianzen einzugehen. Technische Möglichkeiten, wirtschaftlicher Nutzen und zeitliches Risiko sind immer parallel zu sehen. Der Wert des Standards und die Kosten seiner Durchsetzung müssen sorgfältig gegeneinander abgewogen werden. Der Innovator muß den Anspruch erheben, den Standard zu setzen.

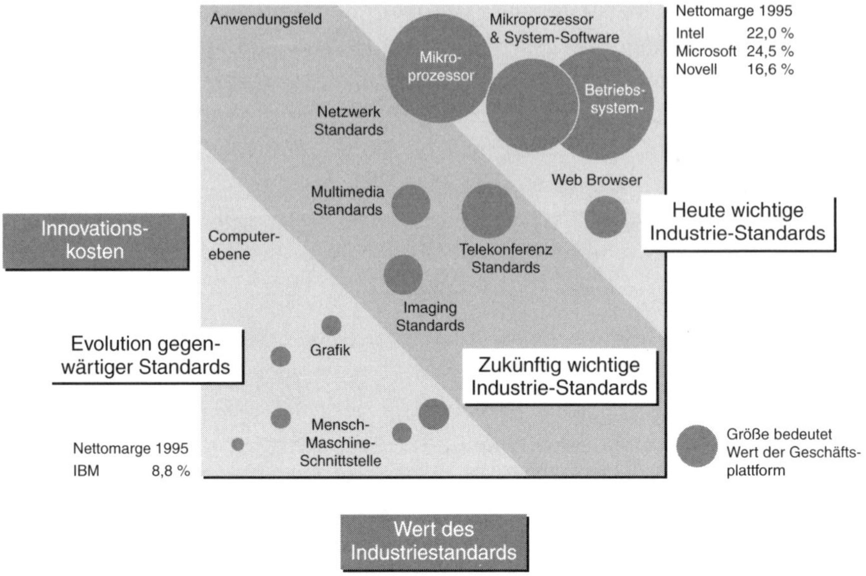

Abbildung 50: Kontrolle über Standards = Gewinn [Quelle: BCG-Analyse]

Zeiten halbieren

Innovationen sind notwendig für den Erfolg, aber nutzlos, wenn sie zu spät kommen. Den großen Veränderungen, vor allem in jüngerer Zeit, ist eines gemein: die ungeheure Geschwindigkeit, mit der sie sich vollziehen. Zeitwettbewerb wird zu einem wesentlichen Erfolgsparameter.

„Geschwindigkeit bringt dem Unternehmen etwas, das über den vordergründigen Nutzen eines größeren Cash-flows, einer gesteigerten Profitabilität, eines höheren Aktienwertes infolge sensiblerer Kundenbedienung und eines Mehr an Kapazität durch verkürzte Zykluszeiten hinausgeht. Geschwindigkeit beflügelt und macht stark, Geschwindigkeit treibt Ideen und Prozesse mitten durch funktionale Barrieren, fegt Bürokraten mitsamt ihren Vorschriften hinweg und kennt nur ein Ziel: so rasch wie möglich auf den Markt kommen. Geschwindigkeit zwingt ein Unternehmen „aus sich selbst heraus" (Jack Welch, CEO General Electric).

Zeit läßt sich im Rahmen des Reengineering als Effizienzmaßstab und im Kampf um Marktanteile und Kunden als strategische Waffe einsetzen. Time-to-market und Time-to-customer sind hier die Schlüsselbegriffe. Und schließlich läßt sich Zeit als „Treibstoff" zur Erneuerung des Unternehmens verwenden.

Reengineering: Über das Reengineering sind viele Bücher geschrieben worden. Meist wurden unter Effizienzgesichtspunkten Prozesse optimiert, oder es werden Strukturen mit Blick auf die Wertschöpfung verbessert. Dies kann über die Beseitigung überflüssiger Schnittstellen und das Outsourcing von Wertschöpfungsfunktionen bis zu flachen Hierarchien führen. Beispiele mit guten Ergebnissen in bezug auf die Verkürzung von Durchlaufzeiten und Gewinnverbesserung gibt es in großer Zahl. Reengineering ist zwar in vielen Fällen notwendig, aber nie hinreichend, um den künftigen Wettbewerbsanforderungen zu genügen.

Time-to-market: Zeitverluste bei der Produktentwicklung haben eine dramatische Wirkung auf den Gewinn. Mindert beispielsweise in der Computerindustrie eine Budgetüberziehung von 30 Prozent die kumulierte Profitabilität um bescheidene zwei Prozent, so sinkt der Gesamtgewinn eines Projektes über die Lebensdauer bei einer nur um sechs Monate verspäteten Produkteinführung um nahezu ein Drittel. In der Pharmaindustrie spielt die Zeit aufgrund kürzer werdender Patentschutzzeiten und der zunehmenden Benachteiligung von Me-too-Produkten bei der Preisfestsetzung eine noch dramatischere Rolle. Eine Einführungsverzögerung um 1 Jahr kann über die Lebenszeit einen Gewinnentgang von bis zu US$ 500 Mio. zur Folge haben. Im Zweifel gilt also: lieber das Budget überziehen als den Zeitrahmen!
Dazu muß man das Entwicklungsportfolio, die Technologie und die Projekte konsequent managen. Das Portfoliomanagement hat über die Reihenfolge der beantragten Forschungsprojekte mit Blick auf die begrenzten Ressourcen zu entscheiden. Das Technologiemanagement muß vor allem die verwendeten Kerntechnologien auswählen. Das Projektmanagement sorgt für die Realisierung der einzelnen Forschungsvorhaben. Gerade hier sind die Ursachen für Zeitverzögerungen Legion: ein fehlender oder unklarer Entwicklungsplan, ständig veränderte Spezifikationen, die Fixierung auf „Quantensprünge", mangelnde Grundlagenforschung, eine prozeßhemmende funktionale Organisation und die Nichteinbeziehung der Lieferanten. An diesen Fehlerquellen muß das Projektmanagement ansetzen. Konsequenter Zeitwettbewerb kann F&E-Prozesse zwischen 25 und 75 Prozent verkürzen, mit den entsprechenden Folgen für Gewinn und Wachstum.

Time-to-customer: Rund 75 Prozent aller Kunden, so ergab eine Untersuchung in Großbritannien, bekommen nicht das Auto, das sie eigentlich kaufen wollen. Der Hauptgrund ist die lange Lieferzeit für die gewünschte Ausführung. Daher machen die meisten Käufer Kompromisse bei Farbe und Ausstattung. Oder aber sie verzichten auf den Kauf. Das Ideal wäre, jedem Käufer genau das Produkt zu liefern, das er haben möchte, und zwar innerhalb eines Tages beziehungsweise ohne jede Lieferzeit und ohne zusätzliche Kosten. Dieses Ideal ist natürlich unerreichbar. Immerhin kommen ihm einige Firmen näher als andere. Zu den Vorreitern gehörte die Computerfirma Dell. Dort bringt man eine Kundenbestellung, die bis zu 60 variable Features umfassen darf, innerhalb von 48 Stunden an die Frau. Massenmaßgefertigt werden inzwischen auch Jeans, Schuhe, Ventile und anderes. Die Deutsche Bank hat ein 24-Stunden-Telebanking eingeführt. Mit der Massenmaßfertigung sind natürlich beträchtliche organisatorische Investitionen verbunden. In dem Bemühen um kürzeste Lieferfristen wird die strategische Bedeutung von Zeit deutlich.

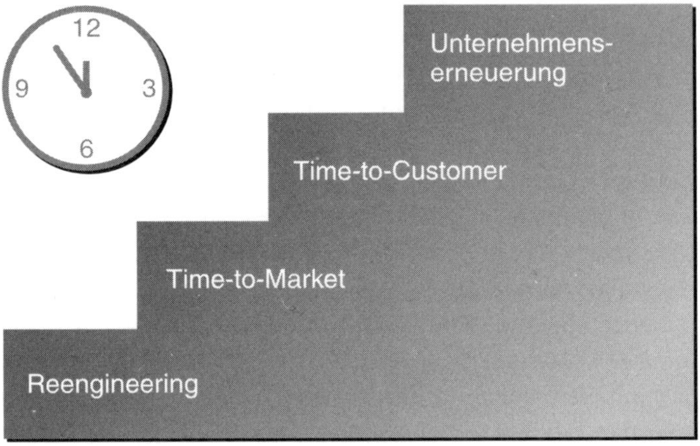

Abbildung 51: Zeit als Motor zur Erneuerung

Unternehmenserneuerung: General Electric hat wohl als eines der ersten Großunternehmen Zeit und Geschwindigkeit als Motor für die Kulturerneuerung benutzt. Kulturerneuerung heißt die Organisation bewegen. GE hat das wie folgt praktiziert: Die Firma sorgte für ein starkes Portfolio, lernte die nötigen Kompetenzen und Fähigkeiten zu beherrschen und begriff dann, daß beides allein auf Dauer den Erfolg nicht sichern kann, wenn die Menschen in der Organisation sich nicht mit den sich wandelnden Gegebenheiten und Herausforderungen ändern. Um letzteres zu erreichen, wurden sogenannte Workouts eingeführt, interne Treffen von 50 bis 100 Mitarbeitern einer Geschäftseinheit. Man diskutiert bei diesen Meetings zwei, drei Tage lang offen alle existierenden Probleme, klärt kleinere Schwierigkeiten sofort, richtet zur Beseitigung größerer Hemmnisse Arbeitsgruppen ein. Bei den Diskussionen geht es um die interne und externe Prozeßoptimierung, den Best-Practice-Austausch, eine Öffnung der Kommunikation und die Entwicklung einer „Fehlerkultur", ohne die Risikoübernahme nicht denkbar ist. Ergebnis dieser Veranstaltungen ist eine weitere Beschleunigung der ohnehin schon schnellen Kernprozesse, eine weitere Verbesserung der ohnehin schon hochentwickelten Fähigkeiten.

Zeit als Managementinstrument ist ein Motor, mit dem Prozesse und Strukturen optimiert, Marktanteile und Kunden gewonnen werden und die Unternehmenskultur (permanent) revolutioniert wird (Abb. 51). Zeitmanagement ist der Turbosatz für Innovationen.

Über Fähigkeiten angreifen

Neben den Marktkampf, der über gut sichtbare, klassische Positionen wie Gewinne, Cash-flow oder Marktanteile ausgefochten wird, tritt zunehmend der Wettbewerb eher verdeckten Fähigkeiten. Diese sind um so wertvoller, da sie nachhaltig wirken und vom Wettbewerb erst später erkannt werden können!

Dazu gehören „Time-to-market", die Fähigkeit, besonders schnell mit neuen Produkten am Markt zu sein, oder das „Segment-of-One" Management, die Einzelansteuerung der wichtigen Kunden. Ein Unternehmen, das in der Lage ist, Produktvarianten in sehr rascher Folge herzustellen, auf den Markt zu bringen und im Falle des Mißerfolgs wieder zurückzuziehen, beherrscht die Fähigkeit des Experimentierens.

Ein Versicherer, der entdeckt, daß bestimmte Kundengruppen ein weit besseres (geringeres) Risiko darstellen als das gängige Branchenvorurteil besagt, verfügt über die Fähigkeit der Mustererkennung. Diese Fähigkeiten erhöhen die Beweglichkeit des Unternehmens und damit seine Risikobereitschaft.

Grundlage der Beweglichkeit ist die Plattform aus Fachkompetenzen (z. B. Entwicklung, Fertigung, Marketing etc.) und Fähigkeiten. Mit dieser Organisationsphilosophie ist ein Unternehmen wie Motorola zu einem der führenden High-Tech-Anbieter aufgestiegen (Abb. 52).

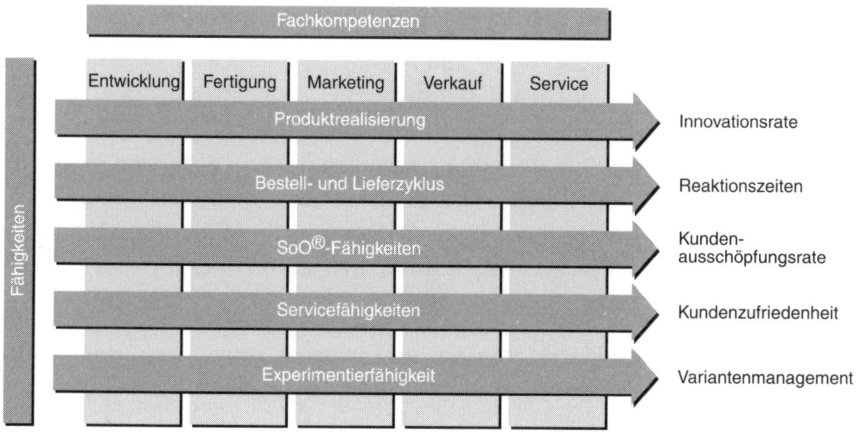

Abbildung 52: Strategische Plattformen aus Fachkompetenzen und Fähigkeiten

Aber nicht nur Fähigkeiten beeinflussen den Grad der Beweglichkeit, sondern auch Merkmale der Struktur. Kleinere Unternehmen sind fokussiert, unabhängig, schlank, schnell, mit einem Wort reagibel und deshalb oft erfolgreich. Großunternehmen versuchen ihre Flexibilität zu erhöhen, indem sie die kleinen simulieren. Ihr Maximum an Reaktionsfähigkeit erreichen sie durch die Installation vorübergehender Organisationen, die alle Merkmale kleiner, überschaubarer Einheiten aufweisen.
Über Fähigkeiten anzugreifen ist auf jeden Fall erfolgversprechender, als gegen feste Positionen anzurennen. Einen guten Einstieg bieten Fragen wie: „Womit würde ich meine besten Kunden wirklich überraschen?" oder „Wie könnte ich meinen gefährlichsten Wettbewerber am empfindlichsten treffen?".

Intrapreneurship praktizieren

Wachstum durch Erneuerung verlangt ein Höchstmaß an organisatorischer Effizienz bei gleichzeitigem, bewußt betriebenem, kontinuierlichem Wandel. Die tägliche Arbeit muß bestmöglich geleistet und doch zugleich permanent in Frage gestellt werden – ein „schizophrener" Anspruch, der nur mit einer „schizophrenen" Organisation einzulösen ist. Die „schizophrene" Organisation muß vier zentrale Eigenschaften besitzen: Flexibilität, Prozeßorientierung, Professionalität und vor allem Lernfähigkeit. Sie bildet ein offenes, distribuiertes Netzwerk aus leistungsfähigen Elementen. Wie kann man einer Organisation diese Eigenschaften beibringen? Das vielgepriesene Reengineering kann leicht zum „Deengineering" mißraten, wenn sich das Verhalten der Führungskräfte im Rahmen der Managementsysteme, Personalarbeit und Führung nicht ändert.

Verhalten & Managementsysteme: Obwohl es nicht das entscheidende ist, so kann doch die ursprüngliche Intention bei Fehlern und Inkonsistenzen in den Planungs-, Budgetierungs- und Meßsystemen zu leicht konterkariert werden. Dies gilt vor allem für Großunternehmen. Hier drohen zahllose Inkonsistenzen im Detail, die den gesamten (permanenten) Veränderungsprozeß gefährden und die unbedingt vermieden werden müssen. Menschliches Verhalten, menschliche Fähigkeiten bestimmen den Erfolg oder Mißerfolg von Veränderungsprozessen. Messen Sie daher das Verhalten Ihrer Mitarbeiter, um es gegebenenfalls korrigieren zu können, messen sie es an den Dimensionen Wissen, Wollen und Können?

Wissen: Gibt es eine klare Strategie, und wieweit ist sie verstanden? Was weiß man über die Marktentwicklung, über die eigenen Ressourcen, von Kunden und Lieferanten?

Wollen: Spüren die Mitarbeiter Handlungsdruck, gibt es geeignete Meßgrößen und Incentives, oder tendieren Ihre Beurteilungs- und Belohnungssysteme eher dazu, jede Veränderung zu verhindern? Lebt die Führung die Veränderung vor? Gibt es Ermutigendes, Ermunterndes in der Unternehmensgeschichte?

Können: Wie hoch ist die Mitarbeiterqualität? Existiert eine strategische Personalarbeit? Kommunizieren wir unsere Ziele? Haben unsere Mitarbeiter die beste technische Ausrüstung? (Abb. 53)

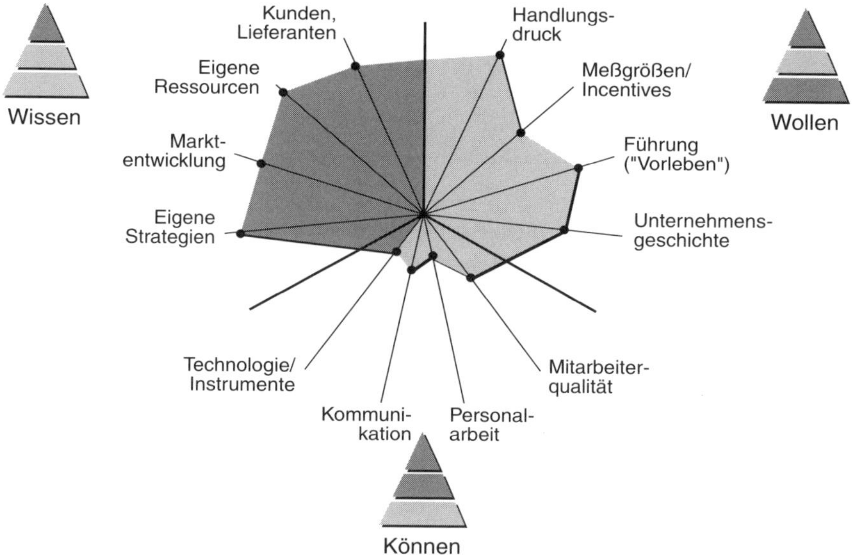

Abbildung 53: Wissen, Wollen, Können der Organisation ist meßbar

Lernen & Personalarbeit: Begreifen Sie die Belegschaftsentwicklung strategisch. Verschaffen Sie sich Klarheit darüber, wie viele Leute mit welchen Qualifikationen Sie in den nächsten Jahren brauchen, und orientieren Sie Ihre Einstellungspolitik an dieser Planung. Richten Sie eine Weiterbildung nach Maß ein, das heißt, individualisieren Sie die Ausbildung. Schaffen Sie die „lernende" Organisation, die fähig und bereit ist von Kunden, Wettbewerben, Lieferanten zu lernen. Systematisieren Sie die Wissensermittlung („Centers of Competence") und die Wissensvermittlung („Firmenuniversität"). Setzten sie auf „Learning by doing" in konkreten Projekten und Experimenten. Zur „Lernenden Organisation" – deren Konzept im Grunde auf der simplen Erkenntnis basiert, daß Menschen lieber und leichter von Kollegen als von Fremden lernen – gehört die passende Organisationsform.

Persönlichkeit & Führung: Erneuerung kann ohne Führung nicht gelingen. Je einschneidender die anstehenden Veränderungen sind, desto entschlossener muß die Führung sein. Sie hat Orientierung zu geben, interne Reibungen zu minimieren, die Fähigkeiten der Mitarbeiter voranzutreiben und schließlich die Veränderungen vorzuleben. Das wichtigste Merkmal einer guten Führung ist vielleicht, den Mitarbeitern Vertrauen einzuflößen und es ihnen zugleich entgegenzubringen. Im Kern besteht die Aufgabe des Vorstands darin, die Menschen durch Vorleben und Kommunizieren dazu zu bewegen, sich selbst ändern zu wollen. Menschen ändern sich ständig. Trotzdem gibt es in Unternehmen viele Änderungswiderstände, da Menschen nicht geändert werden wollen.

Das „***Baselining***" ist ein Weg, die Organisation zu mehr unternehmerischen Handeln zu führen und die Risikobereitschaft zu erhöhen.
Die Grundidee des Baselining ist, Unternehmensbereiche weitgehend unabhängig zu machen, sie wie selbständige Firmen zu führen und ihnen die Möglichkeiten zu nehmen, sich in der Gruppe zu verstecken. Mitarbeiter werden auf diese Weise zu Unternehmern, die – innerhalb eines weitgesteckten Rahmens – selbstverantwortlich handeln. Baselining hilft, Intrapreneurship zu initiieren und zu steuern.
Es beginnt mit einer „Strategieentwicklung", von deren Richtigkeit der planende Unternehmer überzeugt sein muß. Dann wählt er die nötigen Ressourcen und legt den Zeitraum fest, in dem das Projekt zum Erfolg geführt werden muß. Bekommt der „Intrapreneur" grünes Licht, so ist er fortan von sonstigen Verpflichtungen gegen den Konzern frei. Er braucht sich nur auf sein Geschäft zu konzentrieren. Der Vorstand ist de facto aktiver Aufsichtsrat. Als Entscheidungsinstanz schaltet er sich nur ein, wenn es unumgänglich ist.
Siemens Nixdorf (SNI), ein deutsches Großunternehmen in härtestem internationalen Wettbewerb, hat sich des Baselinings bedient. Nach Jahren schrumpfenden Umsatzes wächst das Unternehmen heute wieder, und hat die Nullinie erfolgreich durchbrochen.
Als der Erneuerungsprozeß im Unternehmen begann, lag vieles im argen. Der Kern der Misere bestand darin, daß SNI hervorragende, kenntnisreiche Mitarbeiter hatte, aber unterentwickelte Fähigkeiten einen Mehrwert zu schaffen, für den der Kunde auch bereit war zu zahlen. Und exakt darauf zielt der eingeleitete Erneuerungsprozeß: die Lücke zwischen dem exzellenten Wissen und der Fähigkeit, dieses in Kundenwert umzusetzen zu schließen.
Die Erneuerungsbemühungen bei SNI richteten sich auf das Verhalten der Mitarbeiter und die Organisationsstruktur. Beide Komplexe sind in höchstem Maße interdependent. Der eine kann erfolgreich nicht ohne den anderen geändert werden.

Das Hauptbestreben bei der Änderung des Mitarbeiterverhaltens galt der Wiederherstellung der Kommunikation auf und zwischen allen Ebenen des Unternehmens sowie mit Außenstehenden, den Lieferanten und Kunden. In einer Reihe von Großveranstaltungen wurden Mitarbeiter aller Ebenen und Externe zu allen relevanten Problemen befragt, zu Diskussionen angeregt und um Lösungsvorschläge gebeten. „Town Meetings" ermöglichen den Mitarbeitern, sich in Frage und Antwort mit den Problemen ihres Bereichs auseinanderzusetzen und zu identifizieren. Gezieltes Mitarbeitertraining durch Berater oder renommierte Universitätsprofessoren half, solche verhaltensbasierten Fähigkeiten zu entwickeln, die für den Fortbestand des Unternehmens von existentieller Bedeutung sind. Andere Veranstaltungen – „Friday Forum" – dienten zur Vorstellung von Zwischenergebnissen und zum Ideenaustausch innerhalb eines Bereichs. In den „Monday Clubs" wurden den Mitarbeitern durch Vorträge von und Diskussionen mit externen Experten State-of-the-Art Gedanken nahegebracht. Ein radikaler Kulturwandel setzte ein, der, wenn er sich verstetigt, aus SNI ein neues Unternehmen machen wird.
Um die Kundenanbindung in den Mittelpunkt zu stellen, war auch eine organisatorische Neuausrichtung notwendig. Nach einer eingehenden Kundenbefragung wurden sechs organisatorische Grundsätze entwickelt: ein Ansprechpartner für den Kunden, durchgängige Prozesse, unterschiedliche Strukturen für Kernkompetenzen, unterschiedliche Geschäfte, die sich verteidigen lassen, alle Kunden haben gleichermaßen Zugriff auf die Ressourcen, Geschäftsverantwortung auf möglichst niedriger Ebene.
Diese Grundsätze schlagen sich in einer Matrixorganisation aus Regionen und zehn Geschäftsgebieten, differenziert nach Produkt-, Lösungs- und

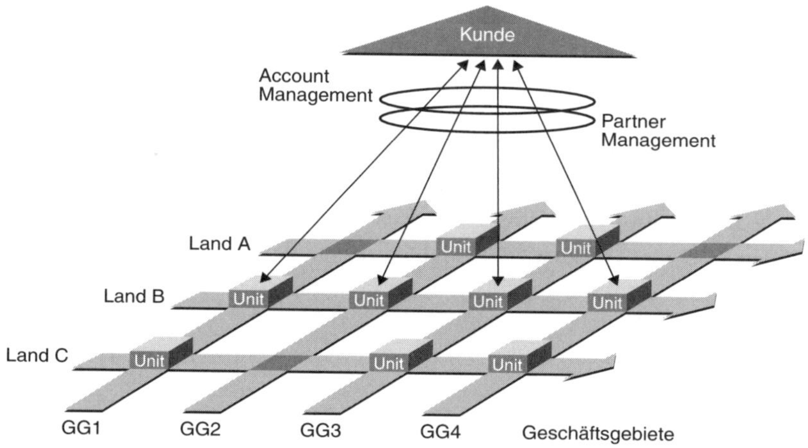

Abbildung 54: Unternehmer im Unternehmen

Service-Geschäften nieder (Abbildung 54). Jedes Geschäftsgebiet muß sich selbständig im internationalen Wettbewerb behaupten.
An der Schnittstelle von Region und Geschäftsgebiet entstehen Geschäftseinheiten, die mittelständischen Charakter haben. Diese „Units" werden – und hierin liegt das wirklich Neue – von Intrapreneuren geführt, die im Rahmen bestimmter „Agreements" mit dem höheren Management autonom sind, das heißt, allein dem unternehmerischen Ziel verpflichtet, Wert zu schaffen.
All diese Aktivitäten finden unter einer Vision statt, die keine großangelegte Corporate Strategy sein will, sondern ein Spielfeld, das dem Kunden durch Beschreibung von Leistungsangebot, Marktpräsenzzielen und Fähigkeiten ein klares Bild des Unternehmens SNI vermitteln soll.

Eine Vision erarbeiten

Das Zusammenspiel aller Kräfte, die zum innovativen Wachstum führen, wird durch die Vision geleitet.
Eine Vision wird immer dann gebraucht, wenn innerhalb der bestehenden Geschäftsgrenzen keine lohnenden Optionen mehr liegen oder wenn man spürt, daß die Richtung grundsätzlich überdacht werden muß. Das steht in der Regel dann an, wenn Unternehmen an „Erosion" leiden: Ein einzelner gravierender Fehler ist niemandem nachzuweisen, und dennoch verblassen diese Firmen, wenn sie die Erneuerung versäumt haben. Erst erodieren die Kosten- oder Leistungsvorteile, dann der Marktanteil und schließlich die Gewinne. Dann ist der Tag nicht mehr weit, an dem sie aus der Liste der Top 100 ausscheiden. In dieser Phase lähmt ein Gefühl der Aussichtslosigkeit das Management. Man gibt alles, aber alles ist nicht mehr genug.
Zur Vision gelangt man durch eine ganzheitliche Sicht und nichtlineares Denken. Drei Methoden sind hilfreich: Retropolieren, Aufgreifen existentieller Themen und Provozieren (Abb. 55). Bei allen drei Denktechniken muß man sich vom bestehenden Geschäft und seinen Zwängen lösen.
Zwischen der Extrapolation der heutigen Situation zehn Jahre nach vorn und dem Ausmalen einer wünschenswerten Zukunft und ihrer ***Retropolation*** zurück in die Gegenwart besteht ein großer Unterschied. Es lassen sich gewaltige Veränderungslücken entdecken, die identisch mit dem Erneuerungsbedarf eines Unternehmens sind! Nur das Retropolieren zeigt auf, wohin man steuern muß, um die Wunschzukunft morgen zu erreichen, und was dafür erforderlich ist. Die Vision erweist sich damit als Quelle und Leitplanke der Innovationen.
Es gibt eine einfache, aber nicht leichte Methode des Retropolierens: Man schreibt sich selbst den Artikel, den man in zehn Jahren über sein Geschäft

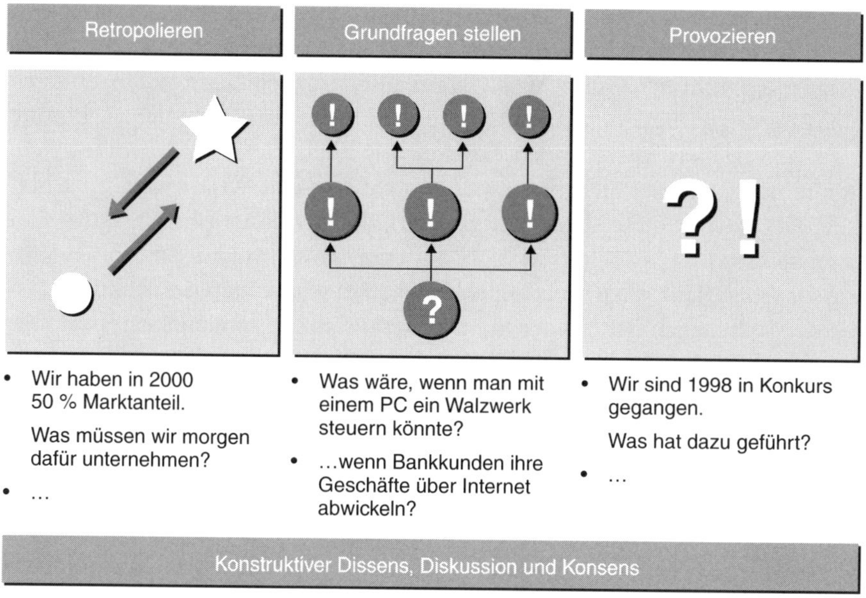

Abbildung 55: Vision: Die Kraft der Idee

bzw. sein Unternehmen im manager magazin, in der Wirtschaftswoche oder im Capital lesen möchte.

Eine zweite Methode, die Zukunft des eigenen Unternehmens selbst zu erfinden, besteht im Aufgreifen von ***existentiellen Themen***. Man zerlegt das Gesamtspektrum der möglichen Diskussionsgegenstände in drei überschaubare Bereiche: die Geschäfte, das Unternehmen und die Energie, die ihm zufließt.

Bei der Einzelbetrachtung der Geschäfte werden Fragen relevant wie: Wohin entwickelt sich die Branche? Wie gesund ist unser Portfolio? Welchen Kundennutzen bieten wir in zehn Jahren? Wie können wir Kosten-/Preis-/Marktführer werden?

Bei der Betrachtung des Unternehmens aus einer ganzheitlichen Perspektive sind unter anderem folgende Fragen zu beantworten: Was treibt die Technologie? Besitzen wir die Treiber? Welche großen Trends werden uns treffen?

Die Energie, die dem Unternehmen zugeführt wird, ist der Ursprung der Vitalität. Relevante Fragestellungen sind: Was ist ein gutes Unternehmen? Haben wir ein großes Ziel? Wie gut sind unsere Mitarbeiter? Wovor haben wir Angst? Ist gut wirklich gut genug?

Die dritte Methode, um sich von überkommenen Glaubenssätzen und Paradigmen zu lösen – von Edward de Bono vorgeschlagen – besteht darin, sich selbst, spielerisch gewissermaßen, zu ***provozieren***.

Beispielsweise könnte man annehmen, Technologie spiele keine Rolle mehr, wenn man ein technologiebasiertes Geschäft betreibt. Wohin würde dieser Tatbestand führen? Oder: Wenn heute für Anlagenbauer mitangebotene Finanzierungspakete den Ausschlag für den Geschäftserfolg geben, könnte man unterstellen, die Kunden besäßen plötzlich Geld im Überfluß. Was müßte man in dieser Situation unternehmen, um den Wettbewerb zu schlagen? Der Zweck dieser Übung liegt darin, die gewohnten Erfolgsmuster zu verlassen und das Geschäft in ganz anderen, unvertrauten Zusammenhängen zu sehen. Das schärft den Blick für die Möglichkeiten der Zukunft.

Bei der Suche nach der Vision und den daraus abzuleitenden Strategien sollte man eines stets bedenken: Für den Geschäftserfolg sind die Anschauungen und Glaubenssätze des Managements weitaus bedeutsamer als objektive wirtschaftliche Tatbestände. Der Krieg wird im Kopf gewonnen! Und dieser Kopf sollte sich durch die drei Qualitäten des wahren Unternehmertums auszeichnen: Der wahre Unternehmer ist zuallererst ein Störenfried im Markt, der das Gleichgewicht des Wettbewerbs zu seinen Gunsten zu verschieben sucht. Er muß ein Künstler sein, also jemand, der fähig ist, anders hinzuschauen als andere, mit feinem Gespür die Lage zu sondieren und – vor anderen – neue Möglichkeiten zu erkennen. Und schließlich hat er die Rolle des Mannschaftskapitäns zu spielen, der die Truppe seiner Mitarbeiter entschlossen durch alle Herausforderungen führt.

Wenngleich die Vision nicht die singuläre, unwiederholbare geniale Idee verlangt, sondern von einem Vorstand erarbeitet werden kann, so gilt doch auch, daß die Analyse zur Erlangung einer Vision nur beschränkt taugt. Die Visionsentwicklung ist ein kreativer Akt oder besser Prozeß, der sich unter fortgesetzten Diskussionen im Vorstand, den konstruktiven Dissens zu provozieren entschlossen hat, gesteuert vom Vorstandsvorsitzenden, zu einer phantastischen Entdeckungsreise in die Zukunft des Unternehmens werden kann.

„Every morning in Africa a gazelle wakes up. It knows it must run faster than the fastest lion or it will be killed. Every morning a lion wakes up. It knows it must outrun the slowest gazelle or it will starve to death. It doesn't matter whether you are a lion or a gazelle: When the sun comes up, you'd better be running."

Arthur Blank
President & COO, Home Depot

VI.

Es ist möglich – erfolgreiche Firmen als Lehrstück

Es ist möglich – erfolgreiche Firmen als Lehrstück

Wir haben den Feind gesucht,
wir haben ihn gefunden:
wir sind es selbst.

George Bernhard Shaw

In den vergangenen Kapiteln haben wir uns im Kern mit der Frage befaßt: Wie erreicht ein Unternehmen innovatives Wachstum und damit steigende Beschäftigtenzahlen? Die Antwort lautete: Mitarbeiterfokus und Intrapreneurship sorgen für bestqualifizierte und hochmotivierte Mitarbeiter. Intelligente, wertorientierte Steuerung lenkt deren Tatdrang in Geschäfte, die marktfähige Produkte und Dienstleistungen schaffen.

In diesem Kapitel nun wollen wir zeigen, daß all dies keine bloße Theorie ist, sondern daß es Unternehmen gibt, die Mitarbeiterfokus und Intrapreneurship praktizieren und damit außergewöhnlich erfolgreich sind. Dafür kann die Legende Hewlett-Packard (Kapitel IV) sicherlich als Beweis stehen. Aber sie sind nicht die einzigen. Wir möchten eine Reihe weiterer Fälle vorstellen und damit deutlich machen, daß der Erfolg unserer Philosophie nicht von der Branche abhängt, in der ein Unternehmen tätig ist, oder von seiner Organisationsform oder davon, an welchem Ende der Wertschöpfungskette es seine Stärken hat.

Wir sind uns im klaren darüber, daß unsere Auswahl willkürlich ist. Sie wurde durch das besonders Instruktive der einzelnen Lehrstücke bestimmt. Zahllose andere erfolgreiche Firmen könnten hier ebenso gut angeführt werden, denn viele Unternehmen, die in den letzten Jahren gewachsen sind, haben vieles richtig gemacht.

Die folgenden fünf Unternehmen haben uns Einblick in ihren Erfolg gewährt:

- SAP: Die ultimative Freiheit
- Solectron: Der Produktionsbetrieb als Dienstleister
- Chiron: Das Innovationsnetzwerk
- Würth: Human Resource Focus als Wachstumsmotor
- Ericsson: Der skandinavische Human Touch – auch die Großen können es.

1. SAP: Die ultimative Freiheit

SAP ist in der deutschen Wirtschaftsgeschichte ein wohl einmaliger Fall. Allein in den vergangenen fünf Jahren hat das Unternehmen seinen Umsatz versiebenfacht und die Belegschaft vervierfacht (Abb. 56)[1].

	1988	1992	1997	CAGR 1988-1997 9 Jahre	CAGR 1992-1997 5 Jahre
Umsatz (Mio. DM)	244,8	831	6.018	42,7 %	48,6 %
Beschäftigung	940	3.157	12.856	33,7 %	32,4 %
Gewinn (Mio. DM)	44,5	127	925	40,1 %	48,7 %
Marktwert (Mrd. DM)	0,9	3,2	59,4	59,3 %	79,2 %
Relative(1) Aktienrendite				36,3 %	43,9 %

(1) Basis 1989

Abbildung 56: Unternehmensdaten SAP [Quelle: Geschäftsberichte; BCG-Analyse]

Seine Börsenkapitalisierung wird in Deutschland nur noch von Unternehmen übertroffen, die um ein Vielfaches größer sind (Allianz, Telekom, Deutsche Bank, Daimler Benz, VEBA und Siemens).[2] Was Microsoft bei den PC-Betriebssystemen ist SAP bei der Unternehmenssoftware. Mit seinem Produkt R/3 hat SAP in der High-Tech-Branche exorbitanten Markterfolg. Das Fundament des Erfolgs ist die konsequente Mitarbeiterorientierung. Bei SAP steht der Mensch im Mittelpunkt. „Menschen brauchen Freiheiten, um ihr Bestes zu geben" sagt Helmut Gilbert, Direktor für Human Resources. „Wir kontrollieren niemanden, die Mitarbeiter setzen ihre Ziele selbst und wir geben ihnen Hilfestellung, wenn sie darum bitten. Es wäre zuwenig zu sagen, daß die Mitarbeiter bei SAP eine große Rolle spielen, denn die Mitarbeiter sind SAP. Alles, was wir verkaufen, entspringt

[1] Die interviewten Unternehmen wurden hinsichtlich ihrer Wertentwicklung analysiert. Wir haben den jeweiligen Marktindex des internationalen Datenanbieters Datastream desjenigen Landes verwendet, in dem das interviewte Unternehmen seinen Sitz hat. Datastream, ein Tochterunternehmen der Primark Global Information Services, berechnet für jedes dieser Länder einen Index, der jeweils ca. 85 Prozent der Marktkapitalisierung im nationalen Markt repräsentiert.

[2] Angaben für Ende 1997: SAP hatte eine Börsenkapitalisierung von 59,4 Mrd. DM. Der Weg dürfte 1998 noch weiter nach oben gehen. Der Wert lag Ende Februar 1998 bereits bei 70 Mrd. DM.

den Köpfen unserer Mitarbeiter." Prägnanter kann man die Firmenphilosophie nicht zusammenfassen. Rekrutierung, Training und Weiterbildung der Mitarbeiter haben einen denkbar hohen Stellenwert.

Der typische SAP-Mitarbeiter ist jung, hoch motiviert, kann einen Universitätsabschluß vorweisen und hat ein strenges Auswahlverfahren erfolgreich durchlaufen. 1996 erhielt SAP Deutschland 20.000 Bewerbungen, davon wurden 2.000 Bewerber zu einem Gespräch eingeladen und 400 eingestellt. 1998 muß SAP bereits 2.000 Mitarbeiter in Deutschland und 5.000 weltweit einstellen, um personalmäßig mit dem vom Markt geforderten Wachstum Schritt halten zu können.

Mitarbeiter fachlich zu schulen und sie mit der SAP-Kultur vertraut zu machen, zählt für das Unternehmen zu den allerwichtigsten Belangen. Die Neuen erhalten ein dreimonatiges Einführungstraining, bei dem sie die SAP-Produkte kennenlernen. Dazu stehen bestens ausgestattete Schulungsräume sowie ein Multimedia-Schulungszentrum und CD-basierte Schulungsunterlagen zur Verfügung. Es werden Kulturtrainingskurse und Sponsorenprogramme veranstaltet. Noch heute kommen Mitarbeiter aus aller Welt nach Waldorf. In den USA und in Asien ist jedoch der Aufbau kompletter Trainingszentren geplant.

Jeder neue Mitarbeiter wird von einem „Entwicklungsbereich" eingestellt und arbeitet dort mindestens zwei Jahre lang: die Investition in die Ausbildung soll sich für den Bereich auch lohnen. Die neuen Mitarbeiter können soviel an zusätzlichem Training bekommen, wie sie wollen. Sie müssen jedoch selbst danach fragen. Dies gilt für die gesamte Belegschaft. Zwei Jahre nach der Einstellung wird eine „Make-or-break"-Bewertung erstellt. Dabei kommt es nicht auf objektive Merkmale des Aspiranten an, sondern es zählt allein die subjektive Einschätzung des zuständigen Managers. Wer als „gut" eingestuft wird, kann bleiben. Er bezieht fortan ein entsprechend gutes Gehalt. Wenn alle gut sind, können alle bleiben: Planstellen gibt es nicht.

Mitarbeiter, die nicht zur Kultur von SAP passen, werden nicht entlassen, sondern nach zwei Jahren aufgefordert, sich anderweitig umzusehen. SAP hat „ganz selten, vielleicht noch nie" einen Mitarbeiter wegen fachlicher Unfähigkeit entlassen. Grund für die Kündigung ist durchwegs der Mangel an sozialer Kompetenz. Auf diese Eigenschaft wird aus einem einleuchtenden Grund hoher Wert gelegt: etwa ein Drittel der SAP-Mitarbeiter steht im täglichen Kontakt zu Kunden oder Partnerfirmen. Wer da mit Menschen nicht umgehen kann, stellt für das Unternehmen ein ernsthaftes Problem dar.

Die meisten Mitarbeiter, die SAP freiwillig verlassen, gehen zu SAP-verwandten Firmen wie zum Beispiel Partnerunternehmen oder Beratungsfirmen, die SAP-Software implementieren. Das Unternehmen fördert

Arbeitsplatzwechsel dieser Art bei Mitarbeitern, die sich selbständig machen wollen, mit Startkapital. Hierzu wurde erst kürzlich vom Vorstand ein Programm nach Art von Hewlett-Packard ins Leben gerufen, das, so hofft man, ähnlich erfolgreich sein wird wie beim großen Vorbild. Das Durchschnittsalter unter den Mitarbeitern liegt in Deutschland bei 34, weltweit bei 36 Jahren. Zwei Drittel der Belegschaft besitzen ein Universitätsdiplom, manche Mitarbeiter sogar zwei. Sie sind allesamt hervorragend ausgebildet und werden stetig fortgebildet. SAP gibt ihnen nahezu unbegrenzte Freiheit zur Gestaltung ihrer Arbeit. Organisiert ist dieser Freiraum – man möchte sagen – „so gut wie gar nicht".
Die SAP-Organisation ist flach. Sie besteht aus nur drei Ebenen: in Deutschland gibt es neben den acht Geschäftsführungsmitgliedern ca. 200 Führungskräfte sowie gut 5.000 Mitarbeiter. Diese 5.000 Angestellten befinden sich alle auf der gleichen Hierarchieebene, auch wenn sie unterschiedliche Tätigkeiten ausüben. Das Unternehmen beschreibt sich selbst als Universität mit 5.000 Studenten. Die Mitarbeiter, mit denen wir gesprochen haben, zeigen sich angetan von dieser einzigartigen Struktur. Sie halten sie für einen der Haupterfolgsfaktoren des Unternehmens, auch wenn „... in Deutschland keiner verstehen kann, wieso wir keine offiziellen Titel haben."
Die zentralen Manager haben keine direkte Weisungsbefugnis gegenüber den Mitarbeitern. Ihre Aufgabe ist es, die Marschrichtung des Unternehmens zu bestimmen, jedoch nicht, Details zu überwachen. Manager bei SAP zu sein, ist kein einfaches Los. „Wir betrachten sie als Teil der Infrastruktur zur Erreichung unserer Ziele", erklärt H. Gilbert. Die Führungskräfte stehen nicht wirklich über den anderen Mitarbeitern. Höheres Ansehen als die Manager genießen allemal die Computergurus bei SAP. Sie beziehen auch ein besseres Gehalt. Projekte werden von zirka 200 Projektleitern mit Erfahrungen auf jeweils spezifischen Fachgebieten geleitet. Es ist gang und gäbe, daß der Leiter des Projekts A bei den Projekten B und C nur „einfacher" Mitarbeiter ist.
Die Mitarbeiter können nach zwei Jahren Firmenzugehörigkeit frei wählen, an welchen Aufgaben sie arbeiten wollen. Eingestellt werden sie in einem der vier Bereiche: „Softwareentwicklung" (22 Prozent), Service und Support (51 Prozent), Vertrieb und Marketing (19 Prozent) sowie Administration und Internal Service (7,5 Prozent)[3]. Hinzu kommen lediglich 34 Managementpositionen. Das Unternehmen ermutigt die Mitarbeiter, in verschiedenen Bereichen zu arbeiten. Es wird jedoch kein Druck ausgeübt. Die Entscheidung zum Wechsel von einer Tätigkeit zur anderen liegt beim Einzelnen selbst.

3 Die Gesamtbelegschaft belief sich Ende 1997 auf 12.856.

Management und Geschäftsführung rekrutieren sich aus der SAP-Belegschaft. Das ist explizite Firmenpolitik. Die spezifische Unternehmenskultur macht einem Externen das Quereinsteigen auf Managementebene fast unmöglich. Erstaunlicherweise jedoch sind viele Mitarbeiter an einer Beförderung gar nicht interessiert.

Alle Vorstandsmitglieder müssen mit den Produkten des Unternehmens bestens vertraut sein. Jeder der 5.000 Mitarbeiter in Deutschland hat direkten Zugang zum Vorstand, sei es in Persona oder via E-Mail. Alle Vorstandsmitglieder nehmen aktiv an laufenden Projekten teil.

Bei SAP existiert kein Organigramm. Das ist für ein Unternehmen von dieser Größenordnung ausgesprochen ungewöhnlich. Daher kommt es vor, daß die Mitarbeiter schon mal klagen, es sei „unmöglich" herauszubekommen, wer für ein bestimmtes Projekt verantwortlich sei. „Das kann bis zu einer Woche dauern", so einer der Befragten.

SAP kennt weder Gewerkschaft noch Betriebsrat noch irgendeine andere Form der Mitarbeiterorganisation. Beschwerden werden per E-Mail bekanntgemacht und dann von rund 40 Prozent der Mitarbeiter gelesen. Die größten Proteste der vergangenen Jahre gab es, als die Anzahl der warmen Gerichte in der Kantine von drei auf zwei reduziert werden sollte. Das wurde von der Mehrheit der Mitarbeiter entschieden abgelehnt.

Die US-Tochter von SAP hat eine sehr viel traditionellere Hierarchie mit einem CEO, COO, President, Executive VPs, Senior VPs, Directors, VPs etc. Jenseits des Großen Teiches gibt es daher auch externe Quereinsteiger, was immer wieder zu Spannungen und Kontroversen zwischen SAP Deutschland und SAP USA führt. Der wesentliche Unterschied zwischen beiden liegt natürlich darin, daß SAP in den USA nicht die Ausnahmesituation genießt wie in Deutschland. SAP ist erst seit sechs Jahren in den USA, hat allerdings trotzdem schon über 3.000 Mitarbeiter. Aufgrund des außerordentlich intensiven Wettbewerbs für gute Softwarespezialisten ist es in den USA noch viel schwerer, dem möglichen Wachstum personalmäßig genüge zu tun. Neben der SAP-typischen Kultur der unternehmerischen Freiheit müssen vor allem schnelle Aufstiegsmöglichkeiten und „top dollars" angeboten werden. Hier hat es SAP Deutschland sicherlich einfacher.

Es überrascht nicht, daß SAP keine zentrale Planungsabteilung besitzt. Entscheidungen, auch weittragende, werden dezentral auf allen Ebenen des Unternehmens getroffen. Aufgrund dieser hohen Flexibilität in Verbindung mit dem rasanten Wachstum der Firma kann es vorkommen, daß sich der Vorstand noch mit der Beschlußfassung zum Speiseplan beschäftigt, während verschiedene Ad-hoc-Arbeitsteams und Techniker darüber befinden, auf welche Forschungsbereiche man sich in den nächsten Jahren konzentrieren soll.

SAP ist eine Organisation, die „von der Leine gelassen" wurde. Ergebnis: eine kaum zu überbietende Freiheit. Organisatorische Fesseln sind so gut wie nicht vorhanden. Daß eine solche Organisation nicht nur positiv erlebt wird, sondern durchaus auch Irritationen auslösen kann, belegen einige Mitarbeiterstimmen:

„Es ist unmöglich herauszubekommen, wer für was zuständig ist."

„Es ist ganz schön hart. Was man gestern wußte, ist heute nicht mehr genug. Der zuletzt eingestellte Mitarbeiter weiß immer das meiste."

„Wie soll ich das, was für mich wichtig ist, heute und morgen organisieren? Es ist chaotisch. Bei uns laufen so viele Projekte parallel, offizielle und inoffizielle, und niemand sagt, was die höchste Priorität hat."

„Die Entscheidungsfindung ist unberechenbar. Manchmal wird innerhalb von zehn Minuten eine riesige Entscheidung getroffen. Das ist toll. Aber eine winzige Entscheidung kann manchmal auch mehrere Monate dauern und geht erst bis zum Vorstand. Das ist verrückt."

„Unser Motto ist hier ‚suffer and pray'."

Die Freiheit bei SAP motiviert stark, auch wenn sie zuweilen als Chaos erlebt wird. Aber wie steht es mit der anderen Quelle der Motivation, der Vergütung? Sie entspricht bei SAP durchaus der Norm. Über 50 Prozent der Arbeitnehmer empfängt ein Gehalt, das zu 80 Prozent fix ist. Ein Fünftel der Mitarbeiter erhält eine „Erfolgsbeteiligung" auf Basis des weltweiten Firmenergebnisses und weitere fünf bis fünfzehn Prozent kommen in den Genuß von Boni für besondere Leistungen. Insgesamt gesehen ist der variable Teil der Vergütung eher moderat – ein Umstand, der vermuten läßt, daß die Belegschaft ihre Motivation nicht primär aus dem Gehalt bezieht. Ziel ist es, in dieses Entlohnungssystem alle Mitarbeiter, auch die Support Staffs, einzubeziehen.

Aktienoptionen sind in Deutschland als Gehaltsbestandteil rechtlich nicht zulässig. In Amerika hingegen ist diese Vergütungsform weit verbreitet und könnte sofort eingeführt werden, sobald SAP dort an die Börse geht – ein brisanter Konfliktstoff zwischen Tochterunternehmen und Muttergesellschaft.

Um dieses Problem zu lösen, hat SAP vor zwei Jahren Wandelanleihen herausgegeben, die man als aktienähnlichen Bonus an langjährige Mitarbeiter vergibt. Im Augenblick trägt dieses Programm nur provisorischen Charakter, da die offizielle behördliche Genehmigung noch aussteht. Sollte die Ausgabe von Aktienoptionen weiterhin verboten bleiben, könnte sich das zum Nachteil des Unternehmens auswirken, denn erstklassige Manager werden ohne Optionen kaum an SAP zu binden sein. Die einzige bisher mögliche „Aktienoption" sind Mitarbeiteraktien. Die Beschäftigten können bis zu zehn Prozent ihres Gehalts in Aktien anlegen. Deren Ausgabepreis liegt 15 Prozent unter dem jeweiligen Tageskurs. Gut 50 Prozent der Mitarbeiter nutzen dieses Angebot.

Enorm bedeutsam für die Motivation sind die großzügigen Sozialleistungen. SAP bietet seinen Mitarbeitern Versicherungen verschiedener Art, Hilfe bei der Eigenheimfinanzierung, günstige Kredite und sehr großzügige Spesensätze. Vor allen Dingen die neuen Mitarbeiter, die frisch von der Universität kommen, können auf praktische Hilfe in vielen Lebenslagen zählen: beim Kauf oder der Anmietung einer Wohnung (kostenlose Anwälte, Notare etc.), bei der Einrichtung von Bankkonten, der Beantragung von Kreditkarten und anderem mehr.

Gehalts- und Zusatzleistungen bewegen sich am oberen Ende dessen, was in Deutschland üblich ist – allerdings auch nicht weit darüber.

Die Aussicht, befördert zu werden, motiviert in der Regel recht stark. Doch wie kann ein Unternehmen mit Beförderung motivieren, das keine Titel vergibt und aus nur drei Hierarchieebenen besteht? Hier hat man sich intelligenten Ersatz einfallen lassen. Beförderung bedeutet Anerkennung. Und Anerkennung wird den SAP-Mitarbeitern auf dreierlei Weise zuteil. Erstens durch finanzielle Zuwendung. Sie schlägt sich zumeist in Gehaltserhöhungen nieder oder in Geschenken – ein Wochenende in Paris beispielsweise ist eine beliebte Belohnung für gute Arbeit.

Die zweite Form der Anerkennung besteht in der betriebsweiten Bekanntmachung einer ausgezeichneten Leistung: dies kann per E-Mail geschehen oder aber – großer Bahnhof! – durch Einberufung einer Betriebsversammlung, auf welcher der Erfolg des betreffenden Mitarbeiters oder Teams feierlich bekanntgegeben wird.

Drittens gibt es „Beförderungen ohne Titel". SAP will so zum Beispiel die Leistungen technischer Genies honorieren, die als Projektleiter oder Manager häufig ungeeignet sind. Sie erhalten informelle „Titel des Respekts" und Auszeichnungen, die man mit einem Universitätsabschluß „summa cum laude" vergleichen kann.

Der Mangel an Aufstiegsmöglichkeiten scheint allerdings kein größeres Problem darzustellen. „Keiner in meiner Familie versteht, was ich hier eigentlich mache, denn ich habe keinen Titel. Ich bin jetzt zehn Jahre hier und mein Titel ist immer noch „Angestellter", aber gerade deshalb ist es bei SAP so toll zu arbeiten", bekennt ein begeisterter Mitarbeiter. Die sehr geringe Personalfluktuation gibt ihm recht. Sie liegt in Deutschland unter zwei, in den USA unter fünf Prozent, verglichen mit einem dortigen Branchendurchschnitt von sieben Prozent. Die Unternehmensleitung beobachtet diese Quote sehr sorgfältig und sieht in ihrem Ansteigen ein Warnsignal, das sie zu sofortigem Gegensteuern veranlaßt.

Es ist jedoch nicht nur die ungewöhnliche formale Struktur des Unternehmens, die den Mitarbeiter gefällt. Den eigentlichen Charme von SAP – das Wesen seiner Unternehmenskultur – macht das Informelle aus, das Atmosphärische, kaum Faßbare des alltäglichen Geschäftsbetriebs.

Für die meisten Beschäftigten ist SAP die erste Anstellung. Das Unternehmen rekrutiert seine Mitarbeiter an den führenden deutschen Universitäten: Chemiker, Physiker, Betriebswirte, Informatiker, Ingenieure und Architekten – keine Sozialwissenschaftler. Zirka 20 Prozent der neuen Mitarbeiter sind Frauen. Alle bringen eine positive Grundeinstellung mit und sind sehr anpassungsfähig. Man kleidet sich leger: Shorts, Sandalen, T-Shirts und Jeans. Der Betrachter fühlt sich auf einen Universitätscampus versetzt.

Es gibt keine festen Arbeitszeiten. Die Mitarbeiter kommen und gehen, wann sie wollen. Es herrscht die „absolute Freiheit" der Zeiteinteilung. Manche Grübler und Tüftler arbeiten ausschließlich nachts. Niemand hat etwas dagegen. Einzig größere Trainingsveranstaltungen sollten in der Zeit von 9 bis 17 Uhr stattfinden, insbesondere wenn Kunden teilnehmen – es sei denn man hätte sich auf einen anderen Termin geeinigt.

Die Büros sind übervoll, da bei SAP akuter Platzmangel herrscht. Man arbeitet an HP-Computern. Die meisten Mitarbeiter hocken auf großen „Sitzbällen" statt auf Stühlen. Die Büros der Geschäftsführung sehen ähnlich aus, jedoch sieht man dort die Sitzbälle seltener. Auf dem SAP-Gelände finden sich Tennisplätze, Spazierwege, Terrassen, Parkplätze und sonstige Sportanlagen.

Im Hauptgebäude gibt es „in jeder Ecke" ein Café, das rund um die Uhr geöffnet ist. Dort werden kostenlos Kaffee, Tee, Erfrischungsgetränke, Sandwiches, Snacks serviert. Diese kleinen Lokale sind beliebte Orte für informelle Gespräche über die Arbeit, mit der man beschäftigt ist. Und genau dafür sind sie gedacht.

In zwei großen Kantinen kann man – ebenfalls kostenlos – frühstücken und zu Mittag essen. Die Qualität der Menüs ist hervorragend. Im Hauptspeisesaal wurde eine „Make-your-Own"-Pizza-Ecke eingerichtet, die das Standardprogramm warmer und kalter Gerichte ergänzt. Ein etwas formellerer Speiseraum ist für Mitarbeiter gedacht, die gerade Kunden oder Partner im Hause haben. Da Kunden sich oft eine oder mehrere Wochen für Schulungen bei SAP aufhalten, steht ihnen aus Gründen der Vertraulichkeit eine separate Kantine zur Verfügung.

Die SAP-Mitarbeiter auf der ganzen Welt müssen Englisch sprechen. Das gilt auch für Fahrer und den Support Staff. Die Atmosphäre in Walldorf ist international. Auf dem Flur kann man eine Vielzahl verschiedener Akzente vernehmen. SAP – ein globales Dorf.

Kritik gibt es natürlich auch, vor allem an den zuweilen als chaotisch empfundenen organisatorischen Verhältnissen. Doch, so ein Mitarbeiter: „Der Erfolg des Unternehmens insgesamt läßt den täglichen Frust vergessen." Und deshalb überwiegt bei weitem der Enthusiasmus. Mal bezieht er sich auf eher oberflächliche Dinge, mal trifft er den Wesenskern der Unternehmenskultur. Lassen wir die Mitarbeiter noch einmal zu Wort kommen:

„Unsere Sozialleistungen sind besser als sonst irgendwo, sowohl „formelle" Leistungen wie Versicherungen, Hilfe beim Kauf eines Hauses und kostenloses Mittagessen, aber auch „informelle" Leistungen. Wir können zum Beispiel frei nehmen, wann immer wir wollen, und keiner sagt etwas."

„Wir können mittags zwischen drei Essen wählen, darunter ein vegetarisches."

„Ich kann mir keinen besseren Arbeitsplatz vorstellen. Freiheit und Prinzipien halten sich die Waage, und es gibt keine Hierarchie."

„Wenn ich eine Idee habe, kann ich sie hier vorbringen, ich kann sie umsetzen und bekomme die entsprechende Anerkennung dafür."

Die Mitarbeiter in den Mittelpunkt stellen und ihnen die Freiheiten einer echten Intrapreneur-Kultur geben: das finden wir bei SAP verwirklicht. Und das imposante innovative Wachstum scheint exakt auf diesem Tatbestand zu beruhen. Wenn man Hochschulabgänger – vor allem jene mit überdurchschnittlichen Leistungen – danach fragt, welche Arbeitsbedingungen sie sich für ihr zukünftiges Berufsleben wünschen, dann kommen mit schöner Regelmäßigkeit Wunschvorstellungen heraus, die aufs Haar den real existierenden Bedingungen bei SAP gleichen.

Es wird spannend und aufschlußreich sein, die künftige Entwicklung von SAP zu verfolgen. Es muß sich zeigen, inwieweit bei zunehmender Größe die „Strukturlosigkeit" des Unternehmens beibehalten werden kann.

2. Solectron: der Produktionsbetrieb als Dienstleister

Die Stärken von Solectron liegen nicht, wie bei SAP, in Forschung und Entwicklung, sondern in der Produktion. Im Jahre 1977 gründete Roy Kusumoto das Unternehmen, zu dem kurz darauf Dr. Wynston Chen stieß. Ziel der Gründung war es, am boomenden Markt für Solarenergie teilzuhaben. Angesichts des rasanten Wachstums des Silicon Valley und der damit für das Unternehmen verbundenen Marktchancen verlagerte man den Schwerpunkt des Geschäfts jedoch bald auf Montageleistungen für modular aufgebaute Schaltplatten. Die Idee war einfach: Solectron konzentrierte sich auf den Fertigungsprozeß, während der Original Equipment Manufacturer (OEM) sich um sein jeweiliges Kerngeschäft, also Forschung und Entwicklung, Vertrieb und/oder Marketing kümmerte.

Heute ist Solectron Marktführer in der Elektronikfertigung und beliefert die Crème der Industrie (HP, IBM, Cisco, Intel, Philips, etc.). Solectron ist ein globales Unternehmen mit ca. 18.000 Mitarbeitern, 22 Fertigungsstätten weltweit und 300.000 m^2 Fertigungskapazität.[4] Es hat in allen Berei-

[4] Quelle: Geschäftsbericht Solectron und Datastream

	1988	1992	1997	CAGR 1988-1997 9 Jahre	CAGR 1992-1997 5 Jahre
Umsatz (Mio. $)	93	407	3.694	50,5 %	55,4 %
Beschäftigte	1.350	2.979	18.215	33,5 %	43,6 %
Jahresüberschuß (Mio. $)(1)	3	15	158	55,3 %	60,1 %
Marktwert (Mio. $)		614	4.781		50,8 %
Relative Aktienrendite				37,7 %(2)	23,6 %

(1) Nettoeinkommen
(2) Basis 1990

Abbildung 57: Unternehmensdaten Solectron
[Quelle: Disclosure Inc.; BCG-Analyse]

chen ein geradezu atemberaubendes Wachstum hinter sich (siehe Abbildung 57).

Das Geheimnis von Solectron ist eigentlich keines: erstklassige Produkt- und Servicequalität, die unter Berücksichtigung von Kundenwünschen kontinuierlich verbessert wird.

Auf dem Weg zu Solectron meint man, sich auf der Reise durchs Innere eines Computers zu befinden: Wir sind im Silicon Valley. Der Eingang des Verwaltungsgebäudes ähnelt der „Hall of Fame" eines großen Sportvereins. Eine Vielzahl von Ehrenurkunden und Pokalen ist dort ausgestellt. Der Markterfolg von Solectron hat vielfältige, auch offizielle, Anerkennung gefunden. Das Unternehmen erhielt für seine Leistungen auf dem Gebiet „Customer First" für die herausragende Qualität seiner Produkte sowie für seinen verantwortungsvollen Umgang mit der Umwelt als erstes Unternehmen in der amerikanischen Geschichte zweimal, 1991 und 1997, den Malcolm Baldrige National Quality Award. Es wurde außerdem mit Auszeichnungen wie „Best contract manufacturer" und „Supplier excellence award" geehrt. Als erstes französisches Unternehmen erhielt Solectron France für sein Umweltmanagement- und Auditsystem das Auszeichnungszertifikat des European Economic Committee.

Die Atmosphäre bei Solectron muß man als freundlich und positiv bezeichnen. Das Verwaltungsgebäude ist auf optimale Effizienz ausgelegt. Es gibt keine abgeschlossenen Büros, nicht einmal für den CEO oder den

Chairman. Jeder Mitarbeiter lebt in einer offenen Zelle. „We do have a true open door policy as we don't have any doors", so Thomas Morelli (Tom), Corporate Vice President of Human Resources bei Solectron.

Das organisatorische Chaos, das wir bei SAP als Grundlage der Kreativität kennengelernt haben, wäre für ein produktionsorientiertes Unternehmen wenig zweckmäßig. Stabile und effiziente Organisationsstrukturen sind hier unverzichtbar. Gleichwohl tritt Solectron jedem Anzeichen von Verkrustung, zu welcher ausgefeilte Strukturen in größeren Unternehmen stets tendieren, entschieden entgegen. Solectron ist in sechs Hierarchieebenen gegliedert. Sie reichen vom CEO über den Operational Manager (OPM), den Divisional Manager, den Hub-Manager und den Werksleiter bis zum Arbeiter. Diese sechs Ebenen gelten weltweit in allen Niederlassungen. Manche Werkskomplexe sind sehr groß. Um sie flexibel zu halten, verteilt man die Produktion in verschiedenen Gebäuden, die jeweils einer Division entsprechen und weitgehend voneinander unabhängig sind. Jeder Manager trägt die Ergebnisverantwortung für seinen eigenen Bereich. Es gibt sogenannte Customer Focus Teams (CFTs), die – geführt vom OPM – jeweils für die Betreuung eines bestimmten Kunden zuständig sind.

Jeder Mitarbeiter weiß, für welchen Kunden er arbeitet. Jeder Mitarbeiter hat die Möglichkeit, den Produktionsprozeß anzuhalten, falls man auf ein Problem stößt. Die Kommunikation innerhalb des Teams vollzieht sich völlig problemlos, da die verantwortlichen Ingenieure unmittelbar an der Fertigungslinie arbeiten. „Die Qualität wird jedoch nicht allein dadurch besser, daß die Mitarbeiter die Produktion anhalten können, sie müssen vor allem wissen, wann sie die Notbremse ziehen müssen". Aus diesem Grund wird bei Solectron Weiterbildung und Training großgeschrieben.

Solectron scheint ein ganz normales Produktionsunternehmen zu sein, wenn wir einmal von den fehlenden Türen innerhalb der Gebäude absehen. Woher kommen dann all die Trophäen und Auszeichnungen in der Eingangshalle? Die besondere Leistung Solectrons liegt in seinem Geschäftssystem. Der Kunde genießt absolute Vorrangstellung im Unternehmen. Alles Denken und Handeln konzentriert sich auf ihn. Solectrons Ehrgeiz ist es, in allen Produktbelangen seine Kunden besser zu bedienen als der Wettbewerb.

Auch Solectrons Erfolg basiert nicht zuletzt auf der Intrapreneurship-Kultur. Diese verlangt in einem Produktionsunternehmen jedoch – wir deuteten es an – ein deutlich höheres Maß an Abstimmung und Struktur als in einer F&E-orientierten Firma. Die Freiheit kann nicht ganz so grenzenlos sein. Und in dieser Hinsicht hat Solectron den Human-Resource-Ansatz zur Perfektion gebracht. Die einzelnen Elemente – die Mission, das Recruiting, das Training, die Karriereentwicklung und das Gehaltssystem – sind völlig konsistent aufeinander abgestimmt.

Der Enthusiasmus, mit dem unser Gesprächspartner die Human Resource-Philosophie des Unternehmens erläuterte, bewies, daß hier keine leeren Phrasen gedroschen wurden: „Our mission is to provide a worldwide responsiveness to our customers by offering the highest quality, lowest total cost, customized, integrated manufacturing services via long-term partnerships based on integrity and ethical business practices." Eine hehre Zielsetzung, die flankiert wird von Bekenntnissen zu „Customer first", zum Respekt vor dem Individuum, zur Qualität, zu Partnerschaften mit Lieferanten, zur Wertorientierung und zur sozialen Verantwortung.
Die Geschäftsführung ist überzeugt, daß die meisten Fertigkeiten und Fähigkeiten den Mitarbeitern durch entsprechendes Training beizubringen sind. Für schwieriger allerdings hält sie die Vermittlung der richtigen Einstellung zum Geschäft. Und letzteres ist das große Ziel der Human Resources-Politik von Solectron. Schon bei der Rekrutierung des Personals legt man deshalb mehr Wert auf die Persönlichkeit des Bewerbers als auf seine fachlichen Fähigkeiten. Teamgeist, Führungsfähigkeiten, Engagement, selbstbewußtes Auftreten, Zielorientierung sind wichtiger als die Detailkenntnis aller möglichen Aspekte des Geschäfts. Was die Vermittlung der rechten Einstellung besonders aufwendig macht, ist die Tatsache, daß das Unternehmen mit einer jährlichen Rate von 40 Prozent wächst. Immer neue junge Mitarbeiter müssen hinsichtlich des Firmenziels und der Glaubenssätze geschult werden. Die Flut der Neueinstellungen hat im Laufe der vergangenen zwei Jahre dazu geführt, daß die Leute, die länger als zwei Jahre bei Solectron arbeiten, in der Minderzahl sind.
Da man, wie gesagt, die Fähigkeiten und Fertigkeiten der Mitarbeiter für weitgehend trainierbar hält, hat die Weiterbildung im Unternehmen logischerweise einen außerordentlich hohen Stellenwert. Es sind häufig die Beschäftigten selbst, die individuelle Entwicklungsmöglichkeiten fordern. Nicht selten möchten Mitarbeiter Zusatzfähigkeiten erlernen, um im Bedarfsfall für andere Kollegen einzuspringen. Zur Weiterbildung hat das Unternehmen die Solectron University mit sechs Kernbereichen gegründet:

- Technical / Operational
- Technology / Engineering
- Management Development & Leadership
- Personal / Developmental Training
- Sales & Customer Service
- Alliances & Partnerships

Die Inhalte der Ausbildungsveranstaltungen sind in der Regel breiter als es der jeweilige Titel vermuten läßt. Beispiel Technical/Operational-Training: Hier geht es nicht nur um den Aufbau einer Gewinn- und Verlustrechnung, sondern auch darum, wie sich das Handeln des Einzelnen auf die

Bilanz auswirkt. Ursache-Wirkungszusammenhänge werden aufgedeckt. Die Mitarbeiter erfahren, warum sie die Dinge so und nicht anders machen.

Es kommt natürlich auch vor, daß das Unternehmen Mitarbeiter, die eine wertvolle Fähigkeit erworben haben, an Wettbewerber verliert. Das ist die Kehrseite der hervorragenden Ausbildung bei Solectron. Solche Vorkommnisse können natürlich kein Grund sein, die Ausbildungsqualität zu senken, denn sie bestimmt unmittelbar die Entscheidung der Kunden für oder gegen Solectron. Zu diesem Thema kursiert im Unternehmen die folgende Geschichte: Ein großer Kunde sollte davon überzeugt werden, mit Solectron zusammenzuarbeiten. Man schlug ihm vor, verschiedene Produktionszentren zu besuchen: solche, die mehr am oberen Leistungsende, und solche, die mehr am unteren Leistungsende von Solectron standen. Dadurch könne der Kunde sich einen objektiven Eindruck der Leistungsfähigkeit der verschiedenen Produktionsstätten machen. Beim Besuch eines eher schwächeren Betriebes sah der Kunde, wie eine Mitarbeiterin Halbleiterkomponenten vom Boden aufnahm. Als er sie fragte, warum sie das tue, erwiderte sie, daß sie auf diese Weise zusätzliche Kosten vermeiden könne, nämlich Einkaufskosten für Komponenten, Bestellaufwand für die Mitarbeiter, höhere Kosten und Lieferverzögerungen wegen Fehlbeständen für den Kunden, höhere Produktionskosten aufgrund von Wartezeiten der nächsten Schicht und der nächsten Fertigungsschritte.

Es war die kostenbewußte, verantwortungsvolle Einstellung der Mitarbeiterin, die den Kunden überzeugte. Solectron erhielt den Auftrag.

Neben der Solectron University bietet man auch ein MBA-Programm für besonders qualifizierte technische Mitarbeiter und Ingenieure an. Die Lernwilligen müssen nicht irgendwo auswärts Kurse belegen, sondern die Professoren der Santa Clara University, Kalifornien, halten die Vorlesungen in Solectron-Schulungsräumen. Nach drei Jahren haben die Mitarbeiter die Möglichkeit, einen regulären Abschluß machen. Die Resonanz ist überwältigend positiv.

Ebenso wie der Weiterbildung wird der Karriereentwicklung und den Beförderungsmodalitäten höchste Bedeutung beigemessen.

Die Mitarbeiter erhalten regelmäßig Feedback. Je nach Position im Unternehmen kann es sich dabei um eine 360-Grad-Rückmeldung handeln, die von Untergebenen, Vorgesetzten und Kollegen der gleichen Hierarchiestufe kommt. Im Vordergrund stehen dabei die persönlichen Eigenschaften (Handlungsorientierung, Umgehen mit Neuem und Ungewohntem), Führungsfähigkeiten (Mitarbeiterführung und -entwicklung, Delegation, etc.) und natürlich die fachliche Qualifikation. Das Feedback ist weniger eine Leistungsbeurteilung mit anschließenden Sanktionen. Es soll primär dem jeweils Betroffenen die Möglichkeit geben, sich in den kritisierten

Belangen zu verbessern – zum eigenen Nutzen und dem des Unternehmens. Man fragt den einzelnen Mitarbeiter nach seinen Hoffnungen und Wünschen, seinen geographischen Vorlieben, den vorhandenen Sprachkenntnissen und entwickelt auf der Basis dieser Informationen einen detaillierten Karriereplan.

Eine attraktive Karriereplanung für die Mitarbeiter fällt einem stark expandierenden Unternehmen wie Solectron natürlich leicht. Man hat großen Bedarf an Führungskräften. 1997 wurden ca. 30 Prozent der leitenden Mitarbeiter befördert und 17 Prozent neu eingestellt. Um das Wachstum steuern zu können, muß die Zentrale über alle internen und externen Beförderungen unterrichtet werden.

Die Identifikation der Mitarbeiter mit dem Kunden ist stark, nicht zuletzt wegen eines geeigneten Vergütungssystems. Das Solectron-System besteht aus 14 Vergütungsstufen. Damit sind unterschiedliche Gehälter in einer Hierarchiestufe möglich, ein Merkmal, das der Beförderung „ohne Titel" bei SAP ähnelt. Alle Vergütungsstufen schließen ein fixes Grundgehalt und einen variablen Bestandteil ein. Das Grundgehalt bemißt sich nach einem externen Benchmark, der nicht nur Unternehmen des Silicon-Valley-Geschäfts einbezieht, sondern auch andere für die Solectron-Mitarbeiter attraktive Unternehmen. Der variable Bestandteil ist abhängig vom gesamten Betriebsergebnis, der eigenen Leistung sowie der Erreichung vorab vereinbarter Ziele. Das Gehalt eines Werksleiters beispielsweise setzt sich zusammen aus dem Ergebnis des Unternehmens (20 Prozent), der Region (20 Prozent), des Werks (40 Prozent) und dem Bonus für das Erreichen individueller Ziele (20 Prozent) zusammen. Das Ergebnis der verschiedenen Einheiten wird auf Basis der Erlöse, des Gewinns vor Steuern, der Kapitalrendite und der Kundenzufriedenheit (Customer Satisfaction Index – CSI) gemessen. In der Produktion umfassen die Vorgaben für die Mitarbeiter den CSI ebenso wie die Effizienz der Fertigungslinie. Die entsprechenden Indikatoren hängen im Werk für alle sichtbar an den Wänden: What gets measured, that gets done! Der variable Bonus wird vierteljährlich ausgezahlt, um die Mitarbeiter nicht durch längere Zeitabschnitte zu demotivieren. Der Anteil variabler Anreize steigt mit der Stufe des Grundgehalts und basiert ebenfalls auf dem oben erwähnten Benchmark. Ab Gehaltsstufe acht, die sehr gute Mitarbeiter nach vier bis fünf Jahren erreichen können, nimmt jeder Mitarbeiter am Belegschaftsaktienprogramm teil – ein langfristig variabler Anreiz neben dem kurzfristig variablen Gehaltsbestandteil.

Wegen der Produktionsorientierung, sagten wir, sind gewisse Organisationsstrukturen notwendig, welche die Freiheit zur Arbeitsgestaltung systembedingt einschränken. Um so bedeutsamer ist eine intensive Kommunikation im Unternehmen. Hewlett-Packard hat das „Management by wandering around" erfunden. Ähnliches praktiziert auch Solectron. Die General Manager besuchen so häufig wie möglich die in der Welt verstreuten Standorte des Unternehmens. Reisen gehört für das Management zum Geschäft. Die örtlichen Manager werden nicht zum Rapport zitiert, sondern der Chef holt sich die Berichte höchstpersönlich ab. Dieses Prozedere hat den nützlichen Nebeneffekt, daß die lokalen Manager ihre Arbeit nicht für weite Reisen unterbrechen müssen.

Vor Ort kommunizieren die Beschäftigten auf dem sogenannten „quarterly all hands meeting". Dort berichtet der Werksleiter über die Ergebnisse des vergangenen Quartals, über die Erwartungen für das nächste Vierteljahr sowie über eventuell anstehende Veränderungen. Im Anschluß stellt er sich der kritischen Diskussion. Der Ergebnisbericht umfaßt dabei nicht nur Wirtschaftsdaten, sondern auch die Bewertungen von seiten der Kunden sowie die Auszeichnungen, die Unternehmen und Mitarbeiter erhalten haben. Als Solectron im Jahr 1991 zum ersten Mal mit dem Malcolm Baldrige National Quality Award ausgezeichnet wurde, besuchte der CEO jede einzelne Produktionsstätte weltweit, um den Mitarbeitern dort persönlich für ihre Leistung zu danken. Bei Solectron werden Erfolge als Erfolge des gesamten Unternehmens und jedes einzelnen Mitarbeiters gesehen.

Solectrons kompromißlose Ausrichtung auf den Kunden verlangt ein Höchstmaß an Flexibilität. Deshalb versteht sich das Unternehmen nicht als Fertigungsbetrieb, sondern als Anbieter von Dienstleistungen in der Sparte Elektronikfertigung. Dieses Selbstverständnis prägt Kultur und Geist des Unternehmens. Das Dienstleistungskonzept verlangt Anpassungsfähigkeit sowohl bei den Produktionskapazitäten als auch bei Zeitbegrenzungen. Wie tief verwurzelt im Unternehmen der Dienstleistungsgedanke ist – und wie überzeugend er sogar auf dritte wirkt – belegt eine weitere kleine Geschichte, die man sich bei Solectron gern erzählt: Man beabsichtigte die Produktionskapazitäten eines Kunden in Deutschland zu übernehmen. Aus Kosten- und Qualitätsgründen wollte Solectron auch an Sonntagen produzieren. Dazu brauchte man eine Betriebserlaubnis der deutschen Behörden. Die wurde mit dem Hinweis verweigert, in Deutschland dürften Fertigungsbetriebe grundsätzlich nicht an Sonntagen arbeiten. Der Verhandlungsführer von Solectron wandte ein, auch der Koch in seinem Hotel habe ihm am vergangenen Sonntag ein Frühstück zubereitet. Bei einem Koch, so lautete die Antwort, handle es sich um einen Dienstleister, und dem sei Sonntagsarbeit gestattet. Der gewiefte Verhandler konnte den Beamten davon überzeugen, daß Solectron ebenfalls ein Dienstleistungsunternehmen ist – und erhielt die Erlaubnis, bei Bedarf auch an Sonntagen zu produzieren.

Solectron – die Geschichte eines Produktionsunternehmens, das sich als Dienstleister definiert, weil es die Erfüllung der Kundenwünsche zum obersten Ziel erklärt.

3. Chiron: Das Innovationsnetzwerk

Das US-amerikanische Unternehmen Chiron arbeitet im Bio-Tech-Bereich. Die Firma wurde 1981 von dem Wissenschaftler Bill Rudder, Leiter des Bereichs Biochemie an der University of California in San Francisco (UCSF), und zwei seiner Kollegen gegründet. Vom Start weg unterschied sich Chiron von anderen Biotechfirmen durch ein ungewöhnlich breites Spektrum von Geschäftsfeldern. Während sich die Wettbewerber entweder auf den Bereich „Therapie" oder auf die „Diagnose" beschränken, arbeitet Chiron auf beiden Feldern und darüber hinaus noch im Bereich „Impfstoffe" und in anderen Disziplinen. Was immer die Gründer oder sonst einen Mitarbeiter interessiert hat, ist Tätigkeitsfeld des Unternehmens geworden. Zu den Interessengebieten gehörten rekombinante DNA, Virologie und Aidsforschung (HIV). Chiron war eines der ersten Unternehmen, das den HIV-Virus klonte. Bekannt wurde die Biotech-Firma vor allem durch zwei wichtige Entdeckungen: den rekombinanten Hepatitis-B-Impfstoff sowie die Hepatitis C. Auch Chiron ist eine Wachstumserfolgsstory. In den letzten zehn Jahren sind der Umsatz um das 50fache und die Beschäftigtenzahl um das 25fache gestiegen (Abb. 58). In den Jahren 1991 und 1992 kam es zu einer Reihe von Akquisitionen und Joint-Ventures. Das Unternehmen begann, stark zu expandieren. 1993 erfolgte der Gang an die Börse.

	1988	1992	1997	CAGR 1988-1997 9 Jahre	CAGR 1992-1997 5 Jahre
Umsatz (Mio. $)	93	407	3.694	50,5 %	55,4 %
Beschäftigte	1.350	2.979	18.215	33,5 %	43,6 %
Jahresüberschuß (Mio. $)(1)	3	15	158	55,3 %	60,1 %
Marktwert (Mio. $)		614	4.781		50,8 %
Relative Aktienrendite				37,7 %(2)	23,6 %

(1) Nettoeinkommen
(2) Basis 1990

Abbildung 58: Unternehmensdaten Chiron
[Quelle: Disclosure Inc., http://www.chiron.com/press; Datastream]

Der eindrucksvolle Erfolg des Unternehmens entspringt seiner ganz und gar ungewöhnlichen Organisation. Eine gewisse Verwandtschaft mit SAP

ist unverkennbar. Grundphilosophie war es von Beginn an, den im Unternehmen tätigen Wissenschaftlern eine universitätsähnliche Freiheit zu gewähren. Was immer sie erforschen wollten, wurde genehmigt. Suche nach Innovation hieß die Maxime. Und diese Suche verträgt nicht die geringsten Regularien oder bürokratischen Hemmnisse. Wenn die Inspiration kommt, muß der Forscher ohne große Umstände und Prozeduren sofort an die Arbeit gehen können. Infolge dieser Einsicht gibt es ausdrücklich weder eine konventionelle Planung noch hergebrachte Strukturen. Das gesamte Unternehmen ist so gestaltet, daß Mitarbeiter Dinge von einem Tag auf den anderen ändern können. Projekte und Programme werden horizontal gemanagt. Da alle Führungskräfte Wissenschaftler sind, ähnelt das Management einem Peer Review in einem Universitätslabor. Es findet keinerlei offizielle Überwachung durch irgendeine Form von Managementhierarchie statt. Präsentationen und geschriebene Berichte gibt es nur, wenn sie absolut unumgänglich sind. Meetings der üblichen Art gibt es bei Chiron nicht. „Man kann nicht Leute in einen Raum setzen und dann schnell zu einer Entscheidung gelangen", erklärt ein Chiron-Manager. „Die einzigen Gremien, die wir haben, dienen der Informationsweitergabe – bei uns gibt es grundsätzlich keine Entscheidungsgremien. Das ist reine Zeitverschwendung. Unser System hilft denen, die bei uns forschen, spart viel Zeit und fördert die Kreativität."
Intrapreneurship ist fester Bestandteil der Unternehmenskultur. Jeder Mitarbeiter kann jede beliebige Forschungsidee einbringen, mag sie auch noch so verrückt sein. Eine derartige Freizügigkeit ist selbst in der innovativen Bio-Tech-Branche einzigartig. Sie hat drei Ursachen:

a) Es gibt keine Prüfungsgremien
b) Das Unternehmen ist finanziell in der Lage, praktisch jede Idee zu verfolgen, die auch nur entfernt erfolgversprechend erscheint
c) Das Genehmigungsprozedere ist nicht aufwendig und durchschaubar, was die Mitarbeiter ermutigt, ihre Ideen vorzubringen

Finanziell bietet Chiron die üblichen Anreize: Aktienoptionen für alle Mitarbeiter; Gewinnbeteiligung für die Professionals, Boni, Anerkennungen, Preise etc. für erfolgreiche Neuerungen.
Chiron ist zwar ein ausgesprochen dezentralisiertes Unternehmen, hat aber eine starke Unternehmenszentrale. Hier sitzen die Leiter der fünf Geschäftsbereiche „Vaccines", „Diagnostics", „Therapeutics", „Technologies" und „Opthalmics". Drei Geschäftsbereiche werden von den Firmengründern, zwei von anderen angesehenen Wissenschaftlern geleitet. Die Strategie des Unternehmens beruht auf der Verfolgung interessanter, vielversprechender Forschungsaktivitäten innerhalb dieser fünf Geschäftsfelder und zwar vor allem im Rahmen von 50/50-Joint-ventures. Damit ist

der neben der kreativitätsfördernden Freizügigkeit zweite Erfolgsfaktor angesprochen. Auch bei den 50/50-Joint-ventures ist man höchst unkonventionell und verwendet die unterschiedlichsten rechtlichen Konstruktionen bis hin zum einfachen Handschlag. Man unterhält bei Chiron zu jedem gegebenen Zeitpunkt Dutzende solcher Joint-ventures mit Firmen jeder Größenordnung. Chiron braucht bei der Entwicklung und Vermarktung der Vielzahl von Produkten, die im Unternehmen erdacht werden, die Unterstützung von fähigen Partnern. Deshalb ging man Mitte der 80er Jahre eine 50/50-Partnerschaft mit Johnson & Johnson zum Zweck der Entwicklung von Therapien und Diagnostika für Hepatitis C ein. Es folgte eine 50/50-Partnerschaft mit Novo Nordisk (für Insulin). Die über die Jahre erfolgreichsten Partnerschaften haben mit Searle, Cephalon, Syntex, J&J, und Novartis (vormals Ciba-Geigy) bestanden.
Der Vorteil dieses Joint-venture-Systems besteht darin, daß Projekte sehr schnell angestoßen und die Projektteams praktisch über Nacht verändert, angepaßt oder aufgelöst werden können – in der unberechenbaren Welt der Gen-Forschung ein unschätzbares Plus. Auch hier kommt Chiron das Fehlen von Plänen, Budgets, Gremien, Meetings, Berichten und dergleichen zustatten. Diese organisatorischen Hindernisse würden die Aktionsgeschwindigkeit (Zeitwettbewerb!) beträchtlich verlangsamen. „In diesem Geschäft sind Innovationen und Durchbrüche nur durch schnelles Vorgehen möglich. Schon ein paar Monate können einen Riesenunterschied ausmachen. Ohne die 50/50-Partnerschaften hätten wir kaum so rasant wachsen können. Wir wären einfach nicht in der Lage gewesen, wissenschaftliche Innovationen in Geschäfte umzuwandeln." Und der Manager weiter: „Natürlich ist es kein Kinderspiel, diese Joint-ventures zu managen. Vergleichen Sie nur das, was wir tun, mit einer traditionellen Zusammenarbeit bei klar abgegrenzten Verantwortlichkeiten. Warum 50/50 statt einer klar geregelten Kooperation? Niemand will das – jeder will klare Linien. Aber bei Chiron waren wir überzeugt, angesichts der Unsicherheit in unserem Bereich mit 50/50-Partnerschaften besser und schneller Entscheidungen treffen zu können. Bei einem Verhältnis von 50/50 müssen wir die Organisation nicht jedes Mal umstrukturieren, wenn der Forschungsbereich wechselt. Das erfordert eine breit angelegte Partnerschaft auf höchster Ebene und sehr viel Vertrauen."
Über den Verlauf der 50/50-Partnerschaften läßt sich kaum etwas Allgemeingültiges sagen, da jedes Joint-venture seine spezifischen Eigenarten hat. Grundsätzlich verwenden die Führungskräfte bei Chiron sehr viel Zeit auf die Pflege der Beziehungen zu ihren jeweiligen Partnern. Wenn sich dann eine Möglichkeit für ein gemeinsames Projekt ergibt, genügt ein Telefonanruf, man stellt ein Team zusammen und „legt los". Einzelheiten werden dann nach und nach im Laufe des Projekts ausgearbeitet. In manchen

Fällen arbeiten zwei Teams aus Wissenschaftlern als Tandem an ihrem jeweiligen Standort in verschiedenen Unternehmen. In anderen Fällen werden funktionsübergreifende Teams eingesetzt, die Forscher beider Partnerfirmen vereinen. Die gemeinsame Arbeit kann zwischen einer Woche und mehreren Jahren dauern. Dabei können Projektumfang, -ausrichtung und Teamzusammensetzung während des Prozesses mehrmals wechseln. Daß diese Art der Kooperation funktioniert, liegt offenbar daran, daß die meisten Führungskräfte bei Chiron direkt von der Universität kommen und an einen sehr kollegialen Arbeitsstil gewöhnt sind. Sie lehnen Hierarchien ab und erwarten lockere Strukturen.

Das starke innovative Wachstum von Chiron hat in den letzten Jahren nicht nur im Unternehmen selbst zu mehr Beschäftigung geführt, sondern zumeist auch in den jeweiligen Partnerunternehmen. Darüber hinaus wuchs die Zahl der Arbeitsplätze auch bei Drittfirmen, an welche mit den Projekten zusammenhängende Aufträge fremdvergeben wurden.

Chiron unterhält heute eine globale Biotechnologie-Partnerschaft mit Novartis. Das Schweizer Pharmaunternehmen hält knapp 50 Prozent der im Umlauf befindlichen Stammaktien von Chiron.

Zwei problematische Aspekte, die eng miteinander verknüpft sind, wollen wir nicht unterschlagen. Zum einen fühlen sich – ganz ähnlich wie bei SAP – die Mitarbeiter von der „chaotischen" Struktur des Unternehmens zuweilen irritiert. Ein Labortechniker meint: „Man weiß nie, was morgen passiert. Man weiß nicht, wen man als Chef haben wird. Man weiß noch nicht einmal, wo der Kopierer stehen wird."

Zum anderen wird angesichts der amorphen, wild wuchernden Struktur des Unternehmens die Entscheidung über die Allokation von Ressourcen immer komplexer. Deshalb erwägt Chiron nach dem Vorbild von Thermo-Electron, Unternehmensteile formal abzukoppeln und an die Börse zu bringen („Spin-outs"). Auf diese Weise könnten die Allokationsentscheidungen in den kleineren und damit übersichtlicheren neuen Einheiten getroffen werden. Intrapreneurship ließe sich in der bisherigen Form aufrechterhalten. Unterbleiben die Spin-outs, dürfte man bei stetig fortschreitendem Wachstum um die Einführung konventionellerer Strukturen kaum herumkommen.

Was macht 'Chiron' zu einem Lehrstück?

Mutiges Intrapreneurship in Verbindung mit einem außergewöhnlichen, hochinnovativen Beziehungs- und Innovationsnetzwerk hat eines der kreativsten und schnellstwachsenden Unternehmen Amerikas hervorgebracht. Firmen, für die Kreativität auf akademischem Niveau von Bedeutung ist, können von Chiron lernen, wie man die Innovationsgeschwindigkeit steigert und die besten Mitarbeiter gewinnt. Allerdings ist zu bedenken, daß Chiron in einer besonderen Nische agiert. Sein erfolgreiches Konzept kann insofern nicht ohne Abstriche auf andere Unternehmen übertragen werden. Im übrigen weisen wir darauf hin, daß die direkten Wettbewerber von Chiron (Amgen, Genentech) 50/50-Partnerschaften ablehnen. Sie bevorzugen den traditionellen Ansatz, bei dem einer der Partner einen Mehrheitsanteil hält. Die Tatsache, daß beide Konzerne ausgesprochen erfolgreich sind, beweist, daß Chiron nicht die allein seligmachende Strategie gefunden hat. Immerhin erteilt Chiron europäischen Unternehmern eine Lektion in Sachen Risikobereitschaft. Hierzulande wird gern darüber geklagt, daß die europäischen Vorschriften viel restriktiver seien als die amerikanischen, und rechtliche Risiken nicht unterschätzt werden dürften. Tatsache ist aber, daß Chiron in einem Umfeld handelt, in dem das Risiko finanzieller „Vergeltung" durch Gerichtsentscheide wesentlich größer ist. Amerikanische Schadensersatzprozesse drehen sich um ungleich höhere Summen als europäische.

4. Würth: Human Resource Focus als Wachstumsmotor

Wachstum gibt es nicht nur im Hi-Tech- und Bio-Tech-Bereich. Freie, kreative Mitarbeiter helfen jedem Unternehmen. Würth ist ein Unternehmen, das heute ein Sortiment von zirka 50.000 verschiedenen Produkten in folgenden Bereichen anbietet:

- Die Division „Auto" beliefert hauptsächlich Automobilwerkstätten mit Bohr- und Schneidwerkzeugen, mit chemisch-technischen Produkten, Teilen für die Fahrzeugelektrik, Produkten für die Reparatur und Wartung und anderem.
- Die Division „Metall" wendet sich mit Trenn- und Schruppscheiben, Metallsprays, Elektroden etc. an Metall- und Stahlbauer, Schlossereien, Maschinen-, Werkzeug- und Apparatebauer.
- Die Division „Holz" hat ihre Kunden im Fenster- und Rolladenbau, bei Schreinern, Tischlern, Möbelfabrikanten etc. Sie bietet vor allem Schrauben und Dübel in den verschiedensten Ausführungen an.
- Die Mittel- und Großindustrie findet bei Würth die gesamte Produktpalette für Produktion, Instandhaltung, Wartung sowie ergänzende Dienstleistungen.

Im Jahre 1945 wurde das Unternehmen als Großhandel für Schrauben und Muttern von Adolf Würth in Künzelsau gegründet. 1962 errichtete die inzwischen von dessen Sohn Reinhold geleitete Firma mit Würth Nederland ihre erste Auslandsniederlassung. Sieben Jahre später gelang der Sprung über den großen Teich: Die Wurth Screw and Fastener Corporation nahm 1969 in den USA ihren Geschäftsbetrieb auf. Zum Jubiläum „25 Jahre Würth" im Jahre 1970 lag der Umsatz bei 64,3 Mio. DM. 1981 faßte die

Würth-Gruppe auf dem fünften Kontinent, Australien/Neuseeland, Fuß. Die Umsatzmilliarde wurde 1985 erreicht. Zur Jahrtausendwende ist das ehrgeizige Ziel von DM 10 Mrd. Umsatz anvisiert. Die Beschäftigung – im Kontext dieses Buches von besonderem Interesse – entwickelte sich über die Jahre mit derselben Dynamik wie der Umsatz (Abbildung 59). Nur Wachstum, so zeigt sich hierin erneut, schafft nachhaltig Arbeitsplätze.

	1987	1992	1997	CAGR 1987-1997 10 Jahre	CAGR 1992-1997 5 Jahre
Umsatz (Mio. DM)	1.339	3.067	6.203	16,6 %	15,1 %
Beschäftigte	7.076[(1)]	12.730	24.688	14,9 %	14,2 %
Betriebsergebnis vor Steuer (Mio. DM)	21	135	430	35,2 %	26,1 %

(1) Nettoeinkommen

Abbildung 59: Unternehmensdaten Würth

Seinen ungewöhnlichen Erfolg führt das Unternehmen auf fünf Faktoren zurück:

1. Der Unternehmer als Führungsfigur

Wachstum kommt nicht von ungefähr. Es ist das Resultat eines dezidierten Willens zum Wachsen sowie der Bündelung von Kreativität, Tatkraft und Ressourcen auf klar definierte Ziele hin. Beides verlangt einen Spiritus rector, und den hat Würth in der starken Unternehmerpersönlichkeit seines Eigentümers. Reinhold Würth ist der personifizierte Unruheherd seines Unternehmens. Er treibt an, er bewegt und motiviert, er gibt Ideen und Impulse, er setzt die großen, ambitionierten Ziele. Er ist Seele und Motor des Ganzen: der Unternehmer als charismatische Führungsfigur.
Wachstum ist jedoch kein Selbstzweck. Es hält das Unternehmen fit, indem es ständig für Veränderungen sorgt und zwar bei

- den bearbeiteten Geschäftsfeldern,
- den von jedem Mitarbeiter wahrzunehmenden Aufgaben,
- den Unternehmensstrukturen.

Der vom Wachstum erzwungene permanente Wandel wirkt der latent vorhandenen Gefahr von Verkrustungen entgegen. Das Unternehmen bleibt dynamisch und flexibel und kann sich rasch an veränderte Marktbedingungen anpassen. Würth wächst durch

- Gründung eigener Gesellschaften in jungen und dynamischen Märkten. Die Töchterunternehmen wachsen dort mit den sich schnell entwickelnden Märkten gleichsam mit.
- Akquisition bestehender Gesellschaften in reifen Märkten.

Diese Politik hat dazu geführt, daß Würth heute in 70 Ländern auf allen Kontinenten mit Tochtergesellschaften vertreten ist.

2. Tagesaktuelle Information über die Geschäftsentwicklung

Auch Würth lebt in dem klassischen Konflikt des Handelsunternehmens: Auf der einen Seite steht das Bestreben, ein möglichst preisgünstiges Sortiment anzubieten – das führt zu knappen Margen, die einen hohen Lagerumschlag verlangen, wenn ein akzeptabler Gewinn erwirtschaftet werden soll. Auf der anderen Seite fordert der Markt größtmögliche Lieferbereitschaft – was Investitionen in Personal, Lagerhaltung und Infrastruktur notwendig macht und damit erhöhte Kosten verursacht. Solche Investitionen wollen daher gut bedacht und, falls sie durchgeführt werden, sehr gut gemanagt sein. Um den Mitarbeitern ein optimales Management der Logistik zu ermöglichen, werden sie tagesaktuell über Umsatzzahlen und andere Kennziffern nach Produktkategorien informiert. Diese Informationen schaffen – didaktischer Nebeneffekt – ein Bewußtsein für die Abhängigkeit des Unternehmenserfolgs von den tagtäglichen Entscheidungen jedes einzelnen Mitarbeiters, und jeder Mitarbeiter fühlt sich eingebunden und verantwortlich. Dieser sogenannte „Hardfactor", also das ausgefeilte Informationssystem, ist wesentlicher Bestandteil der Unternehmenskultur.

3. Motivieren, nicht Regulieren

Führungskultur ist einer der „Softfactors" der Unternehmenskultur, nach Auffassung von Reinhold Würth der entscheidende. Der Spiritus rector hat dem Thema „Führungskultur" ein ganzes Buch gewidmet.[5] Er bekennt darin unter anderem: „Ich bin davon überzeugt, daß Menschenführung zu mehr als fünfzig Prozent über Gewinn und Verlust entscheidet, während Kapital und Produkte nur nachgeordnete Bedeutung haben."

Zur Motivation von Mitarbeitern gehört bei Würth insbesondere die Anerkennung von Leistungen sowie das Schaffen geeigneter Anreizsysteme. Dienstwagen mit Ausstattung je nach Erfolg, besondere technische Ausrüstung sowie die Auslobung von Reisen sind beispielsweise die Incentives im Außendienst.

---

5 Würth, R.: Erfolgsgeheimnis Führungskultur, Bilanz eines Unternehmens, Campus Verlag 1995.

Der Innendienst wird anders motiviert. Hier spielen die Aussicht auf interessantere Aufgaben und auf Erweiterung des Verantwortungsbereichs die entscheidende Rolle. Diese Motivationsstrategie steht im Einklang mit der Politik, vakant werdende Führungspositionen bevorzugt mit eigenen Leuten zu besetzten.

Auf Aussagen ihrer Führungskräfte müssen sich die Mitarbeiter absolut verlassen können. Das hat Tradition im Hause Würth. Die Maxime gilt insbesondere für Krisensituationen, in welchen die Glaubwürdigkeit des Führungspersonals ohnehin immer auf dem Prüfstand steht. Reinhold Würth: „Vertrauen kann man nicht kommandieren, Vertrauen entsteht aus der empirisch gemachten Erfahrung."[6]

Diese Haltung ist kein Lippenbekenntnis, sondern aufrechter, gelebter Respekt gegen die Mitarbeiter. Sie strahlt unweigerlich auch nach außen, auf die Kundenbeziehung, aus. „Die Unternehmenskultur der Würth-Gruppe ist geprägt von gegenseitigem Vertrauen, von Berechenbarkeit, Ehrlichkeit und Geradlinigkeit nach innen und außen."

4. Probieren geht über Studieren

Würth gibt seinen Mitarbeitern großen Freiraum zur Entfaltung von unternehmerischer Eigeninitiative. Resultat dieses praktizierten Intrapreneurships ist ein ständiger Strom neuer Projekte, der dem Unternehmen kontinuierlich neue Geschäftsmöglichkeiten eröffnet. Es ist erprobte Praxis, Ideen, die von Mitarbeitern kommen, möglichst umgehend zu realisieren, statt irgendein Gremium wochen- und monatelang an die Analyse der Erfolgsträchtigkeit zu setzen – um dann vielleicht einen von zehn Verbesserungsvorschlägen mit aller Vorsicht umzusetzen. Nach diesem „Trial and Error"-Prinzip kommen zirka ein Drittel aller innovativen Produkte im Hause Wüth zustande. Grundsätzlich steht bei jedem Neuerungsvorschlag immer auch die bestehende Organisation zur Disposition. „Heilige Kühe", die nicht geschlachtet werden dürfen, gibt es keine. Einzige Voraussetzung für die Realisierung einer Idee: Der betreffende Mitarbeiter muß seinen Vorgesetzten davon überzeugen, daß sie Aussichten auf Erfolg hat. Über größere Projekte wird selbstverständlich von der Geschäftsleitung entschieden. Doch die vielen kleinen, dezentralen Projekte legen beredtes Zeugnis ab von der enorm innovationsfreundlichen Unternehmenskultur. Und zu dieser gehört es vor allen Dingen, daß Fehler als notwendiger Schritt auf dem Weg zum Erfolg ausdrücklich akzeptiert werden.

---

[6] Dieses und die folgenden Zitate entnommen aus: „Wissen ist Schlaf – Realisieren ist Macht", Verzeichnis der Vorträge, Aufzeichnungen, Veröffentlichungen und Zitate von Reinhold Würth 1984-1996.

Ein derart innovationsfreundliches Klima birgt natürlich die Gefahr, daß zu viele Projekte begonnen werden und der Überblick verlorengeht. Um dem vorzubeugen, gibt es bei Würth zwar kein formalisiertes Innovations- und Projektmanagement, man hält sich aber strikt an die Grundregel, daß für jedes neue Produkt ein bestehendes aus dem Sortiment genommen werden muß. Diese Praxis hat sich bewährt. Sie führt bei der Entscheidung über die Realisierung einer Idee zu strenger Disziplin. Vorschläge, die nur zu „nice to have"-Produkten führen, werden sich nicht durchsetzen, da sie ja gegen vorhandene, wirtschaftlich sinnvolle Güter antreten müssen.

Fruchtbarer Nährboden für Neuerungen ist die Kommunikationskultur des Unternehmens. Mitarbeiter können direkt den Vorstand anrufen, ohne daß ein Sekretariat dazwischengeschaltet wird. Diese überaus informelle Art der Kommunikation basiert auf dem Grundsatz „Information ist eine Holschuld". „Wir müssen mit unseren Mitarbeitern ohne Hierarchien reden.", „Der Betrieb muß zum Marktplatz der Begegnung der Mitarbeiter werden."

Eine Folge dieser offenen Kommunikationskultur ist, insbesondere bei Investitionsvorhaben und Geschäftsplänen, ein absolutes Minimum an Bürokratie. Übermäßige Formalisierung ist immer der Ausdruck latenter Innovationsfeindlichkeit. Vorrang hat bei Würth stets das umstandslose „Machen" vor der umfänglichen Präsentation und der ewig wägenden Analyse. „Ärmel hochkrempeln und ran an die Sache" – so möchte man die Mentalität des Hauses charakterisieren.

„Erst wenn wir das Wissen realisieren und in die Tat umsetzen, wird es zur Macht."

„Wir alle sind Wissensriesen – aber auch Realisierungszwerge."

„Realisieren ist die Vollendung unternehmerischen Tuns."

Die Mitarbeiter erleben Würth – das ist häufig zu hören – als eine Art „Abenteuerspielplatz für Erwachsene". In dieser Aussage kommt wie in kaum einer anderen der „Appeal" zum Ausdruck, den das Unternehmen für seine überwiegend jungen Mitarbeiter hat. Wer Verantwortung übernehmen möchte, dem werden möglichst keine bürokratischen Steine in den Weg gelegt. So kommt es, daß selbst Mitarbeiter unter dreißig bereits Führungspositionen in ausländischen Gesellschaften besetzen, also Aufgaben übernehmen, für die man sich bei anderen Konzernen in langen Berufsjahren qualifizieren muß.

5. Dezentrale Organisation, flache Hierarchien, geringe Fluktuation

Eigenverantwortung ist zentrales Element der Würth-Kultur. Ergo wird den Landesgesellschaften ein hohes Maß an Entscheidungsfreiheit zugestanden. Dies betrifft insbesondere den Auftritt des Unternehmens im

jeweiligen Land (Werbung, PR, Geschäftsgebräuche u. dgl.) sowie die Maßnahmen zur Bearbeitung des lokalen Marktes.
Das Prinzip der Eigenverantwortlichkeit ist auch reflektiert in der geringen Zahl von Hierarchiestufen im Unternehmen. Es sind nicht mehr als vier inklusive Geschäftsleitung. Und dies gilt weltweit. Ein Vorgesetzter ist allein schon wegen der großen Führungsspannweite zur Aufgaben- und Verantwortungsdelegation gezwungen.
„Würth wird sehr dezentral, liberal geführt."
„Je größer die Erfolge, desto höher sind die Freiheitsgrade", allerdings: „Würth wird recht schnell zentralistisch, wenn die vereinbarten Ziele nicht erreicht werden."
50% der Würth-Belegschaft sind jünger als 30 Jahre. Damit ist man für dynamische Märkte bestens gerüstet. Junge Mitarbeiter sind tendenziell hungriger, risikobereiter, weniger festgelegt in ihrem Lebensstil und aktueller ausgebildet als ältere. Konsequenterweise kommt im Unternehmen heute durchschnittlich auf je vier Mitarbeiter ein Auszubildender oder Praktikant – eine hohe Ausbildungsquote, die von der Belegschaft voll akzeptiert wird. Kostensenkungsmaßnahmen zu Lasten der Ausbildung kommen nicht in Betracht. Die praktische Personalpolitik von Würth ist darauf ausgerichtet, das Unternehmenswachstum durch kontinuierliche Rekrutierung und Ausbildung junger Mitarbeiter zu unterstützen und die Ausgebildeten langfristig an das Unternehmen zu binden.
„Wenn es Ihnen gelingt, die Mitarbeiterfluktuation im expansiv wachsenden Betrieb (15% und mehr Wachstum per annum) auf 10 %, im dahindümpelnden Betrieb mit unter 15% Wachstum auf 7-8% per annum zu senken, dann werden sich Ihre Leistungskennzahlen auf allen Gebieten fast spielerisch und automatisch der hundertprozentigen Planerfüllung annähern. Nehmen Sie mich beim Wort, ich garantiere Ihnen sensationellen Erfolg."
Fazit: Es müssen nicht immer High-Tech- oder Bio-Tech-Firmen sein, die mit Human Resource Focus und Intrapreneurship erfolgreich sind. Der Fall Würth zeigt, daß dies auch einem „ganz normalen" Handelsunternehmen gelingen kann. Die Besonderheit bei Würth liegt freilich in der starken Unternehmerpersönlichkeit des Eigentümers. Er ist Motor und inspirierende Instanz seines Unternehmens. Er hat das mentale und organisatorische Framework geschaffen, innerhalb dessen sich die Kreativität selbstverantwortlich handelnder Mitarbeiter entfalten kann (eine Rolle, die natürlich auch angestellte Manager übernehmen können). Und insofern ist Würth auch ein Beispiel dafür, daß konsequente Mitarbeiterorientierung zum Erfolg nicht notwendigerweise – siehe Chiron und SAP – eine „strukturlose" Organisation braucht.

5. Ericsson: Der skandinavische Human Touch – auch die Großen können es

Unsere Beispielunternehmen sind keineswegs klein, sie hatten zwischen 7.000 und 25.000 Mitarbeiter. Gibt es eine Größenbegrenzung für weitestgehende Freiheiten im Unternehmen? Die Antwort ist ein klares „Nein".

Das schwedische Unternehmen Ericsson, heute weltweit führend im Markt für Telekommunikationszubehör, wurde 1876 von Lars Magnus Ericsson gegründet. Noch vor der Jahrhundertwende war die Firma bereits international ausgerichtet und in Ländern wie China, Rußland und Mexiko vertreten. Der Anteil des Auslandsgeschäftes (außerhalb des Heimatlandes) am Konzernumsatz ist bei Ericsson größer als bei allen anderen Konkurrenten. Heute hält Ericsson bei Mobiltelefonen einen Weltmarktanteil von ca. 40 Prozent.

	1987	1992	1997	CAGR 1987-1997 10 Jahre	CAGR 1992-1997 5 Jahre
Umsatz (Mio. SEK)	32.400	47.020	167.740	17,9 %	29,0 %
Beschäftigte	70.893	66.232	100.774	3,6 %	8,8 %
Beschäftigte im Inland	37.386	29.979	45.360	2,0 %	8,6 %
Beschäftigte im Ausland	33.507	36.253	55.414	5,2 %	8,9 %
Op. Gewinn vor Steuern (Mio. SEK)	2.185	1.754	18.757	24,0 %	60,6 %
Marktwert (Mio. SEK)	8.461	25.367	203.126	37,4 %	51,6 %
Relative Aktienrendite A-Aktien B-Aktien				14,2 % 18,6 %	17,1 % 22,1 %

Abbildung 60: Unternehmensdaten Ericsson
[Quelle: Ericsson Geschäftsberichte; BCG-Analyse]

Im Verlauf der letzten fünf Jahre hat das Unternehmen seinen Umsatz mehr als verdreifacht und die Mitarbeiterzahl um 50 Prozent auf über 100.000 gesteigert – sowohl im Inland als auch im Ausland.

Der beeindruckende Erfolg des Unternehmens wird zum einen der Tatsache zugeschrieben, daß es aus Schweden stammt, also einem vergleichsweise kleinen Markt. Wer unter solchen Bedingungen ehrgeizige Wachstumsziele verfolgt, der muß sehr bald über die Landesgrenzen hinaus auf die internationalen Märkte vorstoßen – und erwirbt damit eher das Know-

how globalen Agierens als Wettbewerber mit großen heimischen Märkten. Zum anderen gab es Åke Lundqvist, „a very entrepreneurial man", der den Bereich der Mobiltelephone mit großer Energie und unternehmerischem Geschick aufgebaut hat. Diese Sparte macht mittlerweile 24 Prozent des Gesamtumsatzes aus. Lundqvist ist ein Ericsson-Denkmal und Vorbild für die Mitarbeiter. Man beschreibt ihn als „sehr kreativen Kopf, der offen, mutig und unerschrocken die Wahrheit ausspricht und für seine Ziele eintritt".
Ericsson ist heute trotz seiner über 100.000 Mitarbeiter „sehr dezentral" organisiert und besitzt eine flache Hierarchie von drei bis maximal vier Ebenen. Dies gilt für alle 130 Landesgesellschaften. Das Unternehmen gibt 14,5 Prozent vom Umsatz für Forschung und Entwicklung aus, auch für ein High-Tech-Unternehmen ein sehr hoher Wert. In den entsprechenden Abteilungen arbeiten 22.000 Menschen.
Die Werte des Unternehmens sind im sogenannten Value Statement klar definiert. Sie zieren in Form von Schrifttafeln die Wände der Betriebsstätten und Büros: „professionalism, respect (for everybody) and perseverance", also Beharrungsvermögen zur langfristigen Zielerreichung für alle Stakeholder.
Laut Personalbericht 1997 ist das Humankapital die „wichtigste Ressource, die nicht in der Bilanz erscheint". Lars Ramqvist, amtierender CEO, würdigt im Vorwort des überaus erfreulichen 97er Geschäftsberichtes die Ericsson-Mitarbeiter als den Ursprung des Unternehmenserfolgs und spricht ihnen seine aufrechte Dankbarkeit aus.[7] Diese Einstellung korrespondiert mit dem Wert, den das Unternehmen der Auswahl und Fortbildung seiner Mitarbeiter beimißt. Die Planung für das Jahr 2000 – retropoliert aus der Vision für das Jahr 2005 – definiert sogenannte „Wanted Positions" für das Geschäft, die Unternehmensstruktur und die Mitarbeiter. Für letztere heißt diese Wunschposition: lebenslanges Lernen, Kompetenz und – soweit es das Führungspersonal betrifft – die Fähigkeit, andere zu motivieren und sie zur Lösung der gestellten Aufgaben zu befähigen. Die Mitarbeiter sollen flexibel und in der Lage sein, Ziele möglichst schnell zu erreichen. Eine starke Unternehmenskultur und gemeinsame Werte runden die Liste der „wanted positions" ab.
Die Hälfte der Ericsson-Mitarbeiter ist unter 35 Jahre alt. Zirka 40 Prozent der Belegschaft besitzen einen Universitätsabschluß. Die Mehrheit der Mitarbeiter (55 Prozent) sind Nichtschweden und arbeiten in den 130 Ländern, in denen das Unternehmen Niederlassungen hat. Mehr als 3 Prozent der Belegschaft arbeiten als sogenannte Expatriates, schwedische Staatsbürger also, mit mehrjährigen Verträgen im Ausland. Hinzu kommen wei-

[7] Wie wichtig die Mitarbeiter für Ericsson sind, zeigt sich nicht zuletzt darin, daß ein Human-Resource-Vertreter im Corporate Executive Team sitzt, das Ericsson von Stockholm aus führt.

tere 5 Prozent der Beschäftigten, die für mehrmonatige Projekte ins Ausland gehen und dort wertvolle Erfahrungen sammeln.
Die Mitarbeiter werden, egal an welchem Ort der Welt, nicht von einer zentralen Personalstelle, sondern vom Management vor Ort eingestellt. Dabei sind stets – das kennen wir von Solectron – Persönlichkeitsaspekte wichtiger als das fachliche Know-how. Das Naturell des neuen Mitarbeiters muß zum Unternehmen passen („personal fit"). Eingearbeitet werden die Neuen ganz individuell, je nach fachlichem Hintergrund und persönlichem Profil – das kann Tage oder auch Monate in Anspruch nehmen. Eigens eingestellte Training Consultants erarbeiten mit den Trainees zusammen die Ausbildungsschwerpunkte. Neben diesen Trainingskursen hat jeder Mitarbeiter die Möglichkeit, sich interaktiv und online zu schulen. Selbstverständlich steht das On-the-job-Training an allererster Stelle der Ausbildungsmethoden.
Ein eigenes globales Management Institut (EMI) schult Manager und Führungsnachwuchs. Rund 2000 Mitarbeiter werden dort jährlich von Ericsson-Führungspersönlichkeiten, den besten Professoren der Welt sowie Managern anderer Unternehmen weitergebildet. Schulung bedeutet in diesem Fall nicht passives Konsumieren von Informationen. Es herrscht eine informelle Atmosphäre, in der von den Teilnehmern jede Menge aktiver Mitarbeit erwartet – und auch geleistet wird.
Die Leistung jedes Managers wird mindestens einmal im Jahr nach dem 360-Grad-Prinzip bewertet. Das heißt: neben den Vorgesetzten fällen auch die Kollegen und Mitarbeiter ein Urteil über den Kandidaten. Anschließend bespricht ein Psychologe das Ergebnis der Bewertung mit dem Betroffenen. Sollten Defizite sichtbar werden, wird ein geeignetes zusätzliches Trainingsprogramm konzipiert. Dieses Prozedere dient weniger der Kontrolle des Bewerteten als der Sicherstellung seiner Kompetenz. Übrigens führt eine sogenannte „corporate bank" 700 bis 900 weltweit im Einsatz befindliche Ericsson-Manager, die als Trouble Shooter an verschiedenen Stellen des Unternehmens eingesetzt werden können und das Zeug zur Top-Führungspersönlichkeit haben.
Beförderungen werden ohne starres Zeitraster gehandhabt. Ein Manager muß also nicht erst eine bestimmte Anzahl von Dienstjahren „auf dem Buckel" haben, bevor er in der Hierarchie aufsteigen kann. Entscheidend für seine Beförderung sind seine Verdienste und die Situation des Unternehmens. Als Ericsson Mitte der 90er Jahre stark expandierte, kam es häufiger zu Beförderungen als gewöhnlich. Damit wurde eine klare „make"- (statt „buy-") Entscheidung getroffen. Auch heute werden, trotz anhaltend hoher Wachstumsraten, 95 Prozent der Managerstellen mit eigenen Leuten besetzt.

Der Ericsson-Manager ist ein klar umrissener Typus, an dem die „People Skills" ebenso hochentwickelt sind wie die operativen Fertigkeiten. In seinem Job hat er eine Mehrfachrolle zu spielen. Er ist zugleich „business manager, operations developer, competence developer und team builder". Vornehmste Aufgabe des Managers ist es, Fehlertoleranz zu zeigen. „People dare to do things because making mistakes is allowed" („Mitarbeiter wagen sich an Dinge heran, weil sie Fehler machen dürfen"). Personalentwicklung ist bei Ericsson Führungsaufgabe, eingebettet in eine „Fehlerkultur".
Daß ein Mitarbeiter den Vorwurf zu hören bekommt, er bringe ungenügende Leistungen, kommt so gut wie nicht vor. Die Firma ist, nach eigenen Angaben, äußerst geduldig. Sollte man sich aus strukturellen Gründen von Mitarbeitern trennen müssen – wie das 1997 in Teilen der Produktion unvermeidbar war -, dann vollzieht sich dieser Vorgang sehr sanft und mit denkbar großer Unterstützung durch den Arbeitgeber. Zunächst wird nach alternativen Einsatzmöglichkeiten im Unternehmen gesucht. Findet man nichts passendes, werden befreundete Firmen, auch in der gleichen Branche, befragt. Man schaltet Headhunter und spezielle Outplacementberatungen bei der Suche nach einer neuen, angemessenen Tätigkeit ein. Diese Aktivitäten werden „so früh wie möglich" unternommen. Ein „Abschieben" auf Parkpositionen kommt nicht in Frage. Hat ein Mitarbeiter Ericsson von sich aus verlassen, um bei einem Wettbewerber zu arbeiten oder um sich selbständig zu machen, gibt es keinerlei Animositäten, falls er – aus welchen Gründen immer – wieder eingestellt werden möchte. Der „Abtrünnige" wird mit offenen Armen willkommen geheißen. Bei dieser Art der Mitarbeiterbehandlung ist ein erklärtes Ziel des Unternehmens leicht zu erreichen: „We want to be valued as a top employer." In vielen Ländern ist Ericsson tatsächlich einer der beliebtesten, wenn nicht gar der beliebteste Arbeitgeber. Das Unternehmen betrachtet diesen „human touch" als **den** Erfolgsfaktor schlechthin. Der „menschliche Zug" drückt sich, neben dem Geschilderten, vor allen Dingen in den Entwicklungsmöglichkeiten aus, die den Mitarbeitern geboten werden. Mobilität ist hier das Stichwort. Jeder Mitarbeit hat Aussicht auf internationale Assignments, also Wechsel des Ortes. Aber auch der Transfer von einem Geschäftsbereich in den anderen ist an der Tagesordnung. Offene Stellen werden im weltweiten Intranet ausgeschrieben. Mobilität der Mitarbeiter wird begrüßt und gefördert.
Arbeitsflexibilität wird großgeschrieben. Viele Beschäftigte arbeiten daheim, mal kürzer, mal länger, wie es die jeweilige Lebensphase gerade erlaubt. Diese Freiheit basiert auf dem rückhaltlosen Vertrauen des Unternehmens in seine Mitarbeiter. Stechuhren gibt es nicht, denn „die Leute die betrügen wollen, würden dies auch mit Stechuhren tun".
Die Kommunikation im Unternehmen verläuft offen, direkt und informell. Man tauscht sich persönlich oder über elektronische Medien aus. Die Tür

steht im übertragenen Sinne jedem jederzeit offen. Der CEO ist direkt durch Voicemail oder E-Mail zu erreichen, und er beantwortet die meisten Fragen persönlich. Unternehmenseigene Zeitschriften stellen kreative Leistungen öffentlich heraus. Diese Form der Anerkennung scheint den Mitarbeitern wichtiger zu sein als finanzielle Bonbons.

Apropos Vergütung: Auch auf diesem Sektor ist Ericsson ausgesprochen fortschrittlich. Der Anteil variabler Vergütung wächst, weil man erkannt hat, daß er die Mitarbeiter motiviert und die Rentabilität des Unternehmens verbessert. Die gesamte Belegschaft hat, wo rechtlich möglich, seit 1997 Anrecht auf unternehmenseigene Wandelanleihen. Knapp die Hälfte der Mitarbeiter nutzt diese Form der Bezahlung. 500 Führungskräfte erhalten zusätzlich Aktienoptionen.

Die Marktkapitalisierung Ericssons hat sich in den vergangenen fünf Jahren verachtfacht – eine imponierende Leistung, deren Grundlage unzweifelhaft der Human Touch des Unternehmens ist, also die hohe Arbeitsflexibilität, die vielfältigen Entwicklungsmöglichkeiten, die immateriellen und finanziellen Anreize. Es geht also auch bei großen Unternehmen.

Ob HiTech oder LoTech, ob USA oder Deutschland, ob klein oder groß, ob strukturiert oder chaotisch: Innovationen sind kein Zufall und Wachstum ist überall möglich. Natürlich hat jedes Unternehmen seine eigenen Bedingungen und läßt andere Mechanismen greifen. Ein Ziel haben alle gemeinsam: die Freiheit der Mitarbeiter, die Eigenverantwortlichkeit, die Förderung, eingebettet in eine Fehlerkultur. Fehler sind nicht verboten, sondern sind zum Lernen da. Wie sagte Lao-Tse: *„Wer nicht genügend vertraut, wird kein Vertrauen finden.“*

VII.

Alle sitzen in einem Boot – Die Widerlegung von Mythen

Alle sitzen in einem Boot – Die Widerlegung von Mythen

„Neid richtet sich stets nur auf die Ergebnisse, nie auf die Voraussetzungen."

Heinrich Wolfgang Seidel

Mitarbeiterfokus, Intrapreneurship und Wertorientierung sind die Quellen innovativen Wachstums. Nur innovatives Wachstum kann neue, langfristig sichere Arbeitsplätze schaffen. Die drei Managementansätze sollten folglich die natürlichen Führungsschwerpunkte eines Unternehmens bilden (Abb. 61).

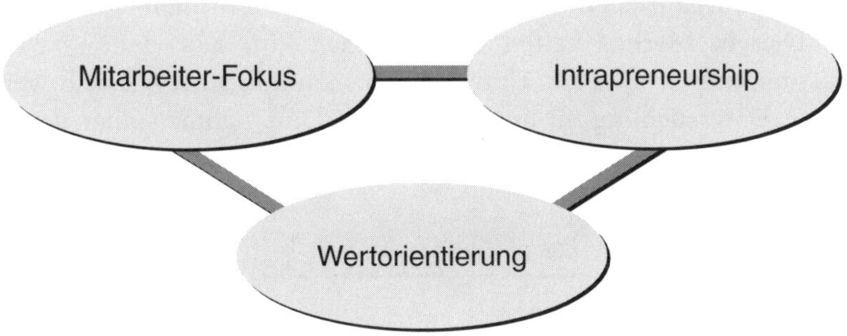

Abbildung 61: Das strategische Dreieck der Unternehmen

Wir sagen, sie *sollten* die Führungsschwerpunkte bilden. Und das heißt natürlich: gegenwärtig ist dies noch nicht der Fall. Nur die wenigsten Unternehmen in Deutschland orientieren sich an diesem strategischen Dreieck. Worin liegen die Gründe dafür, daß ein derartig zwingendes Konzept in der Praxis so gut wie nicht realisiert ist und auch in der politischen Diskussion keine nennenswerte Rolle spielt?

Ein mächtiges, irrationales Hemmnis scheint es vor allem zu sein, daß dem entgegensteht: Angst! Angst vor der Veränderung. Angst davor, daß infolge der Veränderung alles schlechter wird oder sich doch zumindest die eigene Position relativ zu anderen entscheidend verschlechtert. Und wer immer sich ängstlich ausrechnet, der Verlierer einschneidender Reformen zu sein, der mobilisiert alle Kräfte, um sich gegen den unausweichlichen Veränderungsprozeß zu stemmen. Und diese im Hergebrachten beharrenden Kräfte sind stark in Deutschland. Sie entwickeln ein imponierendes

Widerstandsgeschick. Sie erfinden Mythen[1] in der strategischen Absicht, die Reformen zu diskreditieren oder doch die eigene Zögerlichkeit zu rechtfertigen.

In diesem Kapitel wollen wir einige dieser Mythen aufs Korn nehmen. Deren Kern ist die Behauptung, das Konzept des innovativen Wachstums diene ausschließlich Partikularinteressen, also immer den Interessen der anderen – und sei deshalb strikt abzulehnen. Wir werden zeigen, daß dem nicht so ist. Wir werden deutlich machen, daß dieses Konzept *allen* Interessen dient, daß wir alle in einem Boot sitzen und, daß dieses Boot mit der ausufernden Arbeitslosigkeit unterzugehen droht, wenn wir nicht endlich entschlossen handeln.

Mythos Nummer eins: Nur Kleine können wachsen

Großunternehmen beteuern gern, daß sie durchaus wachsen möchten, jedoch aus „organischen" Gründen zu hohem Wachstum nicht in der Lage seien. Diesem Mythos halten wir entgegen: Eine Korrelation zwischen Wachstum und Größe eines Unternehmens kann nicht festgestellt werden, wie eine Untersuchung an amerikanischen Unternehmen über den Zeitraum 1988 bis 1993 ergab (Abb. 62).

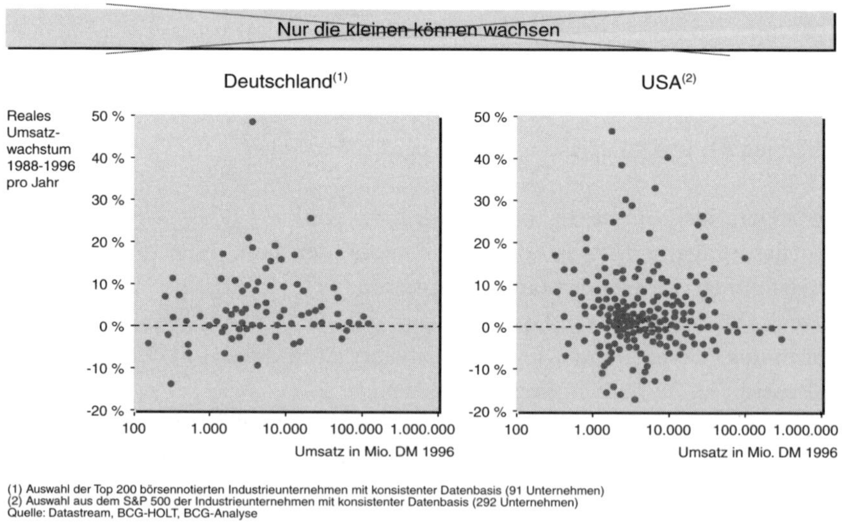

Abbildung 62: USA: reales jährliches Umsatzwachstum als Funktion der Unternehmensgröße in „Umsatz" gemessen [Quelle: BCG-Analyse]

[1] griechisch: mythos = Erdichtetes

Gewiß ist Intrapreneurship kurzfristig schneller in kleinen als in großen Unternehmen zu verwirklichen. Die Volatilität der Wachstumsraten und Erträge kleiner Unternehmen übertrifft allerdings die der großen Unternehmen, das heißt: mal sind sie klar besser, mal deutlich schlechter als die Großkonzerne. Wachstumsausreißer in beide Richtungen gibt es also tatsächlich eher bei kleineren Wirtschaftseinheiten. Stabiles innovatives Wachstum jedoch ist für Unternehmen jeder Größe möglich. Wenn der Elefant in Bewegung kommt, vergeht der Maus Hören und Sehen.

Mythos Nummer zwei: Wachstum ist branchenabhängig

Das Gras sprießt nicht grüner in Nachbars Garten. Die Erklärungen, warum ausgerechnet die eigene Branche zum Darben verurteilt ist und also Wachstumschancen kaum realisieren kann, sind Legion. Es handelt sich dabei zumeist um Schutzbehauptungen, die von der eigenen Trägheit und Einfallslosigkeit ablenken sollen. Diesem Mythos halten wir entgegen: In jeder Branche ist innovatives Wachstum möglich, vorausgesetzt, sie ist aus technologischen Gründen nicht gerade vom „Aussterben" bedroht (Postkutschen, Rohrpost). Es können also in jeder Branche neue Arbeitsplätze geschaffen werden (Abbildungen 63, 64).

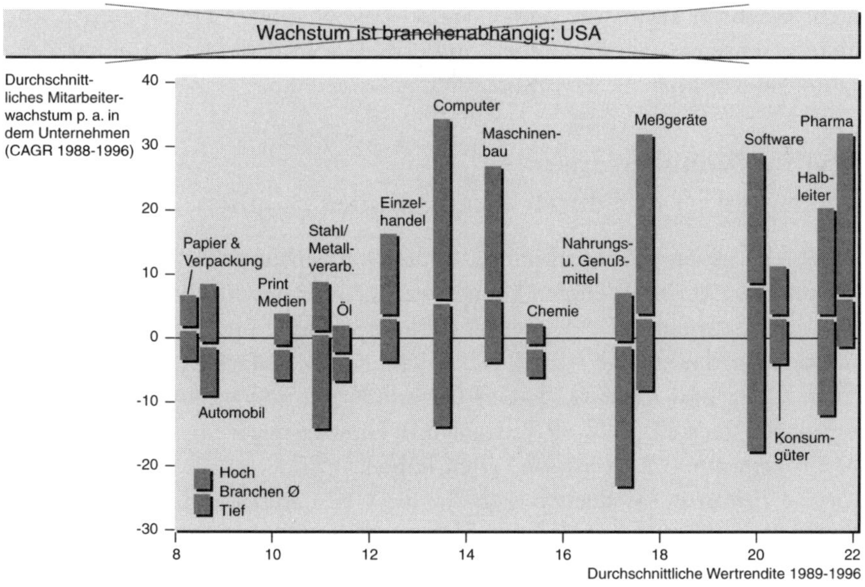

Abbildung 63: Wachstum ist branchenunabhängig – USA
[Quelle: BCG-Analyse; siehe auch Erläuterungen Anhang, Tabelle IV]

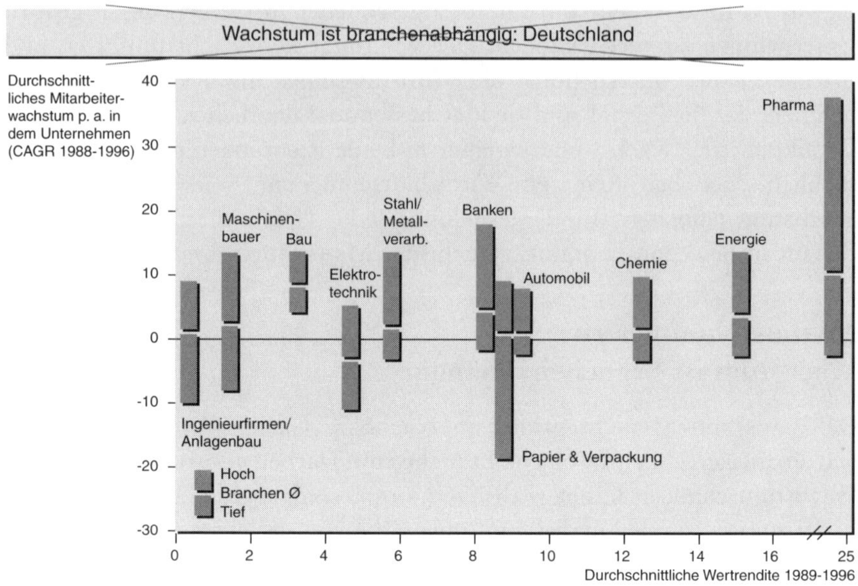

Abbildung 64: Wachstum ist branchenunabhängig – Deutschland
[Quelle: BCG-Analyse; siehe auch Erläuterungen Anhang, Tabelle II]

Natürlich unterscheiden sich Durchschnitts-, Spitzen- und Tiefstwerte zwischen den Branchen. Daraus abzuleiten, es gäbe Branchen, in denen man nicht wachsen könne, ist einfach falsch. Wohl gibt es Unternehmen, die nicht wachsen – während andere in derselben Branche in demselben Zeitraum die Konkurrenz weit hinter sich gelassen haben.

Mythos Nummer drei: Wachstum ist nur durch Akquisitionen möglich

Angesichts gesättigter Märkte und zahlreicher, leistungsstarker Konkurrenten sehen viele Unternehmen keine oder nur sehr beschränkte Möglichkeiten, durch „organische" Weiterentwicklung zu wachsen. Sie halten Akquisitionen für das einzige Mittel, schnell eine starke Marktposition zu erreichen. Gertz und Baptista[2] haben bei hunderten von untersuchten Unternehmen festgestellt, daß 69 Prozent ihre Umsatzsteigerung intern und nur 31 Prozent durch Akquisition erzielt haben.
Unsere Erfahrungen decken sich damit: Übernahmekandidaten, die das eigene Portfolio ideal ergänzen, eindeutig Synergien garantieren und auch noch günstig zu erwerben sind, gibt es äußerst selten. Außerdem werden

2 Dwight L. Gertz, Joao P. A. Baptista: „Grow to be great", Landsberg/Lech 1996

unsere beiden Erfolgsvoraussetzungen Mitarbeiterfokus und Intrapreneurship dadurch selten beflügelt.
Der Mythos ließe sich allein schon deshalb nicht halten, weil Wachstum, das ausschließlich oder überwiegend auf Akquisitionen beruhte, aus gesamtwirtschaftlicher Sicht ein Nullsummenspiel wäre. Und dem widersprechen die Wachstumsraten der Volkswirtschaften eindeutig.

Mythos Nummer vier: Der Staat ist an allem Schuld

Dem Staat alle Schuld an Struktur- und Wachstumsschwächen zu geben, ist nicht gerechtfertigt. Kunert[3] etwa weist anhand umfangreicher Untersuchungen nach, daß vom vergleichsweise hohen Kostenniveau Deutschlands nur etwa ein Drittel den Rahmenbedingungen anzulasten sind. (Abb. 65).

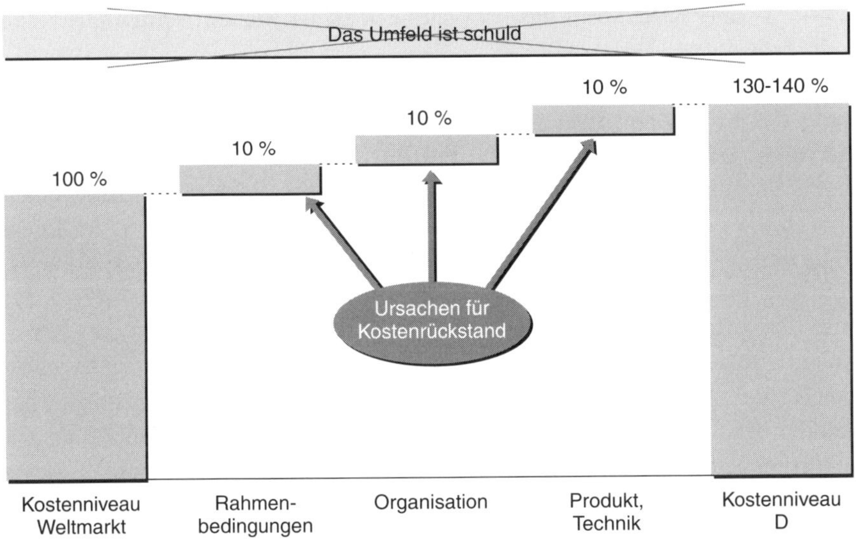

Abbildung 65: Der Mythos „Das Umfeld ist schuld" ist nicht haltbar: ein Beispiel aus der Elektroindustrie

So aufschlußreich diese Analyse sein mag, so wenig geht sie allerdings auf nachgelagerte Effekte ein. Hier sind unter Rahmenbedingungen in erster Linie die unmittelbar kostenwirksamen Gesetze gemeint, wie Kranken- und Sozialversicherungen, Lohnfortzahlungen, sonstige Tarife, Belastungen etc. Eine konsequente Deregulierung und Flexibilisierung würde darüber hinaus schöpferische Kräfte im weitesten Sinne freisetzen: mehr neue

[3] Kunert, Kronberger Konferenz 1995

Unternehmen, weniger Arbeitsplatzabbau, mehr Innovationskapital in neue Gebiete wie Bio- und Gentechnologie, mehr ausländische Direktinvestitionen – mehr Mut und mehr Risiko.

Mythos Nummer fünf: Shareholder-Value ist „Gier nach Beute"

Es ist zunehmend üblich, die Handelnden in **Stakeholder** und **Shareholder** zu unterscheiden: „Stakeholder" als die am Wohl des Unternehmens Interessierten, „Shareholder" als die Eigentümer, die für ihren Kapitaleinsatz eine Verzinsung erwarten. Der klassische Widerspruch, der scheinbare Antagonismus zwischen Arbeitgebern und Arbeitnehmern, wie ihn bereits Karl Marx mit den bekannten Folgen postulierte, bekommt durch die Stakeholder-Shareholder-Diskussion eine neue und vielschichtigere Terminologie. Dieser Widerspruch, der meist in unterschiedlichen kurzfristigen Verteilungs- und Beschäftigungsprioritäten liegt, ist nur ein scheinbarer und kein grundsätzlicher.

Der Begriff „Shareholder-Value" wird meist als Synonym für die Verzinsung des Kapitaleinsatzes gebraucht und Wertschaffung oder wertorientierte Unternehmensführung werden mit „Shareholder Value" gleichgesetzt. Damit suggeriert der Begriff „Shareholder Value" buchstabengetreu, daß es nur um Wert für den Eigentümer, den Shareholder geht. Diese Suggestion wird auf das Konzept der wertorientierten Unternehmensführung insgesamt übertragen und dieses dadurch als ein Konzept, das nur den Interessen der Eigentümer dient, diskreditiert. Dies ist ebenso falsch wie bedauerlich. Insbesondere in Kontinentaleuropa ist „Shareholder Value" zum Unwort geworden, da ihm vor dem Hintergrund hoher und steigender Arbeitslosigkeit die Ausbeutung der Arbeitnehmer zur Profitbefriedigung der Manager und Aktionäre unterstellt wird. Dieser negative Mythos führt zu grotesken Überzeichnungen. Selbst die renommierte „Zeit" betitelte 1996 einen Artikel zum Thema Shareholder Value mit „Die Gier nach Beute"[4]. Der Spiegel[5] verstieg sich zur Aussage, daß durch Profitorientierung eine höhere Arbeitslosigkeit hervorgerufen wird und unterlegte zur „Beweisführung" die gegenläufige Entwicklung der Arbeitslosigkeitsentwicklung und der Aktienkursentwicklung (DAX) von 1991 bis 1996.

Wir haben Lewis Platt, CEO von Hewlett-Packard, bereits zitiert.[6] Hewlett-Packard ist eine der erfolgreichsten Aktiengesellschaften. Trotzdem ist für

4 Zeit, 14.6.1996
5 Der Spiegel Nr. 12, 1997, „Horror und Erfolg", S. 92-105
6 Kap. IV, S. 13

L. Platt die gute Aktienrendite das Resultat der Grundwerte. „Weil wir den Mensch in den Mittelpunkt stellen und nicht das Kapital, haben wir wirtschaftlichen Erfolg, der auch den Aktionären zugute kommt.”[7]
Alle Anfeindungen, Mißverständnisse und Falschdarstellungen ändern nichts an der Tatsache, daß die Frage „Was verdienen die Kapitalgeber?” im Rahmen des Shareholder-Value-Ansatzes zweitrangig gegenüber der Frage ist „Wie kann ein Unternehmen auf Dauer im Wettbewerb bestehen?” Und ein Unternehmen, das überlebt und wächst, dient den Interessen der Arbeitnehmer, des Staates, der Gesellschaft insgesamt mindestens ebenso sehr wie jenen der Kapitalgeber. Im Lichte dieser Überlegung ist die Aufregung um das Shareholder-Value-Konzept unverständlich. Der Mythos „Shareholder-Value = Gier nach Beute” ist in der Kurzfristbetrachtung zu relativieren, langfristig schlicht falsch:

- Der „Shareholder-Value“ – besser: das Wertwachstum – ist nicht mehr als eine Steuerungsgröße im Rahmen des Konzeptes. Steigende Aktienkurse und Dividenden sind eine Begleiterscheinung erfolgreicher wertorientierter Unternehmensführung, ein Indikator für die ”Fitness” des Unternehmens, keineswegs sein Hauptanliegen. Wie der geschaffene Wert verteilt werden soll, ist eine ganz andere Frage. Sie tangiert das Unternehmen als solches gar nicht – und spielt in diesem Ansatz daher auch nur eine Nebenrolle.

- Der englische Begriff „Shareholder-Value” führt insofern in die Irre, als er eben diesen zweitrangigen Aspekt hervorhebt und den wesentlichen unterschlägt. Dieser besteht – wie erwähnt – darin, daß ein gesundes, finanzstarkes Unternehmen besser im Wettbewerb bestehen kann, und davon *alle* Interessengruppen profitieren, nicht nur die Anteilseigner.

- Konsequentes Wertmanagement führt dann zum Abbau von Arbeitsplätzen, wenn zunächst die Rendite, etwa durch Rationalisierungen, gesteigert werden muß, bevor Wachstum ökonomisch sinnvoll ist. Dies ist der Aspekt, auf den die Kritiker das komplexe Konzept gern verkürzen. Sie unterschlagen dabei, daß es immer das Ziel eines Unternehmens ist, nach erfolgreicher Restrukturierung wieder zu wachsen.

- Wachstum über neue Produkte und Dienstleistungen führt, spätestens mittelfristig, fast immer zu neuen Arbeitsplätzen – womit der Beschäftigungsrückgang während der Rationalisierungsphase (zum Teil) kompensiert oder gar übertroffen wird.

[7] Wirtschaftswoche Nr. 23, 29.5.1997

Mythos Nummer sechs: Verletzte „Stakeholder"-Interessen durch Wertorientierung

Dies knüpft unmittelbar an die Diskussion des Mythos Nummer fünf an. Der Begriff **„Stakeholder"** wurde durch Tony Blair[8] in die Debatte eingeführt. Der Stakeholder-Value-Ansatz erweitert die Perspektive des Shareholder-Value-Ansatzes. Er geht davon aus, daß es neben den Anteilseignern eine Reihe von Interessensgruppen, die „Stakeholder" eben, die legitime Ansprüche an das Unternehmen haben und eigene Zielvorstellungen verwirklichen wollen. Der Ansatz ist, das sei vorab gesagt, keineswegs unumstritten, wie folgende Bemerkung von Den Ugl belegt: „The issue is that the new use of language (stakeholder) is being pushed by those with an anti-market message."[9]

Zunächst ist zu konstatieren, daß die Zielvorstellungen der Stakeholder durchaus heterogen sind. Deshalb bewerten sie den Unternehmenserfolg auch auf jeweils unterschiedliche Weise (Abb. 66)

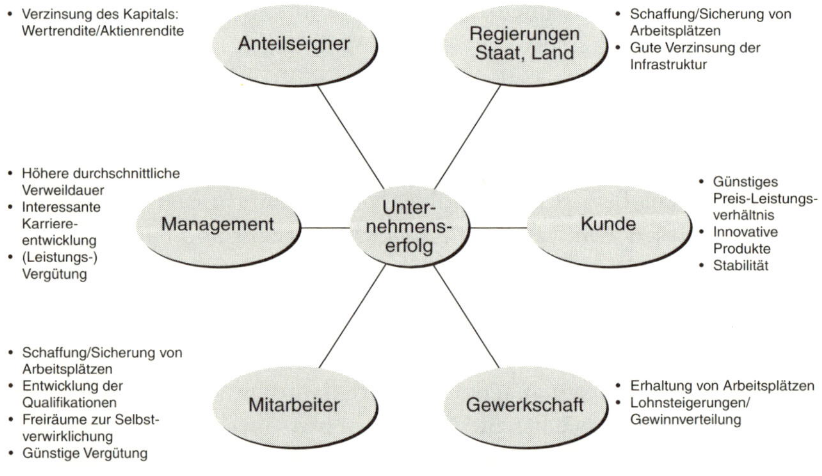

Abbildung 66: Stakeholder bewerten den (Unternehmens-)Erfolg unterschiedlich

Kann – so lautet die Schlüsselfrage – das oben vorgestellte strategische Dreieck aus Wertschaffung, Intrapreneurship und Human Resource Focus die vielfältigen Stakeholder-Interessen befriedigen, und zwar nicht nur im Sinne des kleinsten gemeinsamen Nenners, sondern des größten gemeinsamen Nutzens?

---

8 „It is a Stakeholder Economy in which opportunity is available to all, advancement is through merit and from which no group or class is set apart or excluded . . . This requires that everyone has a stake." Vgl. Blairs Rede in Singapur vom 7.1.96

9 D. J. Den Ugl: „Corporation at stake", in „The Freeman", Juli 1992

Prüfen wir dies im einzelnen ab:
Die Interessen der Anteilseigner (Shareholder) werden explizit von dem Konzept berücksichtigt. Dasselbe gilt für Arbeitnehmer- und Gewerkschaftsinteressen mit der geringfügigen Einschränkung, daß die Vergütungshöhe keine zentrale Rolle spielt. Ganz direkt wird der Zusammenhang zwischen strategischem Dreieck und Finanzinteressen der Arbeitnehmer bei Vergütungsformen wie Mitarbeiterbeteiligung, Investivlohn oder ertragsabhängige Lohnbestandteile. Dies sind im Augenblick allerdings eher noch Zukunftskonzepte.
Die Interessen des Managements wie Verweildauer, Karriereentwicklung und Vergütung sind ohne weiteres mit unserem Konzept kompatibel. Unternehmensziele und Managementwünsche müssen über entsprechende Leistungskriterien in Einklang gebracht werden.
Die Schlüsselfrage, ob das strategische Dreieck aus Wertschaffung, Intrapreneurship und Human Resource Focus die Vielfalt der Stakeholder-Interessen befriedigen könne, läßt sich also eindeutig mit „Ja" beantworten (Abb. 67).

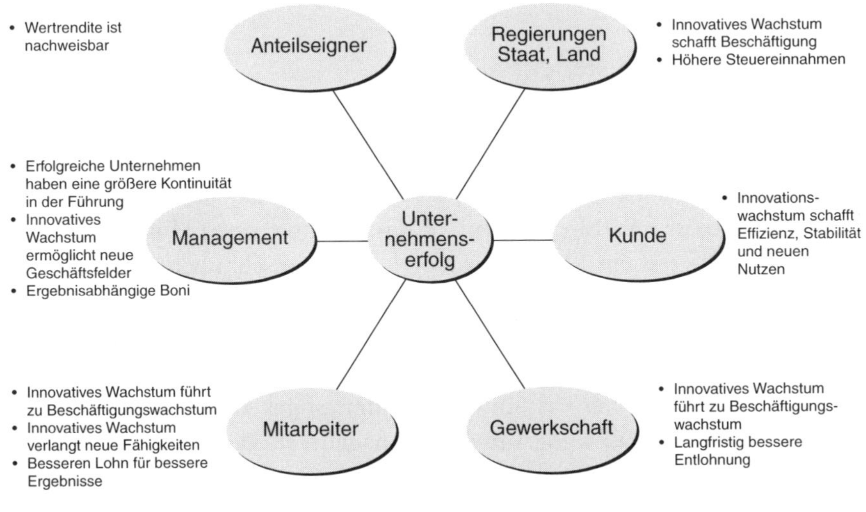

Abbildung 67: Innovatives Wachstum erfüllt die Ziele aller Stakeholder

Dieses „Ja" setzt allerdings voraus, daß die hier angenommenen Ziele der Stakeholder auch deren tatsächliche Ziele sind und nicht nur vorgeschützte, die ganz andere Strebungen kaschieren sollen. Kommt es zum Beispiel den Gewerkschaften tatsächlich auf Beschäftigung, Qualifizierung und angemessene Entlohnung der Arbeitnehmer an? Oder haben sie gar keine einheitlichen Zielvorstellungen, da sich die Interessen der Gewerkschaftsfunktionäre und der von ihnen vertretenen Mitglieder auseinander ent-

wickeln? Könnte es sein, daß die Funktionäre insgeheim den Status quo verteidigen, weil sie in einer auf innovatives Wachstum ausgerichteten Gesellschaft an Einfluß und Ansehen verlieren?
Und wie steht es mit den Regierenden? Liegt ihnen wirklich das Wohl der Gemeinschaft am Herzen, wie sie bei jeder sich bietenden Gelegenheit beteuern – und bei Amtsübernahme beschwören müssen? Oder kommt es ihnen vielleicht doch darauf an, möglichst niemanden durch allzu entschlossenes Handeln zu verprellen, damit sie wiedergewählt werden. Das Verbleiben im Amt als ultimative Zielsetzung, dem, wenn nötig, auch das langfristige Wohl des Ganzen geopfert wird?
Was bewegt Unternehmensführer, wenn die Vertragsverlängerung ansteht? Die Interessen des Unternehmens oder der Eigennutz?
Wir wollen diese Diskussion nicht vertiefen. Die wenigen angerissenen Gedanken sollen deutlich machen, daß sich erfolgversprechende Zukunftskonzeptionen nur für Stakeholder entwerfen lassen, die ihre Zielvorstellungen aufrichtig bekunden und rational vertreten. Für jemanden, der gegen seine offiziell erklärten Interessen handelt, ist kein brauchbares Konzept zu erfinden.

Mythos Nummer sieben: Stakeholder-Interessen divergieren in Raum und Zeit

Die Stakeholder-Interessen sind nach Zeit und Raum unterschiedlich ausgeprägt und deshalb vom strategischen Dreieck aus Wertorientierung, Mitarbeiterfokus und Intrapreneurship nicht unter einen Hut zu bringen. Abbildung 68 versucht, diesen Vorwurf optisch anschaulich zu machen.
Inwiefern können Stakeholder-Interessen **zeitlich** differieren? Angenommen, eine Wertrendite wird für einen Zeitraum von zehn Jahren geplant, dann entspricht das womöglich den Interessen der Shareholder und Arbeitnehmer. Doch verliert ein derart langfristiges Wertrenditeziel leicht seine motivierende Wirkung für das Management. Der Vorstand möchte die Früchte seiner erfolgreichen Arbeit, etwa in Form von Boni, wesentlich früher ernten. Andererseits kommen zu kurze Planungsabschnitte den schwarzen Schafen unter den Managern entgegen. Sie könnten – „hit and run" – auf die Idee kommen, zum Schaden des Unternehmens und damit aller übrigen Stakeholder „auszucashen", indem sie etwa Arbeitsplätze abbauen, Entwicklungs- und Werbebudgets kürzen und damit Rentabilität und Aktienkurs kurzfristig nach oben treiben. Vorfälle dieser Art gibt es sicherlich. Sie haben selbst institutionelle Anleger wie das California Public Retirement System (CALPERS) – den größten Pensionsfonds der Welt – zur Kritik am puren Shareholder-Value-„Gedanken"veranlaßt.

CALPERS konstatiert: „Vorstände sind oftmals bereit, Humankapital auf dem Altar kurzfristiger Kursgewinne zu opfern."[10]

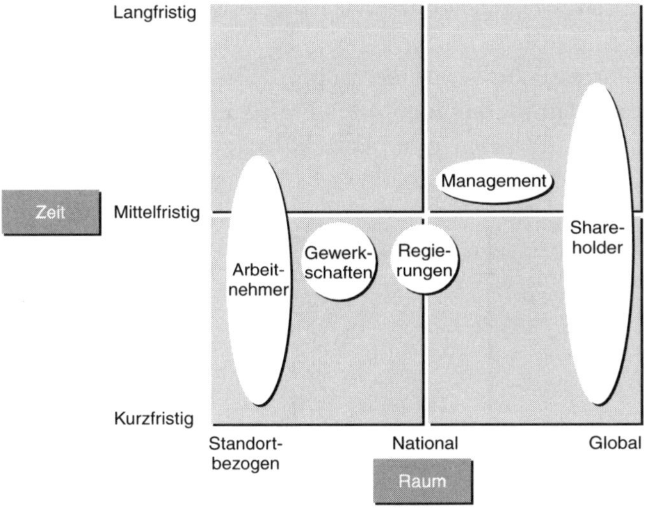

Abbildung 68: Stakeholder optimieren sich unterschiedlich

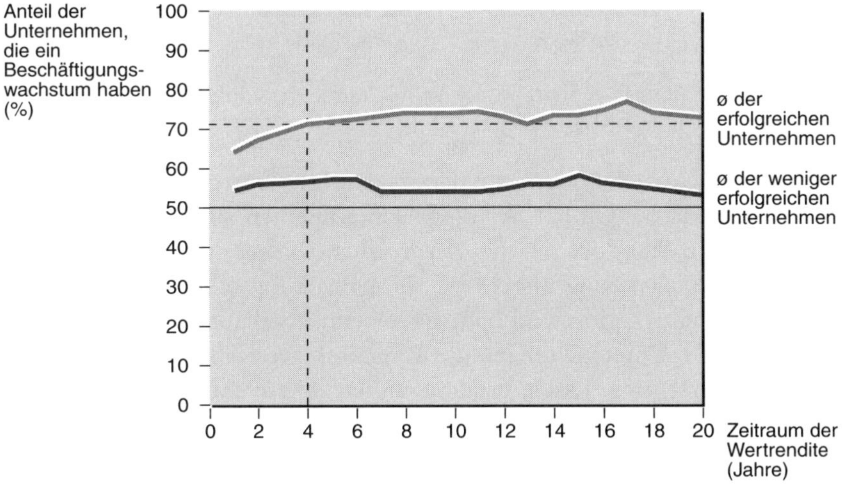

Abbildung 69: Wert und Beschäftigung: ab vier Jahren weitgehend übereinstimmende Interessenlage
[Quelle: BCG-Analyse]

10 Quelle: Der Spiegel Nr. 12, S. 92-105

Die sinnvollste Fristigkeit für die Wertrendite als Steuerungsinstrument ist vier Jahre. Sie stellt sozusagen einen akzeptablen Kompromiß zwischen langfristigen und kurzfristigen Stakeholder-Interessen dar. Ab vier Jahre stimmen die Interessen weitgehend überein, die kurzfristig divergieren (Abb. 69).
Analysten[11] sind mehrheitlich davon überzeugt, daß es langfristig keinen Widerspruch zwischen der Shareholder-Value-Politik eines Unternehmens und den Interessen der Mitarbeiter gibt (Abb. 70).

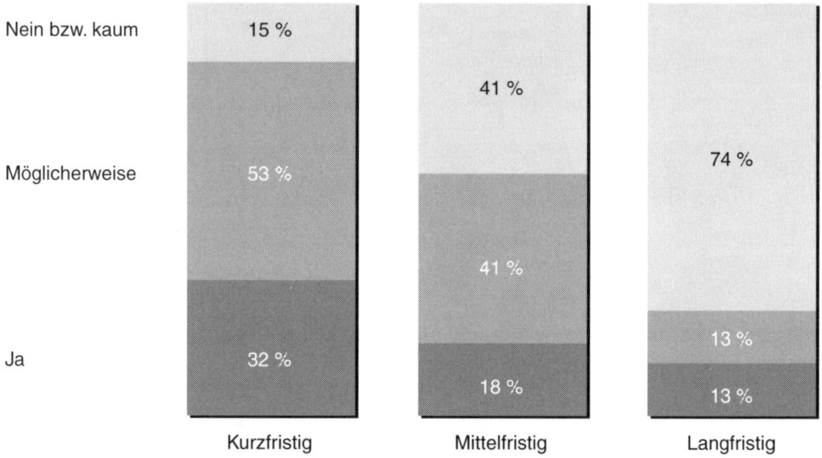

Abbildung 70: Gibt es bei Shareholder-Value-Politik einen Interessenskonflikt zwischen Aktionären und Mitarbeitern?

Auch der Vorwurf, die Interessen der Stakeholder divergieren räumlich, ist kaum nachweisbar. Global agierende Unternehmen sind auch an ihrem ursprünglichen Standort relativ erfolgreicher als jene, die gegen den Sog der Internationalisierung angehen[12]. Globalisierung schafft Arbeitsplätze auch am Heimatstandort und baut sie – wenn überhaupt – meist nur vorübergehend ab. Untersuchungen des Rheinisch Westfälischen Instituts für Wirtschaftsforschung, Essen, bestätigen diese These (Abb. 71)[13].
Man unterscheidet zwischen Kapital, das in Zusammenschlüsse und Akquisitionen fließt und solches, das in Neugründungen im Ausland fließt.

[11] Vgl. Wirtschaftswoche Nr. 21, 15.5.1997

[12] Vgl. dazu z. B. auch die Ergebnisse des RWI (Rheinisch Westfälisches Institut für Wirtschaftsforschung Essen, Konjunkturbrief Nr. 3, August 1996) und des DIW (Globalisierungs-Falle oder Wohlstandsquelle, DIW-Wochenbericht 23/97)

[13] 52 zufällig ausgewählte Unternehmen (größer 5.000 Mitarbeiter) für den Zeitraum 1987 bis 1994 (Wachstumsdaten von sehr geringer Basis sind herausgenommen).

Im ersten Fall werden ausländische Unternehmen mit allen Bereichen, darunter auch die Produktionskapazität , aber eben auch der bestehende Kundenstamm übernommen. Diese Kunden werden mit der neuen Kapazität beliefert. Eine Produktionsverlagerung aus Deutschland ist hier in der Regel nicht der Fall, und damit wandern auch keine Arbeitsplätze ins Ausland ab. Im Gegenteil: wahrscheinlich werden im Inland sogar zusätzliche Arbeitsplätze in qualifizierten Funktionen, beispielsweise der Entwicklung, geschaffen.
Etwas anders sieht es bei Direktinvestitionen in Neugründungen aus, insbesondere in neue Produktionskapazitäten im Ausland. Diese können zur Belieferung neuer, aber eben auch bestehender Kunden genutzt werden. In letzterem Fall kommt es zum Export von Arbeitsplätzen.
Nach Angaben des RWI wurde gerade in den Jahren mit einem hohen Neugründungsanteil vornehmlich in Asien investiert, in Ländern also, die häufig wegen ihrer geographischen Distanz aus Deutschland heraus nicht immer kostengünstig beliefert werden können.

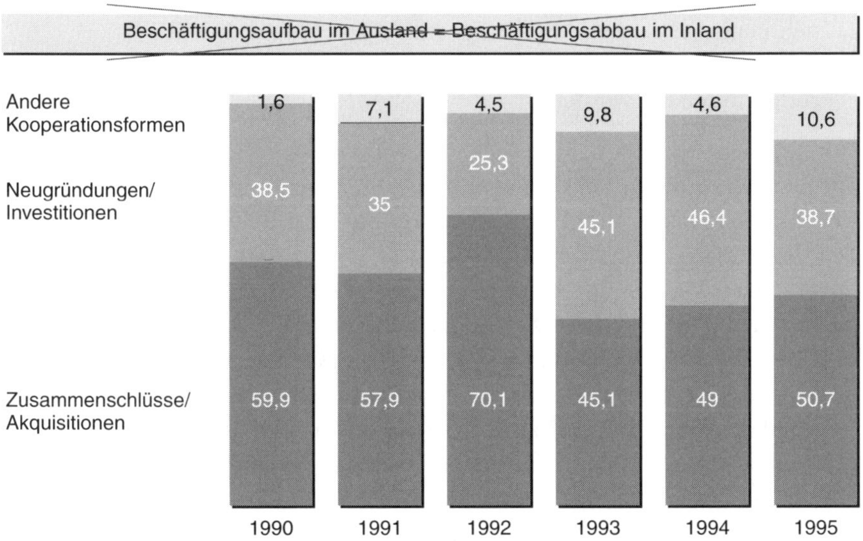

Abbildung 71: Auslandsinvestitionen deutscher Unternehmen
[Quelle: RWI-Konjunkturbrief, Nr. 3, August 1996]

Die von Ross Perot prophezeite „Verarmung durch die Importe aus der Dritten Welt" ist bisher ausgeblieben und wird sich aller Wahrscheinlichkeit nach auch nicht einstellen. Zu erwarten steht eher, daß es in flexiblen Volkswirtschaften zu einem – seinerzeit bereits von Ricardo entdeckten – Win-Win-Effekt kommt: Teile der Wertschöpfung, die verlorengehen, werden durch „höherwertigen" Ersatz überkompensiert. Dies gilt nicht nur für

Großkonzerne, sondern auch für mittlere und kleinere Betriebe. Die Wirtschaftswoche[14] berichtet in diesem Zusammenhang von den ostbayerischen Grenzregionen. Dort löste der Zerfall des Ostblocks und das Verschwinden des Eisernen Vorhangs in den vergangenen Jahren ein Wirschaftswunder aus. Kleine Industrieunternehmen verlagerten Teile ihrer Produktion ins nahe Tschechien. Gleichwohl hielten sie zum überwiegenden Teil ihren deutschen Beschäftigungsstand, weil sie mit den billigen tschechischen Zulieferungen zugleich ihren Umsatz in Deutschland steigern konnten.
Es wurde an den Ursprungsstandorten nun zwar weniger produziert, dafür wuchs der Personalbedarf bei Vertrieb und Service. Die Folge dieser kleinen Internationalisierung: die Arbeitsmarktentwicklung in der Region verlief seit der Grenzöffnung wesentlich günstiger als im übrigen Deutschland.
Für dieses Phänomen sind drei Ursachen anzuführen, die dem wirtschaftlichen Alltagsgefühl der Arbeitnehmer eher widersprechen:

- Die Auslandsinvestitionen folgen zum größten Teil den Märkten, weniger den Produktionsfaktoren.
- Erfolgreiche Globalisierung stärkt die Wettbewerbsfähigkeit des Unternehmens auch am Heimatstandort.
- Servicefunktionen am Heimatstandort müssen parallel zur Globalisierung ausgebaut werden.

Wir können festhalten: räumlich divergieren Stakeholder-Interessen nur auf den ersten Blick. Bei genauerem Hinsehen zeigt sich, daß erfolgreiches Internationalisieren den Heimatstandort in aller Regel stärkt und damit den Beschäftigungsgrad mindestens hält, wenn nicht steigert. Zeitliche Divergenzen können durch geeignete Fristigkeiten bei der Planung vermieden werden. Damit haben wir die Mythen, die gegen das strategische Dreieck gerichtet sind, allesamt widerlegt. Wertwachstum, Intrapreneurship und Mitarbeiterfokus bringen alle Stakeholder-Interessen in Einklang. Im Rahmen des Konzepts verfügt jede Interessengruppe über wirksame Möglichkeiten, ihren Teil zum Unternehmenserfolg beizutragen. Abbildung 72 gibt einen (vereinfachten) Überblick.
Vor mehr als zwei Dekaden kam die Idee auf, die Wirtschaftsunternehmen zu einer gesellschaftsbezogenen Rechnungslegung zu verpflichten. Sie sollten, ergänzend zum traditionellen Jahresabschluß, über die Wahrnehmung der gesellschaftlichen Verantwortung Rechenschaft geben. Diese Form der Rechnungslegung wurde als „Sozialbilanz" bezeichnet. In dem Abschluß sollten möglichst genau alle gesellschaftlichen Kosten und Nutzen der Unternehmenstätigkeit festgehalten werden. Dieser Denkansatz läßt sich durchaus als Vorläufer der heutigen Stakeholder-Value-Debatte bezeichnen. Im

[14] Wirtschaftswoche 48/1996, S. 59ff.

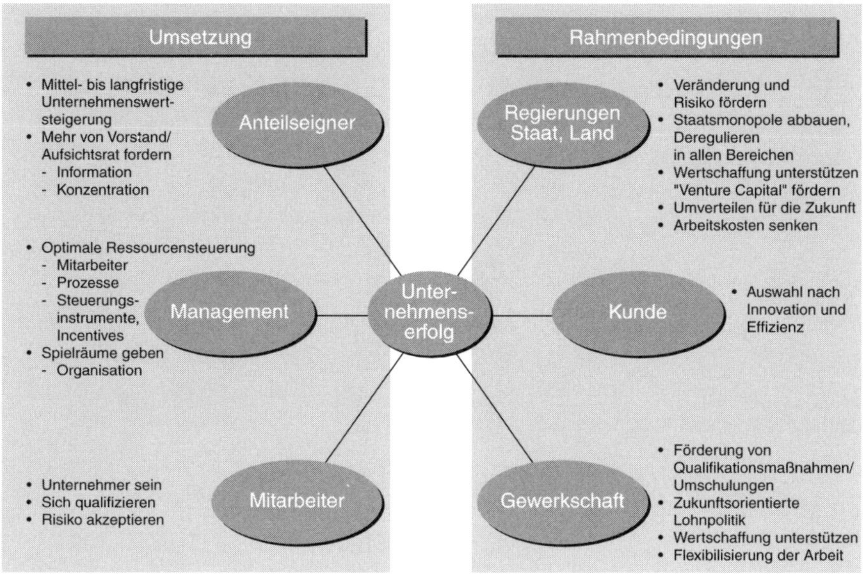

Abbildung 72: Alle können innovatives Wachstum fördern

Mittelpunkt der Sozialbilanz standen die Arbeitnehmer und der Staat. Es wurden Angaben zu den diversen Sozialleistungen, zur Wertschöpfung, zu Dividenden, zu den entrichteten Steuern und geleisteten Spenden, aber auch zur Belastung der öffentlichen Haushalte, zur Umweltbelastung, zur Lösung gesellschaftlicher Probleme und anderem mehr gemacht.
Die aus den USA stammende Idee wurde zwar von einigen deutschen Unternehmen aufgegriffen und in Form veröffentlichter Sozialbilanzen verwirklicht (z.B.: STEAG, Bertelsmann, BASF, Shell)[15]. Doch durchgesetzt hat sich dieses Gedankengut bis heute nicht.
Wirtschaftshistorisch gesehen halten wir diesen Ansatz, geboren aus der Kapitalmüdigkeit der 68er Generation, für ein bemerkenswertes Unterfangen. Freilich war das Zahlenwerk in seiner Komplexität kaum beherrschbar. Ein anderer Mangel erscheint uns jedoch gravierender: Das Fehlen einer klaren Meßgröße für den Unternehmenserfolg. Die Vielzahl von heterogenen Erfolgsindikatoren in der Sozialbilanz führt tendenziell zu einer Verzettelung der kreativen Kräfte des Unternehmens und es entsteht bei weitem nicht der Erfolg, der erreichbar wäre, wenn man sich auf *eine* entscheidende Steuerungsgröße konzentrierte. Diese entscheidende Größe liefert unser Konzept: Wertwachstum! Steigender Wert des Unternehmens erfüllt die Interessen sämtlicher Stakeholder, nicht nur jene der Kapitaleigner.

[15] Vgl. Süddeutsche Zeitung, S. 25, vom 26/27. Juli 1997

VIII.

Und sie wollen es doch! Auch die Arbeitnehmer wünschen Wertorientierung und Intrapreneurship

Und sie wollen es doch! Auch die Arbeitnehmer wünschen Wertorientierung und Intrapreneurship

Ein wahres Wort ist nicht schön,
ein schönes Wort ist nicht wahr!

Lao-Tse

In den vorangegangenen Kapiteln haben wir theoretisch abgeleitet und empirisch belegt, daß Intrapreneurship, Mitarbeiterfokus und Wertorientierung die Quellen innovativen Wachstums sind. Auf diesen drei Säulen ruht eine erfolgreiche Unternehmensführung.

Nun mag man den Vorstand eines Unternehmens für ein solch vielversprechendes Konzept leicht begeistern können. Wie aber steht es mit der Arbeitszufriedenheit und Loyalität der Arbeitnehmer unter dem beschriebenen Führungsansatz? Werden sie sich weiterhin mit den Unternehmenszielen identifizieren? Oder betrachten sie dieses Konzept eher mit Skepsis, weil sie fürchten, ihre berechtigten Interessen würden keine angemessene Berücksichtigung finden? Sehen sie sich vielleicht sogar als Opfer des Vorstands, der wieder einmal der neuesten Managementmode folgt und sie dabei als Versuchskaninchen mißbraucht?

Antworten auf diese (für den Erfolg des Konzepts entscheidenden) Fragen sind nur durch Feldforschung zu erhalten. Man muß die Betroffenen aufsuchen und sie interviewen. Und genau das haben wir getan. 1.000 Arbeitnehmer wurden zu ihrer Einstellung gegenüber Wertorientierung, Intrapreneurship und Mitarbeiterfokus befragt. Da wir häufig Quervergleiche und Analogien mit den USA gezogen haben, haben wir die Stichprobe geteilt und 600 US-amerikanische sowie 400 deutsche Arbeitnehmer um Auskunft gebeten. Gerade in bezug auf diese beiden Gruppen heißt es ja gern, sie seien vollkommen unterschiedlich und gar nicht miteinander vergleichbar.

Untersuchungsdesign

Die Aufnahme in das Sample der 600 amerikanischen und 400 deutschen Befragten erfolgte anhand der Kriterien

- Geschlecht (nur männliche Probanden)
- Alter (über 25 Jahre)
- Beschäftigungsdauer (mehr als drei Jahre)
- Größe des Unternehmens (mehr als 10 Beschäftigte)

Der gezielten Auswahl der Interviewten nach den obigen Merkmalen lag die Absicht zugrunde, verzerrende Effekte solcher Faktoren wie "unzureichende Berufserfahrung", "geschlechtsspezifische Karriere entwicklung" oder "eingeschränkte Handlungsspielräume bei Kleinstunternehmen" auszuschalten. Als möglicher statistischer Fehler ergab sich für die USA ein Grenzwert von +/-4 Prozent, für Deutschland von +/-4,9 Prozent.

Die vier wichtigsten Ergebnisse der Befragung lauten:

1. Die Wertorientierung von Unternehmen wird von den Arbeitnehmern keineswegs skeptisch gesehen. Man hält sie, im Gegenteil, für die Vorbedingung einer erfolgreichen Zukunft des Unternehmens.
2. Intrapreneurship und Mitarbeiterfokus werden als im ureigensten Interesse der Arbeitnehmer liegend verstanden.
3. Beides gilt in besonderem Maße für den Kern "positiver Arbeitnehmer", also für die Mitarbeiter mit der höchsten Arbeitszufriedenheit, Loyalität und Akzeptanz der Unternehmensziele.
4. Zwischen den USA und Deutschland gibt es hinsichtlich der drei vorangehenden Punkte keine signifikanten Unterschiede. Damit ist die Behauptung, beide Kulturen seien zu divergent für einen direkten Vergleich, nicht haltbar.

Die Ergebnisse zeigen unmißverständlich: das Führungskonzept aus Wertschaffung, Intrapreneurship und Mitarbeiterfokus hat die rückhaltlose Unterstützung der Arbeitnehmerschaft. Die Interessen der Mitarbeiter decken sich mit denen des Unternehmens. Ja, es gilt sogar, daß sich die Mitarbeiter gerade dort mit den Unternehmenszielen am stärksten identifizieren, daß sie gerade da am loyalsten und zufriedensten sind, wo Wertmanagement betrieben wird und die Human-Resource-Orientierung am weitesten fortgeschritten ist.

Befragungsinhalt

Es wurden über 100 Fragen an die Interviewpartner gestellt.
Die Schwerpunkte waren:

- Arbeitszufriedenheit, Loyalität zum Unternehmen, Akzeptanz der Unternehmensstrategie durch die Arbeitnehmer
- Wertung von Intrapreneurship (Teamarbeit, Entscheidungsfreiheit, Einflußmöglichkeiten etc.) durch die Arbeitnehmer
- Aspekte der Human Resource Politik wie Weiterbildung, Gehaltssysteme, Flexibilität von Arbeitszeit und Arbeitsplatz
- Akzeptanz der Wertorientierung von Unternehmen durch die Arbeitnehmer

Die Ergebnisse im einzelnen:

1. Die Arbeitnehmer akzeptieren die Wert- und Ertragsorientierung ihrer Unternehmen

Arbeitnehmer wissen sehr gut, daß kurzfristige Gewinnziele keine geeignete Basis für die Zukunft ihres Unternehmens sind. Die Auffassung, daß Wertorientierung der Ausdruck einer rücksichtslosen "Gier nach Beute" sei, teilen sie nicht. Auch der klassenkämpferischen These, "die Wirtschaft blicke nur auf Aktiengewinne, ohne ihre gesamtgesellschaftliche Verantwortung zu erkennen"[1], stimmen sie nicht zu. Tatsache ist, daß 90 Prozent

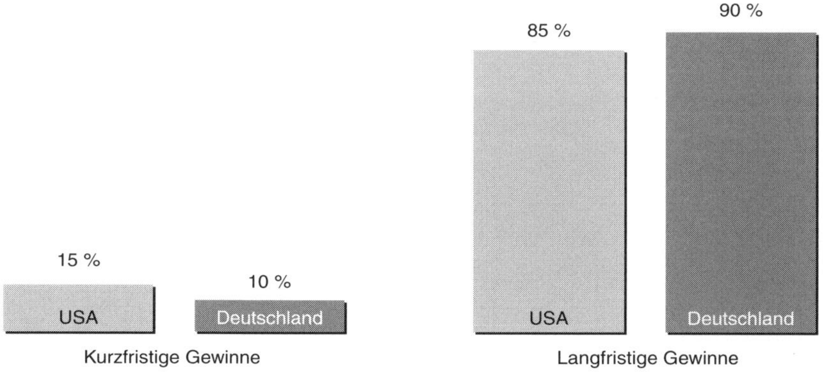

Abbildung 73: Frage: Was ist in Ihrer Firma wichtiger – kurzfristige Profite oder langfristige Stabilität und Sicherheit beim Ergebnis? [Quelle: BCG-Befragung]

[1] SPD-Vorsitzender Lafontaine im Bundestag am 10.9.1997, vgl. FAZ, 11.9.1997, Seite 6

der deutschen und 85 Prozent der amerikanischen Arbeitnehmer meinen, langfristige Stabilität und Erträge seien ihren Unternehmen wichtiger als schnelle Profite (Abb. 73).
Wertorientierung ist vielen Unternehmen nicht mehr fremd. Die Mitarbeiter halten systematisches Wertmanagement für ein Konzept, das ihre eigenen Ziele fördert, indem es Stabilität sichert. Ihnen ist die konsequente Wertschaffung allemal lieber als eine diffuse Zielsetzung im Namen von "sozialer oder gesellschaftlicher Verantwortung" des Unternehmens.

2. Intrapreneurship und Mitarbeiterfokus sind die am höchsten geschätzten Arbeitsbedingungen

Mit Mitarbeiterfokus und Intrapreneurship sehen die Arbeitnehmer unmittelbar ihre eigenen Interessen verwirklicht. Das ist der klarste und bedeutsamste Befund der Umfrage. Die Mehrzahl unserer über 100 Fragen galt den Arbeitsbedingungen. Einen Teil dieser Fragen haben wir in vier Gruppen zusammengefaßt:

- A Intrapreneurship (22 Fragen)
- B Human Resource Focus (18 Fragen)
- C Karrierebedingungen (8 Fragen)
- D Gehaltssysteme (8 Fragen)

Arbeitnehmer messen dem Spielraum für eigene Entscheidungen, der Möglichkeit zu selbstverantwortlicher Teamarbeit, einer dialogorientierten Kommunikation etc., also den wesentlichen Komponenten der Intrapreneurship-Kultur, höchste subjektive Bedeutung bei (Abb. 74). Die Vergütung ist dagegen zweitrangig, wenn auch nicht unwichtig. Mitarbeiter möchten frei entscheiden. "Gebt uns das Risiko zurück" scheinen sie zu sagen.

	USA			Deutschland		
	Bedeutung (Soll)	Erfüllung (Soll)	▲	Bedeutung (Soll)	Erfüllung (Soll)	▲
Intrapreneurship	4,4	3,7	0,7	4,3	3,4	0,9
Mitarbeiterfokus	4,3	3,2	1,1	4,2	3,0	1,2
Bewertung/Feedback	4,2	3,3	0,9	3,8	2,8	1,0
Vergütung	4,0	2,5	1,5	3,7	2,3	1,4

Abbildung 74: Intrapreneurship – das wichtigste Kulturelement für Arbeitnehmer in USA und Deutschland [Quelle: BCG-Befragung]

In ihnen steckt mehr Unternehmergeist, als mancher Technokrat uns glauben machen will. Leider weichen die realen Arbeitsbedingungen gegenwärtig noch deutlich von den Wunschvorstellungen der Arbeitnehmer ab. Dies gilt insbesondere für die Vergütung. Hier besteht ohne Frage Handlungsbedarf.

		Deutschland		USA	
		Platz	Sehr wichtig in %	Platz	Sehr wichtig in %
I	Meine Vorgesetzten haben ein offenes Ohr für meine Vorschläge (INT)	1	75	2	74
II	Ich bin unabhängig in meiner Arbeit und habe eigentlich wenig Aufsicht (INT)	2	69	4	71
III	Mit guten Ideen findet man bei uns Gehör (INT)	3	68	5	71
IV	Innerhalb meines Arbeitsgebietes kann ich selbst entscheiden, was zu tun und zu lassen ist (INT)	4	66	3	74
V	Bei Einführung neuer Technologien erhält man gründliche Ausbildung (MAF)	5	66	7	65
VI	Teamarbeit ist bei uns die Regel (INT)	6	65	1	83
VII	Meine Ziele und Prioritäten kann ich selbst festlegen (INT)	7	65	6	71

Abbildung 75: Beurteilung der Wichtigkeit von Arbeitsbedingungen durch die Arbeitnehmer. Es wurden bewußt Kontrollfragen ähnlichen Inhalts eingebaut. So sind die Fragen I und III, sowie II, IV und VII ähnlich. Daß sie innerhalb einer Liste von über 100 Fragen alle unter die ersten sieben kamen, ist ein deutlicher Beweis für die inhaltliche Wichtigkeit. [Quelle: BCG-Befragung]

Die Einzelanalyse der Items zeigt: Von den sieben für die Arbeitnehmer wichtigsten Arbeitsbedingungen hängen allein sechs(!) mit Intrapreneurship (INT) und eine mit Mitarbeiterfokus (MAF) zusammen (Abb. 75). Daß die sieben wichtigsten Fragen für deutsche Arbeitnehmer auch die sieben wichtigsten für ihre amerikanischen Kollegen sind (wenn auch in anderer Rangfolge), widerlegt die Mär von der Unterschiedlichkeit amerikanischer und deutscher Arbeitnehmerinteressen. Die einzige nennenswerte Differenz zwischen beiden Kulturkreisen kommt in der Neigung zur Teamarbeit zum Ausdruck. Bei Amerikanern ist sie hochentwickelt, bei deutschen Arbeitnehmern hingegen schwächer ausgeprägt. Letzteres kann nicht verwundern, da das Einzelkämpfertum vom deutschen Bildungssystem stark gestützt wird.

Bemerkenswert erscheint uns die Tatsache, daß ein offenes Ohr des Vorgesetzten für Vorschläge in den USA und Deutschland von annähernd der-

selben hohen Bedeutung für die Befragten sind (Platz 1 und 3 in Deutschland, Platz 2 und 5 in den USA). Und in der Tat handelt es sich bei diesem Punkt um eine Grundvoraussetzung von Intrapreneurship: Frei fließende, vertikale Kommunikation. Führende Unternehmen sorgen für das richtige "Klima". Manche systematisieren und institutionalisieren die vertikale Kommunikation in Form eines perfekt geregelten betrieblichen Vorschlagswesens, untermauert durch "upward feedback". Uns scheint eine derart weitgehende Formalisierung unnötig. Die "Atmosphäre" muß stimmen – dann sprudeln die Ideen schon. Ausdruck einer solchen ideenfördernden Atmosphäre sind etwa die Slogans von Sony ("Fehler sind die entscheidende Erfolgsvoraussetzung") oder SAP ("Die Mitarbeiter sind Unternehmer im Unternehmen"). Wie wichtig generell der Umstand ist, ungegängelt denken und selbstverantwortlich handeln zu dürfen, belegen die Wertungen zu diesen Aspekten (Platz 2, 4, 7 bzw. 3, 4, 6).
Mitarbeiter, so zeigen die Ergebnisse, möchten sich selbst verwirklichen. Wer ihnen diese Möglichkeit vorenthält, beraubt sich einer ergiebigen Quelle innovativen Wachstums.

3. Arbeitszufriedenheit, Akzeptanz des Unternehmens und Loyalität hängen stark von Intrapreneurship und Mitarbeiterfokus ab

Wenn Intrapreneurship und Mitarbeiterfokus für die Arbeitnehmer einen derartigen Stellenwert besitzen, sollten diese Faktoren mit Zufriedenheit im allgemeinen korrelieren. Wir haben das Datenmaterial in dieser Hinsicht analysiert und zwar unter den Aspekten

- Akzeptanz des Arbeitgebers durch die Arbeitnehmer
- Loyalität zum Arbeitgeber sowie
- Arbeitszufriedenheit

Zunächst zur Zufriedenheit allgemein:
Unter amerikanischen wie deutschen Arbeitnehmern findet sich, unabhängig von spezifischen Arbeitsbedingungen, ein hoher Grad von Arbeitszufriedenheit, Loyalität und Akzeptanz des Arbeitgebers. Die Tatsache, daß die Mehrzahl der Berufstätigen mit ihrer Arbeit grundsätzlich zufrieden ist und die Entscheidungen des Arbeitgebers weitgehend akzeptiert, ist in dieser Eindeutigkeit überraschend (Abb. 76).
Da die Arbeitszufriedenheit ganz gewiß einen entscheidenden Teil zum sozialen Wohlbefinden eines Individuums beiträgt, kann diese Nachricht kaum hoch genug eingeschätzt werden. Auf einer Intervallskala von 1 ("sehr kritisch") bis 10 ("sehr positiv") stuften 72 Prozent der befragten deutschen Arbeitnehmer die Haltung zu ihrem Unternehmen mit einem Wert

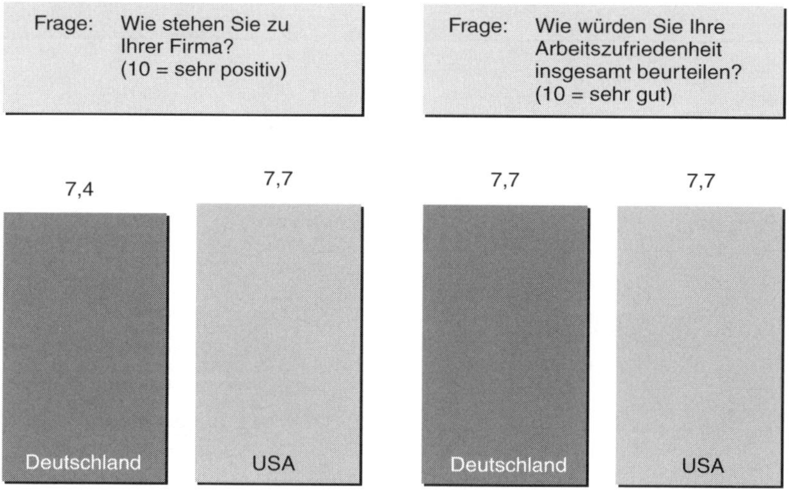

Abbildung 76: Hohe Arbeitszufriedenheit und Akzeptanz des Arbeitgebers in den USA und Deutschland. Meßverfahren im Text erläutert [Quelle: BCG-Befragung]

von 7 oder höher ein (15 Prozent = 10, 12 Prozent = 9, 29 Prozent = 8, 20 Prozent = 7). Das heißt: fast drei Viertel der deutschen Beschäftigten sehen die 'eigene' Firma ausgesprochen positiv! In den USA, dem Land der Extreme, liegt dieser Anteil mit 80 Prozent noch darüber (23 Prozent = 10, 15 Prozent = 9, 27 Prozent = 8, 15 Prozent = 7). Die Loyalität gegenüber dem Arbeitgeber liegt ebenfalls hoch. Fast zwei Drittel der deutschen Arbeitnehmer (in den USA knapp 50 Prozent) meinen, daß es viele gute Gründe gibt, zu ihrem Unternehmen zu stehen.

Angesichts des großen Samples und der anonymen Befragung dürften diese Zahlen weitgehend repräsentativ für die beiden betrachteten Länder sein. Sie widersprechen klar den weitverbreiteten Klischees vom unversöhnlichen Interessensgegensatz zwischen Arbeitnehmern und -gebern.

Uns interessierte näher, welche demographischen Merkmale die Arbeitnehmer mit der höchsten Arbeitszufriedenheit aufwiesen (Abbildung 77). Die detaillierte Analyse der "Hochzufriedenen" könnte allein ein ganzes Buch füllen. Insgesamt kann man diese Menschen – nicht überraschend – wie folgt charakterisieren: "Viel erreicht, gut honoriert, in stabilen Verhältnissen lebend." Für den deutschen gilt dies stärker als für den US-Arbeitnehmer.

Zum Zusammenhang von Arbeitszufriedenheit und Arbeitsbedingungen: Welche Arbeitsbedingungen fördern die Entstehung von Zufriedenheit, Loyalität und Akzeptanz besonders? Und bei welchen Arbeitsbedingungen unterscheiden sich die positiv eingestellten Arbeitnehmer am stärksten vom Rest der Arbeitnehmerschaft?

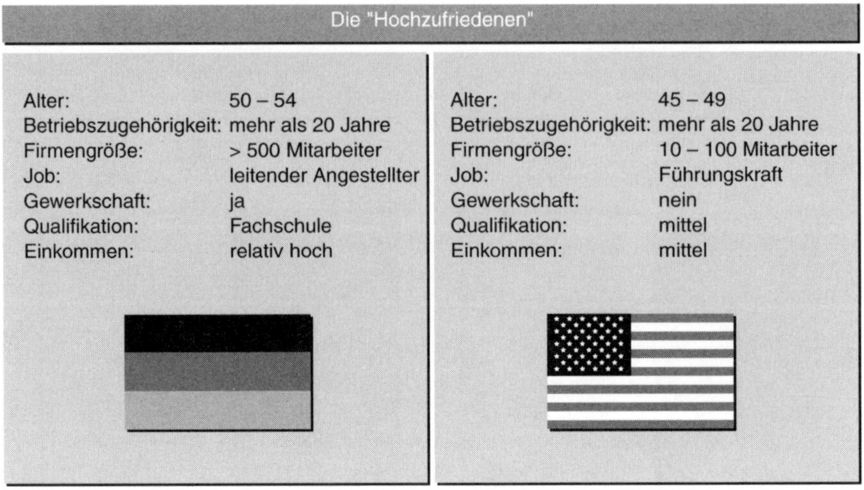

Abbildung 77: Die "Hochzufriedenen" [Quelle: BCG-Befragung]

Wir haben den Faktor "Arbeitsbedingungen" in vier Kategorien unterteilt (Abb. 78). Generell gilt: Ist eine der Kategorien besonders gut entwickelt in einem Unternehmen, trägt sie in hohem Maße zur Arbeitszufriedenheit bei. Mitarbeiterfokus und Intrapreneurship liegen dabei an der Spitze. "13,5% Mitarbeiterfokus" bedeutet: 13,5 Prozent mehr Hochzufriedene als der Durchschnitt der Arbeitnehmer geben an, daß die Kriterien, die wir

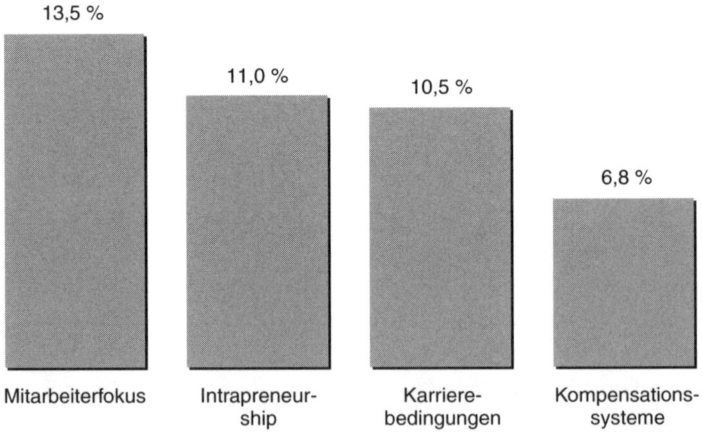

Abbildung 78: Abweichung der positiv eingestellten Arbeitnehmer bei der Beurteilung ihrer Arbeitsbedingungen[2] vom Durchschnitt [Quelle: BCG-Befragung]

2 Durchschnitt USA und Deutschland bei den Kriterien Zufriedenheit, Loyalität, Akzeptanz

unter Mitarbeiterfokus zusammengefaßt haben, bei ihnen stark ausgeprägt sind. Wieviel Geld es für den Job gibt, ist den Hochzufriedenen relativ weniger wichtig. Einige weitere Differenzen gibt Abbildung 79 für Deutschland wider.

Arbeitsbedingungen	Abweichung in der Erfüllung vom Durchschnitt Deutschland in Prozent(1)
Offenes Feedback	18
Verantwortung gegenüber Mitarbeitern	17
Fähigkeiten für die Zukunft erwerben	15
Leistungsbasierte Entwicklungsmöglichkeiten	13
Umsetzung eigener Ideen	13
... ↓ ...	↓
Gehalt in Abhängigkeit des Unternehmenserfolges(2)	2

(1) Differenz bringt zum Ausdruck, wieviel Prozent mehr bei den positiven Arbeitnehmern den höchsten Erfüllungsgrad haben als der Durchschnitt. Beispielsweise schätzen 34 % aller Arbeitnehmer ein, daß offenes Feedback auf ihre Firma voll zutrifft. Bei den "Positiven" sind es 52 %. Die Differenz sind die in der Tabelle ausgewiesenen 18 %.
(2) Niedrigste Bewertung

Abbildung 79: Bewertung der Arbeitsbedingungen von positiv eingestellten Arbeitnehmern (Deutschland) [Quelle: BCG-Befragung]

Die Kenntnis der Einstellungen der besonders "positiven" Mitarbeiter versetzt Unternehmen in die Lage, ganz gezielt Bedingungen zu schaffen, die deren Wünschen entgegenkommen – und das Commitment dieser Arbeitnehmer noch erhöhen. Ein Befund kehrt immer wieder: Die Höhe des Gehalts ist für engagierte, gute Leute (relativ) weniger bedeutsam als der Freiraum zur Selbstverwirklichung.
In den USA wird – interessantes Resultat – Eigenständigkeit ("To do things my own way") wesentlich höher, die Flexibilität der Arbeitszeit wesentlich weniger gewichtet (Abb. 80).
Auch ungestützte, offene Fragen erbrachten dasselbe Ergebnis: Deutsche Unternehmen können am meisten durch

- "Freiheit und Unabhängigkeit am Arbeitsplatz",
- "Vielfalt meiner Arbeitsaufgaben" und
- "Gutes Arbeitsklima"

zur Arbeitszufriedenheit beitragen.

Arbeitsbedingungen	Abweichung in der Erfüllung vom Durchschnitt USA in Prozent
Die Firma kümmert sich um ihre Mitarbeiter	24
Verantwortung gegenüber Mitarbeitern	22
Leistungsbasierte Entwicklungsmöglichkeiten	20
Umsetzung eigener Ideen	17
"To do things my own way"	17
...	
...	
Flexible Arbeitszeiten(1)	2

(1) Niedrigste Bewertung

Abbildung 80: Bewertung der Arbeitsbedingungen von positiv eingestellten Arbeitnehmern (USA) [Quelle: BCG-Befragung]

Die Amerikaner werteten Freiheit und Unabhängigkeit am Arbeitsplatz weniger hoch, wohl deshalb, weil sie dieselbe ohnehin in größerem Maße als ihre deutschen Kollegen besitzen. Ihre ungestützten Prioritäten waren:

- Familiäres Arbeitsklima
- Inhalt vor Position
- Angemessene Bezahlung

Fazit: Die Ergebnisse unserer Untersuchung belegen eindeutig, daß die Voraussetzungen für innovatives Wachstum – Wertorientierung, Mitarbeiterfokus und Intrapreneurship – zugleich die Arbeitsbedingungen sind, welche die größte Arbeitszufriedenheit schaffen. Ein Vorstand, der Veränderungen im Unternehmen durchsetzen will, muß mit größter Wahrscheinlichkeit keine grundsätzliche Ablehnung unter den betroffenen Mitarbeitern fürchten und überwinden. Die meisten Mitarbeiter hegen große Sympathien für ihr Unternehmen. Deshalb ist die offene Kommunikation (nicht der rüde Vorstanderlaß) das richtige Mittel, sie von der Notwendigkeit geplanter Maßnahmen zu überzeugen.
Man kann unserer Stichprobe insofern mangelnde Repräsentativität vorwerfen, als sie keine Arbeitslosen in die Befragung miteinbezogen hat. Es ist klar, daß einen Beschäftigungslosen die Arbeitsbedingungen eines Jobs wenig interessieren, solange er denselben nicht hat. Wird der Mann/die Frau aber eingestellt, mißt er/sie seinen Arbeitgeber ohne Zweifel an den

oben genannten Kriterien. Und neue, langfristig sichere Arbeitsplätze werden nur über Mitarbeiterfokus, Intrapreneurship und Wertorientierung geschaffen.

4. Deutschland und die USA: Mehr Gemeinsamkeiten als Unterschiede

Die erstaunlichen Gemeinsamkeiten im amerikanischen und deutschen Arbeitnehmerverhalten sind es wert, hervorgehoben zu werden:

- Hohe Arbeitszufriedenheit und Akzeptanz des Arbeitgebers,
- Intrapreneurship und Mitarbeiterfokus im allgemeinen sowie offene Kommunikation und persönliche Einflußmöglichkeiten im besonderen als wichtigste Ursachen für Zufriedenheit und Akzeptanz des Arbeitgebers sowie
- Akzeptanz der Wertorientierung der Unternehmen.

Wir wollen allerdings die Differenzen nicht unterschlagen. Sie liegen auf Gebieten, die u. E. für innovatives Wachstum von untergeordneter Bedeutung sind. Die größten Einstellungsunterschiede zwischen beiden Nationen gab es hinsichtlich der Arbeitsplatzsicherheit, der Loyalität zum Arbeitgeber sowie der konkreten Ausgestaltung der Vergütungssysteme.

Die Arbeitsplatzsicherheit wird in den USA höher eingeschätzt als in Deutschland. Das heißt, Amerikaner fühlen sich insgesamt sicherer in ihren Jobs als deutsche Kollegen (Abbildung 81, siehe nächste Seite). Es kann kaum erstaunen, daß hierzulande die Unsicherheit hinsichtlich des eigenen Arbeitsplatzes (wenn wir die Wertung "mittel"' als "nicht sicher" deuten wollen) gerade in den letzten fünf Jahren beträchtlich gestiegen ist (Abbildung 82, siehe nächste Seite).

Die Zahlen spiegeln sowohl die unterschiedliche Lage auf den Arbeitsmärkten dieser Länder als auch ein anderes Verständnis von Arbeitsplatzsicherheit wider.

Amerikanische Arbeitnehmer aus der Stichprobe waren zum Zeitpunkt unserer Befragung zum Großteil bereits arbeitslos (auch mehrfach) gewesen, deutsche nur zu einem geringeren Teil (20 Prozent). Weil entlassene Amerikaner deutlich leichter einen neuen Arbeitsplatz finden (68 Prozent innerhalb von weniger als sechs Monaten in den USA, 50 Prozent in Deutschland) und sie insofern weniger belastende Erfahrungen mit Arbeitslosigkeit gemacht haben, messen sie der Arbeitsplatzsicherheit einen anderen Stellenwert zu und halten Jobs für sehr sicher, die deutsche Arbeitnehmer allenfalls unter "mittel" einstufen würden.

Sollte eine konsequente Flexibilisierung in Deutschland zu einem boomenden Arbeitsmarkt führen, darf man erwarten, daß auch bei uns die Angst vor der Arbeitslosigkeit sinken und der Jobwechsel zu einem normaleren

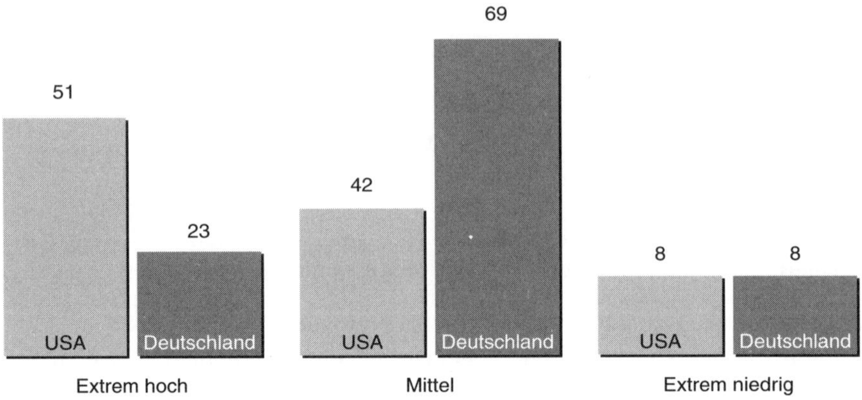

Abbildung 81: „Wie hoch ist die Sicherheit Ihres Arbeitsplatzes?“ [Quelle: BCG-Befragung]

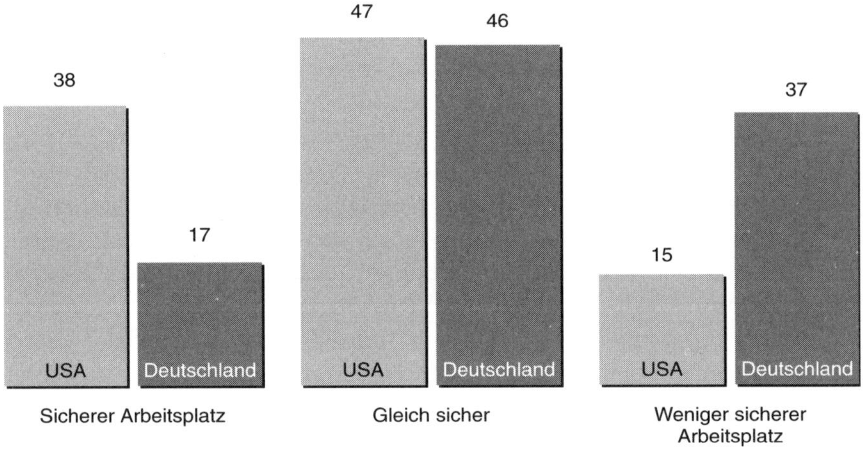

Abbildung 82: “Im Vergleich zu 1992, ist Ihr Arbeitsplatz heute mehr oder weniger sicher?” [Quelle: BCG-Befragung]

Ereignis werden wird, der seinen sozialen Konfliktstoff verliert. Das Risiko wird normal und akzeptiert. Arbeit durch unbegrenzte Arbeitsplatzbindung erhalten zu wollen, muß man illusionär nennen. Flexibilität ist hier – neben Wachstum – der richtige Ansatz. Und sie muß auch den Arbeitsplatzwechsel – nicht die Arbeitslosigkeit – mit einschließen.
Deutsche Arbeitnehmer stehen **loyaler** zu ihrem Unternehmen als ihre amerikanischen Kollegen. Während 64 Prozent der deutschen Arbeitnehmer eine hohe Bereitschaft bekunden, ihrem Unternehmen die Treue zu halten, und nur 5 Prozent “gute Gründe kennen”, es zu verlassen (der Rest ist indifferent), liegen in den USA die Werte für dieselben Gruppen bei 47 bzw. 11 Prozent. Mit der Absicht, ihr Unternehmen tatsächlich zu verlassen, tragen sich

in beiden Ländern allerdings nur die wenigsten. Das mag zum guten Teil auf die Lage am Arbeitsmarkt zurückzuführen sein, ein Umstand, der, wie wir meinen, den Wert einer hohen Arbeitnehmerloyalität nicht mindert. Sie kann – in guten wie in schlechten Zeiten – Grundlage für Unternehmensstabilität sein.

Die Unterschiede bei den **Vergütungssystemen** sind aufschlußreich und dokumentieren Handlungsbedarf in Deutschland. Während bei der Einzelleistungsvergütung geringe Unterschiede bestehen (Abb. 83), ergibt sich bei unternehmensbezogenen Elementen ein ganz anderes Bild (Abb. 84). Hier ist für Deutschland ein deutlicher Entwicklungsrückstand zu verzeichnen, sowohl hinsichtlich des Stellenwertes, den diese Vergütungsform bei den Arbeitnehmern genießt, als auch in bezug auf den Erfüllungsgrad dieses Merkmals.

	USA		Deutschland	
	Stellenwert 1 - 5	Erfüllungsgrad 1 - 5	Stellenwert 1 - 5	Erfüllungsgrad 1 - 5
Prämierung von Verbesserungsvorschlägen	3,89	2,26	4,01	2,76
Individuelle Leistungsabhängigkeit des Einkommens	4,05	2,61	3,92	2,57

Abbildung 83: Einzelleistung als Vergütungselement
[Quelle: BCG-Befragung]

	USA		Deutschland	
	Stellenwert 1 - 5	Erfüllungsgrad 1 - 5	Stellenwert 1 - 5	Erfüllungsgrad 1 - 5
Abhängigkeit des Einkommens vom Unternehmensergebnis	4,00	2,53	3,45	1,93
Gewinnbeteiligung durch Gewinnbeteiligungs- oder Aktienoptionsprogramme	4,07	2,74	3,41	1,94

Abbildung 84: Unternehmensergebnis als Vergütungselement
[Quelle: BCG-Befragung]

Deutsche Arbeitnehmer ziehen das einzelleistungsabhängige Kompensationssystem vor. Amerikaner sind eher bereit, an Erfolg oder Mißerfolg des Unternehmens zu partizipieren. Bei besonders positiv eingestellten Arbeitnehmern verstärkt sich dieser Trend noch (Abb. 85).

	Arbeitnehmer mit besonders hoher					
	Akzeptanz		Arbeitszufriedenheit		Loyalität	
	D	USA	D	USA	D	USA
Prämierung von Verbesserungsvorschlägen	4,01	3,91	3,87	3,85	3,95	3,89
Individuelle Leistungsabhängigkeit des Einkommens	3,92	4,16	3,71	4,19	3,90	4,05
Abhängigkeit des Einkommens vom Unternehmensergebnis	3,45	4,04	3,25	3,98	3,43	4,00
Gewinnbeteiligung	3,41	4,19	3,33	4,21	3,39	4,07

Abbildung 85: Wichtigkeit von Entlohnungselementen bei den besonders positiv eingestellten Arbeitnehmern [Quelle: BCG-Befragung]

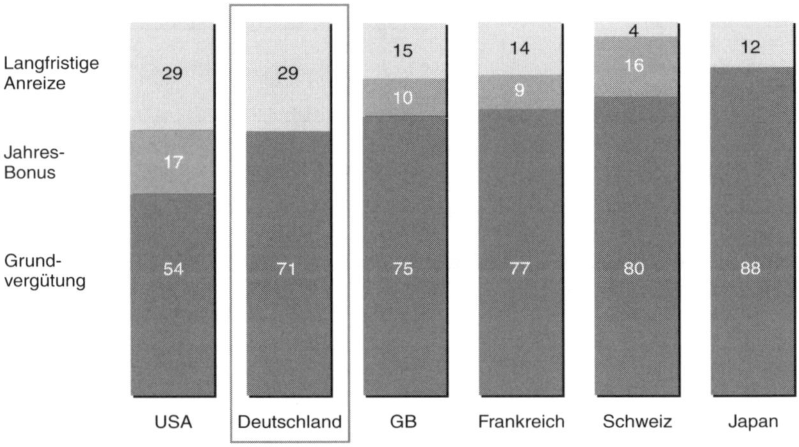

Abbildung 86: Vergütungsanteile bei Führungskräften (in Prozent, 1996) [Quelle: Towers Perrin; BCG-Analyse]

Da teamergebnis- und unternehmensergebnisabhängige Vergütungssysteme zum einen ein wesentliches Mittel der Motivation bei Einführung größerer Flexibilität und Wertorientierung darstellen und zum anderen, wie gezeigt, Arbeitsplätze erhalten können, wäre es dringend angezeigt, sie in Deutschland vermehrt einzusetzen und eine höhere Akzeptanz zu entwickeln. Ihre geringe Verbreitung ist allerdings kaum verwunderlich, da es nicht einmal Entlohnungmodelle gibt, die Führungskräfte am langfristigen Erfolg des Unternehmens beteiligen (Abbildung 86).[3]

6 Jahresboni eignen sich hier weniger, da sie meist an die individuelle Leistung geknüpft sind.

Insgesamt brachte unsere Befragung ein ermutigendes Ergebnis: Die Arbeitnehmer wünschen sich sowohl eine Intrapreneurship-Kultur als auch Wertorientierung ihrer Unternehmen. Vielleicht sollte so mancher Entscheidungsträger mehr auf die hören, die er vertritt, anstatt zu glauben, er wisse, was sie wollten. Es kann niemanden verwundern: Arbeitnehmer wollen die Zukunft.

IX.

Optimismus für die Zukunft – die Vision einer innovativen Gesellschaft

Optimismus für die Zukunft – die Vision einer innovativen Gesellschaft.

Arbeit mag ich nicht, kein Mensch mag sie. Doch ich mag, was in der Arbeit steckt, die Möglichkeit, zu sich selbst zu finden, zur eigenen Wirklichkeit, wie man sie nur selbst erfahren kann und die kein anderer erlebt.

Joseph Conrad

Weltweit sind die Transaktions- und Informationskosten gesunken. Sie dürften in den kommenden Jahrzehnten weiter fallen. Kapital, Rohstoffe und einfache Arbeit werden künftig in noch größerem Ausmaß global verfügbar sein als es heute bereits der Fall ist. Unter solchen Bedingungen wird die Fähigkeit zur Innovation zur alles entscheidenden Determinante des Unternehmenserfolgs. Wer neue Produkte, Dienstleistungen oder Organisationsformen hervorbringt, wird im globalisierten Wettbewerb bestehen. Wer am Überkommenen festhält oder erfolgreiche Innovationen nicht zustande bringt, dessen ökonomisches Schicksal ist besiegelt. Conditio sine qua non für innovatives Wachstum – und damit für die Lösung des Beschäftigungsproblems – sind Intrapreneurship, Mitarbeiterfokus und Wertorientierung. Dies deutlich zu machen, war unsere Absicht.

Angenommen, das hier vorgeschlagene Konzept setzte sich in der Praxis durch – wohin würde sich die Wirtschaft, die Gesellschaft insgesamt in diesem Fall entwickeln?

Wir sehen eine „**Innovative Gesellschaft**" heraufziehen, in welcher auf allen Ebenen Intrapreneurship und Mitarbeiterfokus verwirklicht ist und der Mensch im Mittelpunkt steht. Wie könnte diese Gesellschaft, Mitte des nächsten Jahrhunderts im einzelnen aussehen? Wie müßten wir uns wappnen für sie? Erwartet uns eine Arbeitswelt, die Anlaß gibt zur Hoffnung auf Vollbeschäftigung oder eine, vor der wir uns fürchten müssen, weil sie die Mehrheit der Arbeitsfähigen ausgrenzt und in die soziale Ächtung treibt?

Die Antwort hängt davon ab, ob sie ein Pessimist oder ein Optimist gibt. Je nach Mentalität sind zwei Ausprägungsextreme denkbar, die sich vor allem in bezug auf das Ausmaß der sozialen Differenzierung voneinander unterscheiden (Abbildung 87, siehe nächste Seite).

Wesenszug des „worst case", wir nennen ihn die „**vertikalisierte Gesellschaft**", ist die starke Ungleichverteilung von Einkommen, Vermögen und Arbeitsinhalten. Vertreter dieser Zukunftsvariante[1] lassen dabei gar nicht

1 Rifkin, Reich, Forrester etc.

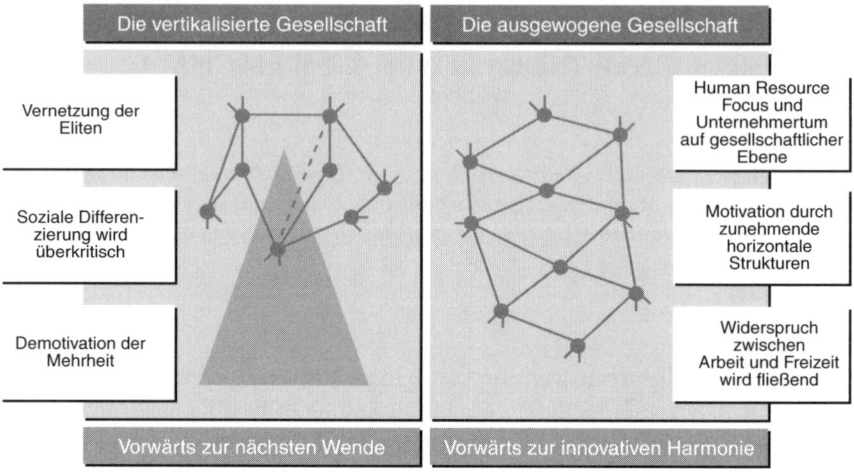

Abbildung 87: „Der Wettlauf der Besessenen" oder die ausgewogene innovative Gesellschaft?

so sehr ihre pessimistischen Phantasien spielen. Sie rechnen schlicht und einfach Verhältnisse und Trends hoch, die sie gegenwärtig in den USA und in Westeuropa vorfinden. In beiden Weltregionen konzentriert sich der Reichtum zunehmend in wenigen Händen. Arbeitseliten entstehen, die hochinteressante, bestens dotierte Jobs besitzen und damit Welten entfernt sind von der Mehrheit der Beschäftigten, die mit mäßig bis schlecht bezahlter „Durchschnittsarbeit" ihr Dasein fristen muß.

Gegenwärtig verfügt im vergleichsweise ausgewogenen Deutschland ein Zwanzigstel der Bevölkerung über mehr als ein Drittel des privaten Vermögens[2]. Eine kleine Gruppe Privilegierter vergnügt sich mit hochattraktiven Arbeitsinhalten und zwar gern bis zur Altersgrenze und am liebsten noch darüber hinaus. Je höher die Einkommen, desto länger wird gearbeitet. Der Philosoph Joseph König beschreibt die beneidenswerte Lage dieser Brahmanen der Arbeit mit treffenden Worten: *„Ich verstehe eigentlich gar nicht, warum ich für das, was ich tue, am Ende des Monat auch noch einen Gehaltsscheck bekomme, denn ich würde es doch sowieso tun."* Man belächelt das Streben der Gewerkschaften nach Arbeitszeitverkürzung. Die Privilegierten kämen nie auf die Idee, sich freiwillig des großen Vergnügens zu berauben, das ihre herausfordernde, spannende Arbeit für sie bedeutet. In den Kategorien Arbeitszeit und Freizeit denken sie längst nicht mehr. Bei ihnen geht das eine fließend in das andere über – eine Idealvorstellung für jeden Gesellschaftstheoretiker, wenn sie nicht nur wenige Auserwählte beträfe.

2 Spiegel, 40/1997, S. 88

Charakteristikum des „best case" ist hingegen die Einbeziehung einer breiteren Arbeitnehmerschaft in die anspruchsvollen Arbeitsinhalte der Zukunft. Wir nennen dieses Szenario die **„ausgewogene Gesellschaft"**.
Die Frage, ob es in 50 Jahren eine 10:90 (worst case) oder eine 90:10-Gesellschaft (best case) geben wird, ist unseres Erachtens noch nicht entschieden. Zwar scheint, wenn wir die Dinge treiben lassen, alles auf den ersten Fall hinauszulaufen. Doch sollte die Vernunft und Weitsichtigkeit verantwortlicher Politiker und Unternehmensführer zu einem massiven Gegensteuern führen. Versäumen wir es, uns der fatalen gesellschaftlichen Entwicklung zum „worst case" entgegenzustemmen, dann wird der amerikanische Ökonom Ethan B. Kapstein recht behalten, wenn er schon heute orakelt: „Die Welt treibt auf einen dieser Momente zu, die später Historiker zu der Frage veranlassen werden: Was hielt eigentlich die Elite davon ab, diese soziale globale Krise zu verhindern?"
Wie kann der rechte Weg zur innovativen Gesellschaft gefunden werden? (Abb. 88).

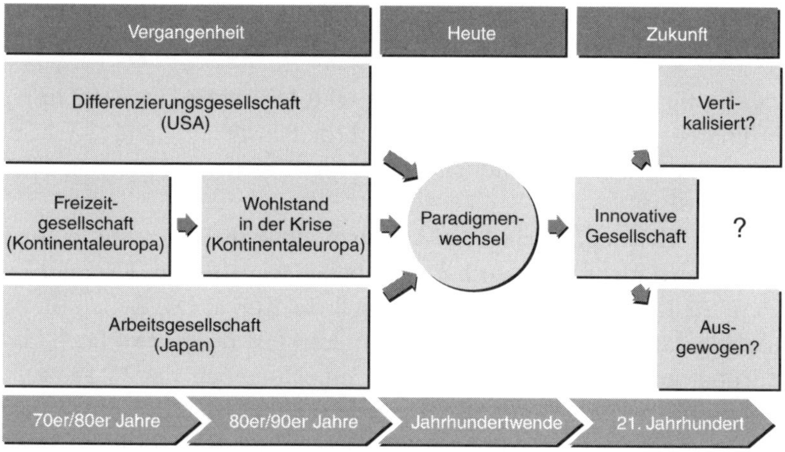

Abbildung 88: Die innovative Gesellschaft

Bis Ende der 80er Jahre waren drei gesellschaftliche Grundmodelle recht klar voneinander abgrenzbar: die **Arbeitsgesellschaft**[3], prototypisch verkörpert durch Japan, die nordamerikanische **Differenzierungsgesellschaft**

---

[3] Wir verwenden den Begriff Arbeitsgesellschaft als Ausdruck für eine Gesellschaft, die „arbeitszentristisch" ist. In der Nuance andere Verwendungen des Begriffs finden wir z. B. bei Guggenberg und Darendorf. Vgl. Guggenberg, Bernd: „Am Ende der Arbeitsgesellschaft – Arbeitsgesellschaft ohne Ende", in Zukunft der Arbeit, S. 77, VSA-Verlag Ralf Dahrendorf: Arbeit und Tätigkeit – Wandlungen der Arbeitsgesellschaft, in: Geht uns die Arbeit aus? Prognos-Forum Zukunftsfragen, Stuttgart 1985, S. 31

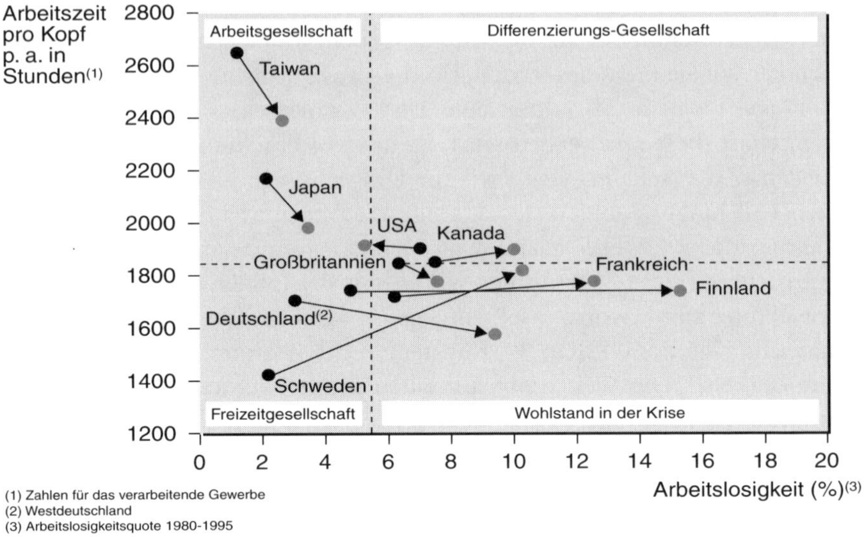

Abbildung 89: Arbeitsmodelle kommen in Bewegung
[Quelle: IWD Köln; OECD; Landesstatistik Taiwan]

sowie die für Westeuropa charakteristische **Freizeitgesellschaft.** In einem Koordinatensystem mit den Achsen „Arbeitslosigkeit" und „Arbeitszeit pro Kopf" lassen sich die Industriegesellschaften diesen Kategorien zuordnen (Abb. 89).

In jüngerer Zeit jedoch sind die Arbeitsmodelle in Bewegung geraten. In Ostasien wird nicht mehr so hart gearbeitet wie ehedem. Dies gilt insbesondere für Japan, doch zunehmend auch für Korea. Die Zeiten, in denen die Arbeitsdauer pro Kopf in diesen Ländern fast doppelt so hoch lag wie in Europa, gehören der Vergangenheit an. Nur noch für 28 Prozent der Japaner gilt Erfolg im Beruf als vorrangiges Lebensziel. In China hingegen erblicken immer noch 74 Prozent der Beschäftigten darin ihren Daseinszweck.[4] Die angloamerikanische Differenzierungsgesellschaft hat in Ländern wie den USA, Großbritannien oder Neuseeland ein kleines Beschäftigungswunder geschaffen. Ungleich verteilt ist nicht die Arbeit als solche, sondern die Arbeitsinhalte sind es. Die europäische Freizeitgesellschaft ist passé. Der Begriff hat einen zynischen Beigeschmack bekommen, da – von grassierender Arbeitslosigkeit gezwungen – allzu viele Menschen über eine schier unbegrenzte Menge „freier" Zeit verfügen.

Alle drei Arbeitsmodelle sind im Umbruch. In Japan werden die Arbeitszeiten kürzer und die Arbeitslosigkeit steigt. In Nordamerika sinken zwar

4 Berliner Morgenpost, 6. 7. 1997

die Arbeitslosenzahlen, doch die Ungleichverteilung nimmt in anderer Hinsicht zu. In Europa verwandeln sich, wie gesagt, die gewollt niedrigen Arbeitszeiten in erzwungene Arbeitslosigkeit. Der Sarkasmus des früheren britischen Premierministers MacMillan ist bezeichnend für die augenblickliche Lage: „Ich weiß gar nicht, warum die Leute so jammern. Als ich an der Regierung war, haben alle immer nach Verkürzung der Arbeitszeit und weniger Arbeit gejammert und wollten mehr Muße haben und jetzt, wo sie die Muße haben, sind sie auch nicht damit zufrieden."
Alle drei Modelle können sich sowohl zu einer vertikalisierten als auch zu einer ausgewogenen Innovativen Gesellschaft entwickeln. Letzteres wäre natürlich das Wünschenswerte. Doch wird dies nur geschehen, wenn wir rechtzeitig die Weichen für eine solche Zukunft stellen. Das heißt zuallererst, die Verteilung anders als bisher zu gestalten. Insbesondere müssen die Bildungs-, Forschungs- und Infrastrukturausgaben dramatisch erhöht werden. Die Proklamationen Clintons und die Appelle des deutschen Bundespräsidenten Herzog sind Signale in diese Richtung. Die Notwendigkeit, in diese Schlüsselbereiche zu investieren, haben die meisten aufstrebenden asiatischen Nationen längst erkannt. In zweiter Linie heißt Weichenstellung: umdenken auf dem Unternehmenssektor. Hier ist die konsequente Orientierung auf Intrapreneurship geboten. Ideen, die in die richtige Richtung weisen, gibt es genügend:

- Steuervorteile für die Weiterbildung von Mitarbeitern
- Umverteilung zugunsten innovativer Industrien (weg von Erhaltungs- hin zu Zukunftssubventionen)
- Pflichtschul- und -Studienjahre im Ausland
- Steuervergünstigungen für Mitarbeiterbeteiligungen
- Kommunikationsoffensive, die Mitarbeiterbeteiligungen als wesentliche Einkommensquelle der Zukunft ins Bewußtsein rückt
- Lehrangebot (Universitäten, Lehrstühle, Kurse) für Intrapreneurship schaffen nach Vorbildern in den USA
- Förderung von Risikokapital für Kleinstfirmen
- Umstellung der Rentenversicherung auf Kapitalbasis mit der gesetzlichen Verpflichtung, einen Mindestanteil davon in Kleinstfirmen/Risikokapital zu investieren
- Einbeziehung des Human Kapitals in die Accountingsysteme[5]

Die Liste ließe sich beliebig verlängern. Die Kunst liegt darin, diese zukunftsgestaltenden Weichenstellungen mit „deregulierenden Regularien" zu erreichen. Deren Ziel sollte es sein, ein Wuchern von Ungleichverteilungen, das heißt, eine kritische Masse gesellschaftlicher Differenzierung

[5] Vorschläge von Ex-USA-Minister Reich aus einem Interview, das er uns am 9.10.96 gab

zu verhindern. Den alten Römern ist dieses Kunststück nicht gelungen. Deshalb mußte ihre Kultur untergehen. Uns stehen alle Wege in die innovative Gesellschaft offen. Noch. Wir müssen nur die richtigen Entscheidungen treffen. Die Zeit drängt.
Wodurch wird sich die ausgewogene Innovative Gesellschaft auszeichnen?

1. Das Unternehmen

Innovatives Wachstums auf der Basis von Intrapreneurship, Mitarbeiterfokus und Wertorientierung wird zentralen Stellenwert erlangen. Als Folge davon werden vertikale Strukturen zunehmend durch horizontale ersetzt. Ohne diesen 90°-Wechsel auf den Steuerungsebenen der Wirtschaft würde die innovative Potenz unseres Konzepts nicht zur vollen Entfaltung kommen. Beispiele dieser vernetzten Unternehmensstrukturen gibt es bereits (siehe Kapitel V, Seite 107)
Eine vollkommene Horizontalisierung der Wirtschaft würde bedeuten, daß es keine „vertikalen" Arbeitsverträge mehr gibt. Jedermann würde zum Unternehmer werden – eine Vision, die heute noch wenig realistisch klingt. Und doch gibt es gegenwärtig bereits Anzeichen dafür, daß uns eine derartige Zukunft bevorsteht (Abb. 90). In ihr wird es hierarchische Gebilde nach Art der heutigen Unternehmen nicht mehr geben. Die Wirtschaft eines Landes wird aus einem Geflecht horizontaler Wertschöpfungsbeziehungen bestehen, die sich in Netzstrukturen organisieren. „Systemköpfe" werden diese Netzbeziehungen definieren und lenken.

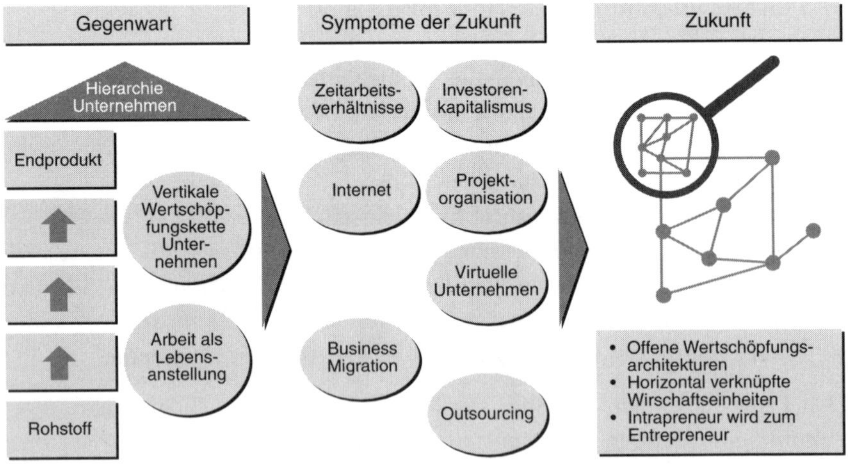

Abbildung 90: Symptome der Zukunft (Erläuterungen im Text)

Zeitarbeitsverhältnisse

Die Zahl der Zeitarbeitsverhältnisse (oft als „Leiharbeit" mißverstanden) nimmt in Deutschland um 10 Prozent p. a.[6] zu, trotz weitreichender Beschränkungen durch den Gesetzgeber. Die enorme Entwicklungsdynamik deutet auf die Zukunftsrelevanz dieser Arbeitsform hin. Dennoch meinen wir, daß Zeitarbeitsverhältnisse in der heutigen Form nur eine Übergangslösung darstellen. Zeitarbeitsfirmen und ihre Vermittlungsleistung dürften Schritt für Schritt durch eine Computerbörse gleichberechtigter Projektpartner ersetzt werden. Dort knüpfen zwei Entrepreneure direkte Beziehungen an. Beide schließen einen projektbezogenen Vertrag miteinander, in welchem Art und Umfang der zu erbringenden Arbeitsleistung sowie deren Vergütung festgelegt sind.
Solchen Arbeitsformen wird die Zukunft gehören. Das sehen die Gewerkschaften nicht anders als die Arbeitgeber. Der Vordenker der deutschen IG Metall, Walter Riester, hat die Arbeitswelt in 20 Jahren so beschrieben: „Viele Menschen werden nicht mehr fest an Arbeitsplätze und Betriebe gebunden sein, sondern sie werden in loseren Verbindungen auftrags- und projektbezogen arbeiten."[7] Percy Barnevik[8] prophezeit, daß es „new forms of work" geben wird. „We are seeing

- more one-man companies (mehr Ein-Mann-Unternehmen),
- change of employer 2-3 times per career (zwei- bis dreimaliger Wechsel des Arbeitgebers während des Arbeitslebens),
- more long distance work or working from home (mehr Arbeit aus der Distanz oder von zu Hause aus)."

Investorenkapitalismus

Eigentums-, Einfluß- und Managementstrukturen verändern sich weltweit. Jedoch laufen diese Veränderungsprozesse in den OECD-Ländern nicht synchron. Zwischen riesigen südkoreanischen Chaebols und wendigen dänischen Mittelstandsunternehmen, die global agieren, liegen Welten. Trotz aller Differenzen gibt es jedoch eine bemerkenswerte Gemeinsamkeit, die ein weiteres Vorzeichen der heraufziehenden „horizontalen" Zukunft darstellt: Das Eigentum verliert an direktem Einfluß.
Bis in die 60er Jahre war, auch bei großen Wirtschaftseinheiten, die Identität von Eigentümer und Unternehmer typisch, siehe etwa die Fords oder die Grundigs. Dies hat sich im Laufe der 70er und 80er Jahre grundlegend geändert. Große Tycoone wie Bill Gates bilden heute die Ausnahme. Zur

---

[6] Bundesverband Zeitarbeit e. V.
[7] Die Woche, 25.8.97, S. 6.
[8] Rede in Göteborg am 14. Mai 1996 von P. Barnevik, AR Vorsitzender ABB

Regel geworden sind – zumindest in Unternehmen ab einer bestimmten Größenordnung – angestellte Manager in Führungspositionen, die kein (nennenswertes) Eigentum am Unternehmen haben. Diesen leitenden Angestellten stehen große, oft institutionelle Anleger (Fonds) gegenüber, die rasant an Einfluß gewinnen. Am weitesten fortgeschritten ist diese Entwicklung – wieder einmal – in den Vereinigten Staaten. Dieses eher anonyme Kapital ist nicht an der Erhaltung traditioneller Strukturen (Macht durch Größe, vertikale Organisationen) interessiert, sondern einzig und allein an der höchstmöglichen Wertsteigerung der ihnen anvertrauten Gelder. Diejenigen Managementstrukturen und -konzepte, die in dieser Hinsicht das Beste leisten, werden von ihnen favorisiert. Und so ist es nicht überraschend, daß einer der größten Anleger der Welt, der kalifornische Calpersfonds, sein Anlageportfolio nach der Human-Resource-Orientierung von Unternehmen selektiert. Daran zeigt sich, daß das Eigentum der horizontalen Vernetzung, also der Förderung von Intrapreneurship und Human Resources, nicht nur *nicht* im Wege steht, sondern sie sogar einfordert.

Internet

Das Internet ist der Inbegriff eines innovativen und globalen Netzwerkes. Selbstlernend, nicht hierarchisch, offen und horizontal wachsend in exponentieller Größenordnung. Die Erfolgsgeschichte des Internets könnte prototypisch für die Zukunft sein:

- Erfolgreiche Innovationsfirmen bilden Anfangsknotenpunkte eines Netzes: aus gemeinsamen Projekten entstehen die ersten virtuellen Firmen
- Herausbildung von effizienten Austauschmechanismen zwischen den Knoten einerseits sowie zwischen Knoten und Markt andererseits: letzterer ist vom Know-how-Wettbewerb geprägt
- Hohe Profitabitität der Gründerfirmen zieht Investitionskapital an: ein Fond zur Finanzierung zukünftiger Projekte (InnoFond) wird eingerichtet
- Entwicklung einer „Netz-Kultur": nach und nach wächst ein Regelwerk, das Austausch- und Einstiegsmodalitäten festschreibt
- Das Netz hat sich etabliert: größere Firmen werden als Subnetze integriert oder verdrängt, da das InnoNetz effizienter arbeitet
- Dynamisches und weltumspannendes Netzwerk
  - Regeln des InnoNetz definieren Markt-Kodex
  - Netz optimiert sich, da die Knoten sich selbstlernend weiterbilden
  - Selbstfinanzierende Eigenschaft (InnoFond kann das dynamischste Finanzierungsinstrument weltweit werden)
  - Integration von Ökonomie, Ökologie, Kultur, Bildung, Information in gemeinsamen Strukturen

Die Dichte des weltumspannenden Netzes nimmt mit hohem Tempo zu. Sind wir auf dem Weg zur interaktiven Demokratie?

Virtuelle Firmen, Projektorganisation, Outsourcing

Die drei Kategorien bezeichnen unterschiedliche Sachverhalte, denen jedoch eines gemeinsam ist: hierarchische Ressourcenbeziehungen und starre Wertschöpfungsketten werden aufgebrochen. Wer etwa „outsourced", der möchte bei vermindertem unternehmerischen Risiko flexibel agieren können. Fremde Dienste werden für genau spezifizierte Projekte in Anspruch genommen. Die Effizienzvorteile durch hohe Reaktionsfähigkeit, kunden- oder marktspezifische Lösungen, freie Partnerwahl, geringe Folgekosten, einen begrenzten Gemeinkostenblock, hohe Motivation der Partner durch Selbstbestimmung liegen auf der Hand.

Ein virtuelles Unternehmen verfügt über mehr Ressourcen, als es selber sein Eigen nennt.[9] Paradebeispiel NIKE: Das Unternehmen – völlig abgelöst von der üblichen Struktur – ist rund um drei Kerndisziplinen organisiert: Produktinnovation, Marketing und Kundenmanagement. Die Produktion selbst gehört nicht dazu.

Ähnliches gilt für einige Automobilkonzerne. Die wettbewerbliche Differenzierung liegt zunehmend beim Management der Marke und des Gesamtsystems. Die Produktion steht nicht mehr im Vordergrund.

Dies sind zwei Beispiel dafür, daß vertikale Strukturen dramatisch an Bedeutung verlieren (Abb. 91).

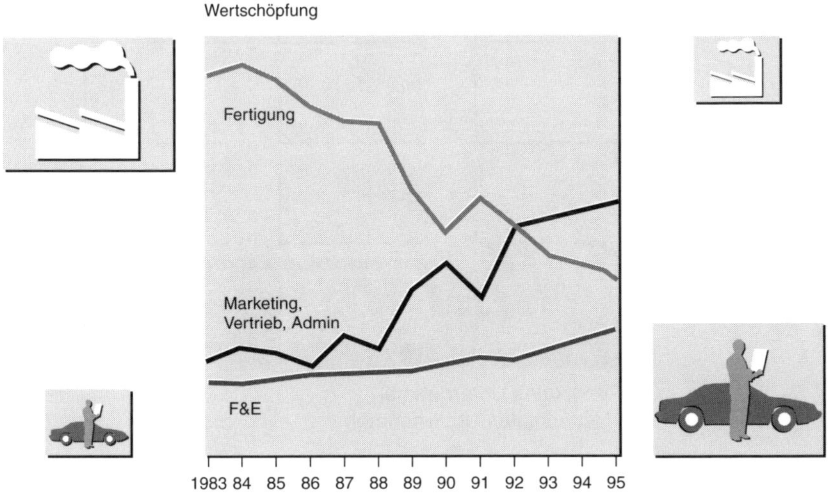

Abbildung 91: Branchen ändern sich in ihrem Kern – Beispiel: Automobilindustrie [Quelle: Shifting paradigms in the automotive industry, The Boston Consulting Group; Geschäftsberichte; Euromotor; BCG-Analyse]

---

9 Vgl. Hopland

Business migration

Traditionelle Grenzen verschwinden. Geschäfte und ganze Branchen wandern über ihre angestammten Felder hinaus. Das „Wie?" wird wichtiger als das „Was?" Die Fähigkeit, auf Kundenwünsche einzugehen, ist heute weit bedeutsamer für den Unternehmenserfolg als die Herstellung eines immergleichen Produkts, mag dies auch noch so hervorragend sein. Es spielt keine Rolle mehr, ob ein Unternehmen fokussiert oder diversifiziert ist. Das Konglomerat kann ebenso erfolgreich sein wie der Monolith. Der beste Mischkonzern der Welt (General Electrics) schuf in den letzten Jahren fast genauso viel Wert wie das beste Einproduktunternehmen (Coca Cola). Für den Erfolg kommt es allein darauf an, Werthebel wie Mitarbeiterfokus und Intrapreneurship richtig zu handhaben.
Die Abkehr von vertikalen Strukturen ist notwendig, weil diese, wenn es um die Bedienung hochspezifischer Kundenwünsche geht, viel schwerfälliger sind als horizontale Vernetzungen (Abb. 92).

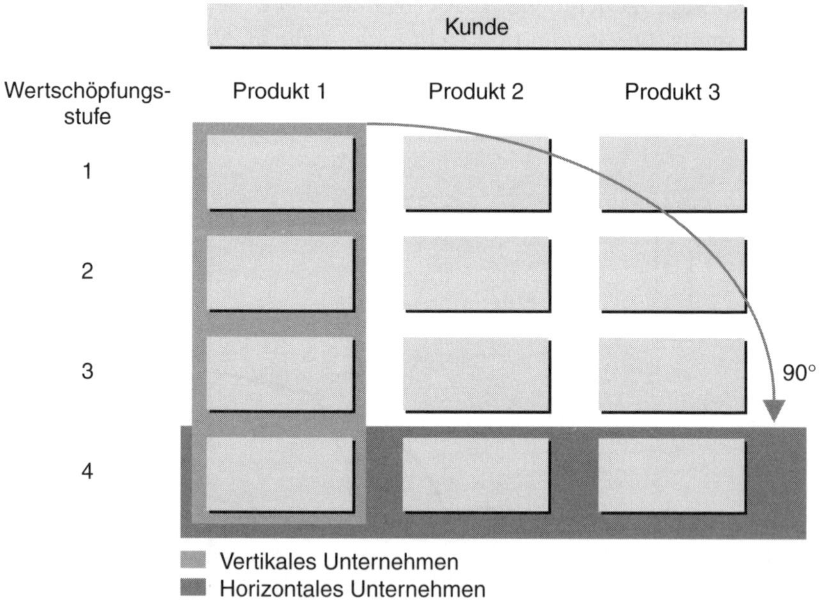

Abbildung 92: Wertschöpfungsketten drehen sich um 90°

Swissair beispielsweise wächst horizontal durch das Catering, BP durch die Nutzung der Tankstellen als Minisupermärkte. Der Mineralölkonzern reduziert zugleich die Vertikalität durch das Stillegen von Raffinerien. Er wird damit zum Wettbewerber anderer Branchen und schafft sich neue Wettbewerber.

Wir können festhalten: Die Symptome der Zukunft – so heterogen sie sein mögen – haben einen gemeinsamen Tenor: Sie weisen auf ein Morgen hin, in dem es keine starren Unternehmenspyramiden mehr gibt, sondern offene Netzwerke, in denen nicht vertikal, sondern horizontal gedacht und gehandelt wird. Horizontale Strukturen bedeuten einen entscheidenden Gewinn an Flexibilität, Motivation und Innovationsfähigkeit. Das Unternehmen der Zukunft wird ein virtuelles Gebilde sein, ein Geflecht aus temporären Kooperationen selbständiger Partner, das zu höchsten Marktleistungen fähig ist.

2. Das Individuum

Die innovative Gesellschaft wird für die Befriedigung des höchsten Bedürfnisses sorgen, das Menschen (laut Maslow) haben: Selbstverwirklichung. Gerade diesem Aspekt messen wir überragende Bedeutung zu. Eine „neue" Gesellschaft, die ihren Bürgern kein besseres, „sinnvolleres" Leben beschert, ist unseres Erachtens die Mühe nicht wert, die ihr Aufbau macht. Selbstverwirklichung und Intrapreneurship hängen engstens miteinander zusammen. Um die höchste Stufe der Bedürfnisbefriedigung zu erreichen (Abbildung 93), sind verschiedene Voraussetzungen notwendig, die heute noch nicht existieren.

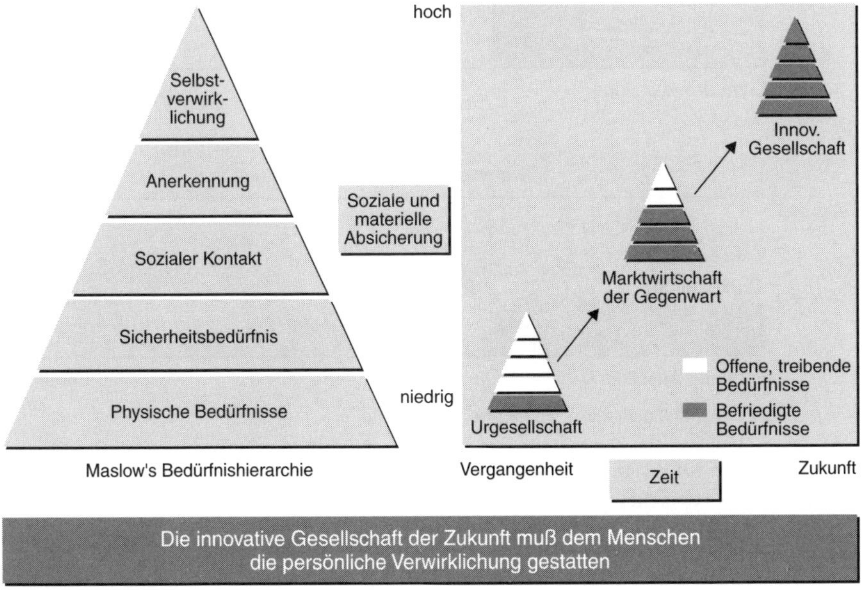

Abbildung 93: Auf dem Weg zur Selbstverwirklichung

Dazu gehören:

- Eine finanzielle Grundabsicherung, die individuelle Unabhängigkeit erst ermöglicht. Ohne historischen Grundzins (vgl. Kapitel III) oder ein ähnliches Konzept ist die innovative Gesellschaft kaum machbar.
- Hohe Flexibilität in den Arbeitsaufgaben und Projekten während des gesamten Arbeitslebens.
- Vom „lifetime employment" zur „lifetime employability": wir brauchen das „lernende Individuum". Das heißt, hohe Investitionen in die primäre Ausbildung des Menschen[10] sind notwendig: der Einzelne muß ständig bereit sein, dazuzulernen durch wechselnde, anspruchsvolle Arbeitsaufgaben; die Aus- und Fortbildung muß insgesamt einen wesentlich höheren Anteil an der Lebensarbeitszeit ausmachen als heute.

Die Schaffung dieser Voraussetzungen könnte die Intrapreneure zu Entrepreneuren machen. Der Lebensarbeitszyklus des Individuums ist in der innovativen Gesellschaft wesentlich flexibler als heute (Abb. 94).

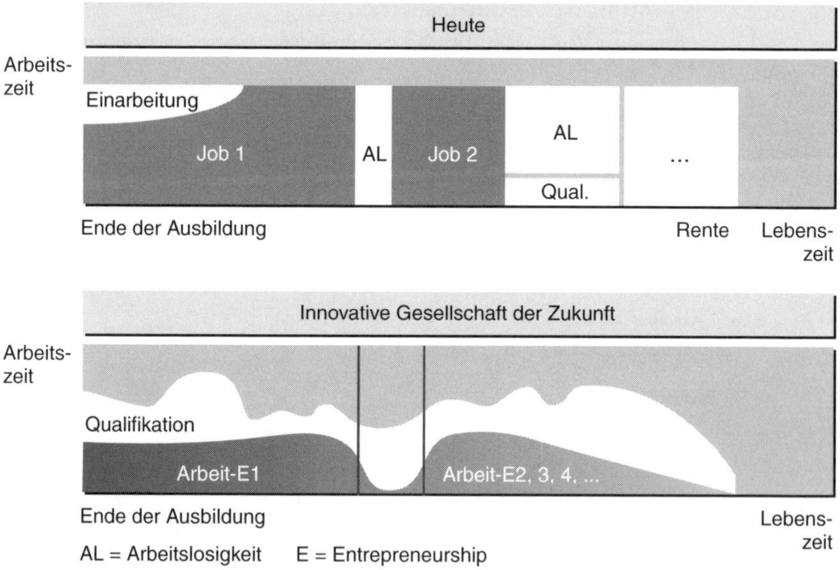

Abbildung 94: Die Arbeit der Zukunft ist inhaltlich und zeitlich flexibel – Vergleich von typischen Lebensläufen

[10] „Investition in Wissen bringt die besten Zinsen." (Benjamin Franklin)

Ralf Dahrendorf gliedert das heutige Arbeitsleben in vier Abschnitte: „Den Ausbildungs- und Bildungskasten an einem Ende, den Ruhestands- oder Pensionierungskasten am anderen und in der Mitte die Arbeit und die Freizeit."[11] Er gibt eine höchst interessante Prognose für die zukünftige Arbeitsgesellschaft ab:

- Nicht der Staat, die politischen Parteien oder die klassischen Großorganisationen werden die notwendigen Veränderungen vorantreiben, sondern einzelne, nicht-klassische Organisationen und kleine Unternehmen.
- Der Lebensunterhalt wird von der Berufstätigkeit abgekoppelt.[12]

Sollte der Staat vor der Aufgabe, den Weg zur Innovativen Gesellschaft freizumachen, versagen, dann wird der Markt selbst – wenn auch mit Verzögerungen – die Hindernisse beiseite räumen. Entscheidend für die erfolgreiche Transformation wird der Einzelne sein, der mit Mut und Phantasie die überkommenen Regeln bricht und im Kleinen das Neue schafft. Der Veränderungsprozeß wird dann von unten nach oben voranschreiten statt umgekehrt.
Dahrendorfs Forderung der Abkopplung des Lebensunterhaltes von der Berufstätigkeit würde erfüllt werden von unserem Konzept des „Grundzinses". Die Freiheit von der Sorge ums tägliche Brot machte den Übergang vom „bios practicos" zum „bios theoreticos" (Aristoteles) möglich.

3. Der Staat

In einer Gesellschaft von Entrepreneuren wird der Staat, wie wir ihn heute kennen, an Bedeutung verlieren. Den größten Teil seiner Aufgaben werden die Regionen – informelle, logistische und soziale Netzknoten in der Innovativen Gesellschaft – übernehmen, weil sie diese effizienter erfüllen können. Große Unternehmen planen und agieren global, regional und lokal. Die Problembewältigungstechniken aller drei Funktionseinheiten – Staat, Region, Unternehmen – werden sich im Laufe der nächsten Jahre immer mehr angleichen. Wir haben dies im zweiten Kapitel bereits angesprochen. Am Ende des Angleichungsprozesses wird durch die Verschmelzung der strategischen Dreiecke von Staat und Unternehmen die Innovative Gesellschaft entstehen (Abbildung 95).

[11] Ralf Dahrendorf: Arbeit und Tätigkeit – Wandlungen der Arbeitsgesellschaft, in: Geht uns die Arbeit aus?; Prognos-Forum Zukunftsfragen, Stuttgart 1985, S. 31
[12] a. a. O. S. 32

Abbildung 95: Die strategischen Schwerpunkte der Gesellschaft

In Kapitel IV haben wir gezeigt, daß der wirtschaftliche Erfolg von Unternehmen hoch korreliert mit Intrapreneurship und Mitarbeiterfokus. Die Abbildung 40 (Seite 92) gab davon einen klaren optischen Eindruck. Für den ökonomischen Erfolg ganzer Staaten, gemessen an der Arbeitslosenquote, gilt exakt derselbe Zusammenhang: Intrapreneurship und Mitarbeiterfokus machen Staaten wirtschaftlich stark! Die Abbildungen 40 und 96 (unten) weisen eine frappante Ähnlichkeit auf.[13]

Wir haben einen Intra-Index für die Abbildung der Intrapreneurship-Kultur in dem jeweiligen Land und einen HR-Index für die Mitarbeiterfokussierung definiert, der auf Angaben des World Competitiveness Report basiert (Abb. 96).

Zum Intra-Index zählen Entrepreneurship, Risiko/Initiative, Venture Capital, Subventionen und private Steuern. Zum HR-Index zählen Bildungssystem, Bildungsausgaben, monetäre und nicht-monetäre Motivation und Qualifikation in Firmen.

Die Wachstumsnationen mit niedriger Arbeitslosigkeit bilden die eine Wolke, die stagnierenden Staaten mit hoher Arbeitslosigkeit die andere. Japan liegt trotz eines niedrigen Intra-Indexes wegen seiner moderaten Arbeitslosigkeit zwischen beiden Formationen. Allerdings sind Zweifel angebracht an der sehr „spezifischen" Arbeitslosigkeitsdefinition im Lande der aufgehenden Sonne.

[13] Zur Messung von Intrapreneurship und Human Recource Focus auf der aggregierten Ebene 'Staat' haben wir auf den 'World Competitivness Report' zurückgegriffen.

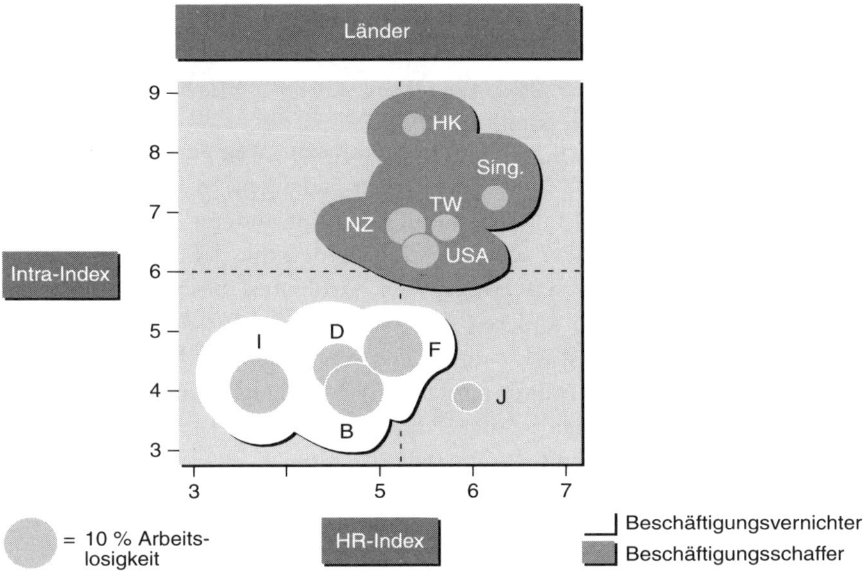

Abbildung 96: Intrapreneurship und Mitarbeiterfokus: die Hebel zu mehr Arbeit für Länder wie für Unternehmen [Quelle: World Competitiveness Report 97]

Die Graphik stellt gewissermaßen eine Momentaufnahme dar. Die aktuellen Turbulenzen in Fernost dürften in den kommenden Jahren zu Positionsverschiebungen einzelner Staaten führen. Dieser Umstand ändert jedoch nichts an unserer Überzeugung, daß Intrapreneurship und Mitarbeiterfokus diejenigen Faktoren sind, die einem Land als ganzem im ökonomischen und gesellschaftlichen Wettbewerb der Nationen entscheidende Vorteile verschaffen werden.

Wenn Hegel recht hatte, als er vor über 150 Jahren die These aufstellte, die Weltgeschichte sei nichts als die Entwicklung des Begriffs Freiheit – dann befinden wir uns mit der Vision von der Innovativen Gesellschaft im 21. Jahrhundert auf einem guten Weg. Diese Gesellschaft wird

- weitgehend auf Selbstorganisation und individueller Selbstverwirklichung beruhen,
- durch nicht-hierarchische, netzartige Strukturen geprägt sein, in denen überwiegend horizontal kommuniziert und entschieden wird,
- jedem Bürger eine existentielle Grundabsicherung bieten, die Voraussetzung der Selbstverwirklichung ist.

Europa und die USA entwickeln sich zu Innovativen Gesellschaften. In diesem Wettlauf haben die Europäer bei der gesellschaftlichen Ausgewogenheit und Vielfalt die Nase vorn, die Amerikaner bei der Veränderungsbereitschaft und dem Drang zur Selbstverwirklichung. Es ist keineswegs gerechtfertigt anzunehmen, daß der amerikanische Weg per se vorzuziehen sei.[14] Die USA werden sich, um ans Ziel zu gelangen, in ähnlichem Ausmaß wie Europa ändern müssen, wenn auch auf anderen Gebieten. Mag sein, daß sich die Europäer schwerer tun werden mit der Verwirklichung der Innovativen Gesellschaft wegen der virulenten Beschäftigungskrise und weil sie auf einigen anderen Gebieten wie der PC-Ausstattung, der Internet-Teilnahme, der Wachstumsanteile von Klein- und Mittelunternehmen, der Bildungsstruktur und -ausgaben bereits deutlich in Nachteil geraten sind. Keinesfalls aber ist der Paradigmawechsel für Europa schon unmöglich geworden, denn die Vorteile des alten Kontinents hinsichtlich der gesellschaftlichen Ausgewogenheit wiegen schwer. Ein Flugzeug, das so schnell fliegt, daß der Rumpf nicht mitkommt, wird nie ans Ziel gelangen.

Dieses Buch ist die Frucht langjähriger Beratungserfahrung. Wir haben hierin zusammengetragen, was Staaten und Unternehmen unserer Auffassung nach zur Lösung des Beschäftigungsproblems in Zentraleuropa tun können. Ergebnis: Der Alte Kontinent muß alles daransetzen, sich in eine Innovative Gesellschaft zu verwandeln. Das Problem der Arbeitslosigkeit wird dann aus mindestens drei Gründen verschwinden:

1. In der Innovativen Gesellschaft werden die Grenzen von Arbeitszeit, Bildungszeit und Freizeit fließend sein. Kreative Arbeit, der bios theoreticos, wird vorherrschen und damit auch der Wunsch zu arbeiten. Arbeit wird in weit größerem Umfang als heute der individuellen Selbstverwirklichung dienen.
2. Eine umfassende Grundsicherung enthebt den einzelnen Bürger der Notwendigkeit, für sein tägliches Brot zu arbeiten. Das macht ihn frei, zu tun oder zu lassen, was er möchte und wann er es möchte. Insofern bildet die Grundsicherung die existentielle Basis für die Innovative Gesellschaft. Sie sorgt zugleich für das Verschwinden der Arbeitslosigkeit oder doch für das Ausbleiben ihrer katastrophalen sozialen Folgen.

[14] 80 Prozent deutscher Topmanager meinen, dem amerikanischen System gehöre die Zukunft; vgl. Capital 4/97

3. Intrapreneurship wird zunehmend zu Entrepreneurship. Damit ist die Arbeitslosigkeit ex definitione beseitigt. Wenn jeder Mensch selbständiger Unternehmer ist, gibt es aus Gründen der Logik keine Arbeitslosigkeit mehr. Ein Selbständiger kann weniger oder mehr arbeiten, abhängig von der Auftragslage. Er kann auf die Grundversorgung angewiesen sein, aber er kann nicht arbeitslos werden.

Der hier vorgestellte Entwurf einer Innovativen Gesellschaft versteht sich als Beitrag zur Diskussion um das brennendste Problem des Alten Kontinents: die hohe Arbeitslosigkeit. Wir behaupten keineswegs, mit unserer Vision den Stein der Weisen gefunden zu haben. Dazu steckt, wie wir selbstkritisch einräumen müssen, zuviel Unausgereiftes in den Details. Wir meinen jedoch, daß unser Entwurf in den großen Zügen stichhaltig ist und daß er denen, die an verantwortlicher Stelle wegweisende Entscheidungen zu treffen haben, durchaus nützliche Anregungen zu geben vermag. Wenn das Buch in diesem Sinne als Denkhilfe dient, hat es seinen Zweck erfüllt.

Abbildung 97: Die innovative Gesellschaft (Albrecht Dürer)

X.

Der doppelte Befreiungsschlag – Ein Resümee

Der doppelte Befreiungsschlag – Ein Resümee

"Nicht weil es schwer ist, wagen wir es nicht, sondern weil wir es nicht wagen, ist es schwer."

Lucius Annaeus Seneca

Lassen Sie uns zusammenfassen. Wir haben es schon zu häufig gehört: die Arbeitslosigkeit ist das Gesellschaftsproblem Nummer eins in Europa! Jeder spricht davon, und man versucht, sich gegenseitig mit Vorschlägen zur Lösung des Problems zu übertreffen und in der politischen Arena auszustechen. Zeiten erhöhter Arbeitslosigkeit hat es schon häufig gegeben. Noch nie aber war sie so grundlegend struktureller Art. Ein Strukturproblem kann man nicht mit konjunkturpolitischer Medizin kurieren. Die Zinsen sind so niedrig, daß sie kaum noch gesenkt werden können. Konjunkturprogramme sind teuer, passen nicht in die stabilitätspolitische Landschaft und wirken ohnehin nur als kurzfristiges Strohfeuer. Nachfragestärkung durch Lohnerhöhung hieße, den Teufel mit dem Beelzebub auszutreiben. Den Faktor, der in der Wettbewerbsgleichung am relativ teuersten ist, noch teurer zu machen, widerspricht aller volkswirtschaftlicher Logik. Ebenso ist die ausufernde Diskussion um die Verteilung des Kuchens, der ständig kleiner wird, nicht sehr zielführend. Die Zeit wird langsam knapp, obwohl wir noch genug davon haben. Nicht die wenige Zeit macht uns zu schaffen, sondern die viele Zeit, die wir nicht nutzen. Wenn Deutschland in nachbarschaftlicher Eintracht mit Frankreich und Italien bei fast allen Indikatoren zur Wettbewerbsfähigkeit und Veränderungsbereitschaft eines Landes in der unteren Hälfte steht, dann muß Grundsätzlicheres geschehen. Wir brauchen die doppelte Befreiung.

1. Der Staat muß Bürger und Unternehmen befreien

Wir könnten es uns mit der Begründung recht einfach machen. Die Staatsquote liegt über 50 %. Wir haben mit die höchste Regulierungsdichte aller Industrienationen – insbesondere einen hochregulierten Arbeitsmarkt. Das soziale Sicherungsnetz, dessen Grundgedanke niemand in Frage stellt, hat aufgrund dessen langjähriger Perfektionierung zur Vollkaskomentalität weiter Bevölkerungskreise geführt. Die Dynamik der Volkswirtschaft hat unter diesen Rahmenbedingungen nicht gerade zugenommen. Wir wissen, wo wir stehen. Wenn wir an Dynamik gewinnen wollen, müssen wir die Begrenzungen wieder zurücknehmen.

Aber auch eine etwas analytischere Betrachtungsweise führt zum gleichen Ergebnis. Wenn wir bei anhaltendem Produktivitätsfortschritt = Arbeitsplatzabbau trotzdem per Saldo Arbeitsplätze schaffen wollen, dann gibt es dafür nur drei Möglichkeiten (Kapitel III):

- Die Verteilung vorhandener Arbeit auf mehr Schultern
- Das Schaffen arbeitsintensiverer Strukturen
- Wachstum durch Neues

Die Verteilung der vorhandenen Arbeit nimmt in der Diskussion den größten Raum ein, vordergründig ist das auch das einfachste. Natürlich sollte man die Möglichkeiten, wenn sie sich bieten, auch nutzen: Überstundenabbau, Teilzeitmodelle und flexible Lebensarbeitszeiten, um nur drei wichtige zu nennen. Es muß uns aber klar sein, daß wir die vorhandene Arbeit nur einmal anders verteilen können, danach werden wir wieder vor dem Abgrund stehen. Auch macht die breitere Verteilung der bestehenden Arbeit nicht in allen Fällen ökonomisch Sinn, schon gar nicht, wenn Unternehmen in scharfem internationalen Wettbewerb stehen. Ganz sicherlich ist eine flächendeckende undifferenzierte Einführung von 35- oder 32-Stundenwochen nicht sehr zielführend. Wir müssen bei der breiten Verteilung der Arbeit soweit wie wettbewerblich möglich gehen. Ein nachhaltiger Lösungsansatz ist es nicht.

Um die Einführung arbeitsintensiverer Strukturen werden wir trotz aller sozialpolitischer und kultureller Bedenken wohl nicht umhin kommen. Aufgrund des hohen Kostenniveaus und des wettbewerblichen Zwangs zur Produktivitätssteigerung fallen seit Jahren zuerst die Arbeitsplätze am unteren Qualifikationsende fort. Wir werden in den nächsten Jahren einen Arbeitsplatzabbau in großem Stil auch in der mittleren und höheren Qualifikationsebene, vor allem im Banken-, Versicherungs- und Verwaltungssektor, erfahren. Umschulungs- und Qualifikationsmaßnahmen sind sicher die bevorzugte Handlungsalternative – wo immer sie möglich sind. Die Sockelarbeitslosigkeit haben wir damit nicht in den Griff bekommen und werden es in der Zukunft noch weniger schaffen. Deshalb werden wir die Arbeitskosten vor allem für einfachere Dienstleistungen senken müssen. Die Wege selbst sind vielfältig: ein geringerer Anstieg der Löhne, die Senkung der Lohnnebenkosten – sicherlich die beste Alternative – Kombilöhne, Negativsteuern oder gar das etwas visionäre Bürgergeld. Die Zumutbarkeitsregeln für Empfänger von Arbeitslosenhilfe zu verändern, scheint uns eine Frage der gesellschaftlichen Fairneß zu sein. Wir können nicht vom Staat verlangen, daß er uns eine selbst gewählte, nachfrageunabhängige Ausbildung finanziert und uns zeitlebens in diesem Bereich auch noch Arbeit beschafft beziehungsweise unser Leben finanziert, falls dies nicht möglich ist. Die meisten anderen Länder um uns herum haben sich bereits davon verabschiedet. Hunderttausende, wenn nicht Millionen Arbeitsplätze könnten durch das Ermöglichen arbeitsintensiverer Strukturen die "Servicewüste Deutschland" vielleicht nicht in eine blühende Landschaft verwandeln, aber doch mit vielen komfortablen Oasen ausstatten.

Die langfristig einzige Möglichkeit für einen hochindustrialisierten Staat mit hohem Qualifikations- und Lohnniveau wettbewerbsfähig Arbeitsplätze zu schaffen, liegt im innovativen Wachstum. Dieses Wachstum kann nur aus den Unternehmen heraus kommen. Der Staat darf es nur nicht verhindern und die Früchte dieses Wachstums über die Schmerzgrenze hinaus selbst ernten wollen.

Für beides, arbeitsintensivere Strukturen und innovatives Wachstum, benötigen wir eine Befreiung vom Staat. Wir benötigen erstens eine Entlastung des Faktors Arbeit. Dies wird mit einer Entlastung auf der Ausgabenseite und damit einer Begrenzung des sozialen Netzes beziehungsweise der Überleitung bestimmter Vorsorgethemen in den privaten Bereich einhergehen müssen. Wir brauchen zweitens eine größtmögliche Flexibilisierung der Arbeitswelt. Die Bundesregierung hat kleine Schritte in diese Richtung gemacht, genug sind sie sicherlich nicht. Auch Flächentarifverträge mit Hunderten von Ausnahmen sollten zugunsten individueller Abkommen überdacht werden. Gemeinsame Gremien aus Unternehmensleitung und Arbeitnehmern vor Ort wissen am besten, was für die Zukunft des eigenen Unternehmens am besten ist. Sie sitzen nämlich im selben Boot. Unsere Umfrage (Kapitel VIII) bestätigt das.

Wir brauchen darüber hinaus eine weitestgehende Deregulierung: die Regel und nicht die Handlungsfreiheit muß zur Ausnahme werden. Dies geht weit über den Arbeitsmarkt hinaus. Bürokratie und endlose Genehmigungsverfahren liegen wie schwere Ketten an den Füßen der Investitionswilligen. Ein deutsches Großunternehmen mag sich noch ausreichend Spezialisten und Juristen leisten können, um durch den Paragraphendschungel durchzublicken. Es darf uns aber nicht überraschen, daß ausländische Investoren sich seit Jahren immer mehr von Deutschland abwenden. Gemessen an seiner wirtschaftlichen Größe hat Deutschland mit Abstand die geringsten ausländischen Direktinvestitionen im Lande.

Eine Richtungsänderung, die weniger kurz- bis mittelfristig wirkt, dafür aber langfristig um so wichtiger für die deutsche Wettbewerbsfähigkeit im internationalen Rahmen ist, führt uns zu der Forderung nach mehr Zukunftsinvestitionen. Bildung und Forschung werden seit Jahren als Stiefkinder angesehen. Dies ist nicht verwunderlich, da sie die geringste Lobby und auch die geringsten Kurzfristeffekte haben und damit die Wählerstimmen begrenzt sind. Seit Jahren werden Erhaltungssubventionen für sterbende Industrien und die Landwirtschaft in ganz Europa gegeben: letztere erhält alleine ca. Ecu 50 Milliarden in ganz Europa. Gelder für Universitäten und Schulen werden dagegen abgebaut. Heute ist die Durchschnittsqualifikation der Arbeitnehmer in Deutschland im weltweiten Vergleich noch relativ hoch, das Leistungsniveau von Schülern und Studenten nimmt in entsprechenden Untersuchungen dagegen bereits ab. Es bedarf kaum einer Erwähnung, daß zu all dem eine Steuerreform gehört, die ihren Namen auch verdient. Arbeit entlasten, Subventionen abbauen und in Zukunftsbereiche umschichten, Investitionsanreize nicht abbauen, sondern verstärken, das muß die Losung sein. Ist dies alles neu? Nein, gewiß nicht. Klingt es neoliberal und angebotstheoretisch? Ja, aber auch Ludwig Erhard gehört in diese Denkrichtung. Wir dürfen nicht ignorieren, daß die soziale Marktwirtschaft letztendlich eine Marktwirtschaft ist. Da die Funktionstüchtigkeit dieser Ansätze bereits in vielen Staaten nachgewiesen wurde (USA, UK, Neuseeland, Niederlande etc.), erstaunt uns deren Ablehnung um so mehr. *"Ein Mann mit einer neuen Idee ist unausstehlich, bis er der Idee zum Erfolg verholfen hat"*, sagt Mark Twain. Wir müssen nur zu unseren Freunden und Nachbarn schauen und werden den Erfolg feststellen. Wir müssen uns beim Hinschauen allerdings die richtigen Nachbarn aussuchen.

2. Die Unternehmen müssen Mitarbeiter und Organisationen befreien

Gesellschaftspolitische Verpflichtung und ökonomische Ratio gebieten es, die neu gewonnenen Freiheiten auf Unternehmensebene zu nutzen – wenn sie denn kommen. Soweit möglich, wird das heute vielfach auch schon getan: wir haben Beispiele aufgezeigt (Kapitel VI). Der Kern zukünftiger Arbeitsplätze aber liegt im innovativen Wachstum. Wenn wir nicht originär Neues schaffen, neue Produkte und neue Dienstleistungen, werden wir auch keine neuen und sicheren Arbeitsplätze schaffen. Das kann nicht der Staat leisten, das können nur Unternehmen. Deshalb haben wir der Erforschung der erfolgreichen Unternehmen einen so breiten Raum eingeräumt. Wir haben bewußt die Unternehmen herausgegriffen, die über Jahre, teilweise Jahrzehnte hohe Zuwachsraten nicht nur beim Umsatz, sondern auch bei den Beschäftigten zu verzeichnen hatten: Chiron, Ericsson, Hewlett-Packard, SAP, Solectron, Würth. Diese Unternehmen hätten hinsichtlich Größe, Standort, Industrie und Alter unterschiedlicher nicht sein können. Eines war jedoch allen gemein: sie stellen den Mitarbeiter in den Mittelpunkt! Nun lesen wir das in vielen Geschäftsberichten, aber zwischen Wollen und Tun liegen häufig Welten. Den Mitarbeiter in den Mittelpunkt zu stellen ist eine Organisations- und Führungsaufgabe. Wenn Mitarbeiter sich für Unternehmen einsetzen sollen, müssen sie motiviert sein, wenn sie motiviert sein sollen, müssen sie sich frei fühlen und Eigenverantwortung tragen dürfen. Nur dann wird das Kreativpotential für Neues in der Mitarbeiterschaft gehoben. Dabei ist es gleichgültig, ob es sich um ständige kleine Verbesserungen an dem bestehenden Produktspektrum, die Ausweitung der Absatzmärkte (Würth), das neue innovative Produkt selbst (Hewlett-Packard, Chiron, SAP) oder die Perfektionierung von Produktionsabläufen (Solectron) handelt. Die Fokussierung des eigenen Denkens und Handelns auf den Unternehmenserfolg darf nicht nur im Management, sondern muß bei jedem einzelnen Mitarbeiter verankert sein. Sie müssen im Mittelpunkt stehen und größtmögliche Freiheiten genießen – Mitarbeiterfokus und Intrapreneurship. Die Liste der sehr konkreten Ausprägungen ist lang: flache Hierarchien, offene Kommunikation über alle Hierarchieebenen bis zur Führungsspitze, Fehlerkultur, in der aus Fehlern gelernt wird und diese nicht verboten sind, freie Gestaltung des Arbeitsplatzes, freie Gestaltung der Arbeitszeit, keine Stechuhren, innovationsgebundene Entlohnung, nicht-monetäre Belohnungen und Belobigungen, Unternehmer und Führungspersönlichkeiten als Identifikationsfiguren. Den Erfolg kann man in Umsatz, Gewinn, Börsenkapitalisierung und Arbeitsplätzen messen, alles ist gleichlaufend. Auf den Punkt brachte es ein Mitarbeiter im Gespräch mit uns: "In den letzten zehn Jahren gab es keinen Tag, an dem ich nicht gerne zur Arbeit gegangen wäre." Der Erfolg stellt sich deshalb ein, weil in den Köpfen der Mitarbeiter ein ungeheures Wissens- und Kreativitätspotential schlummert. Es ist die Aufgabe der Unternehmer, dieses Potential zu heben, indem die Organisation von der Leine gelassen und die Mitarbeiter befreit werden.

3. Wir müssen uns zur Wertorientierung bekennen

Wie wollen wir innovatives Wachstum zielgerichtet steuern? Die Intrapreneurship-Kultur gibt Hinweise auf die innere Ausgestaltung von Organisation und Führung, um möglichst viele neue gute Ideen an die Oberfläche kommen zu lassen. Neue Produkte und Dienstleistungen müssen strategisch Sinn machen, sie müssen in die wettbewerbspolitische Landschaft passen. Um die Kreativität zu steuern und sie in richtige Bahnen zu lenken, gibt es eine Vielzahl strategischer Ansätze. Wir haben sie in Kapitel V beschrieben: die wertvollen von den weniger wertvollen Kunden trennen, die Kundenpenetration messen, mit dem Kunden gemeinsam neue Prozesse definieren, die Spielregeln am Markt sezieren und sie verändern, die eigenen Fähigkeiten in andere Industrien übertragen (Business Migration), technologische Standards entwickeln und setzen, die Zeiten für innerbetriebliche und äußere Abläufe halbieren, Visionen durch Provokation und Retropolation entwickeln.

All dies ist hilfreich für die strategische Unternehmensführung, aber letztendlich viel zu komplex, um die Gedanken und Aktionen des Unternehmens auf einfache Weise in die gewünschte Richtung zu lenken.
Alle unsere Untersuchungen kommen zum gleichen Ergebnis: die Wertorientierung ist für die Steuerung das geeignetste Maß! Die Interessenskonkurrenz zwischen Werterhöhung und Beschäftigungszuwachs ist ein Trugschluß. Wir haben nachgewiesen, daß die Unternehmen, die langfristig eine überdurchschnittliche Aktienrendite erwirtschaften, auch überproportional viele Arbeitsplätze schaffen (Kapitel IV). Der beste Werttreiber ist das Wachstum. In kürzeren Zeiträumen gibt es Unternehmen, die bei steigender Aktienrendite Arbeitsplätze abbauen. Dies ist notwendig, da ein wertsteigerndes Wachstum nur dann möglich ist, wenn es in Geschäften geschieht, deren Renditen über den durchschnittlichen Kapitalkosten liegen. Deshalb muß ein Unternehmen zuerst die Rendite über die Kapitalkosten heben, bevor es profitabel wachsen kann – so einfach ist der Zusammenhang. In Deutschland hat in den letzten Jahren der vorhandene Nachholbedarf an Restrukturierung einen negativen Beschäftigungseffekt ausgelöst. Langfristig besteht aber eindeutig eine positive Korrelation zwischen Beschäftigungswachstum und Wertschaffung. Ein steigender Börsenkurs bei Arbeitsplatzabbau ist also nicht Beweis für einen inhärenten Interessenkonflikt, sondern Indiz für den gegenwärtigen Stand der wirtschaftlichen Entwicklung. Der "Shareholder Value" ist also nicht der Feind der Arbeit. Selten hat die falsche Auslegung eines Begriffes so viel Unheil angerichtet; man hat die Augen vor den Fakten verschlossen. Wertorientierte Unternehmensführung konzentriert sich darauf, den Wert des Unternehmens zu erhöhen, also den Gesamtkuchen zu vergrößern. Davon profitieren alle (Kap. VII):

- Die Mitarbeiter, da innovatives Wachstum zu Beschäftigungswachstum führt und zu besseren Löhnen für bessere Ergebnisse.
- Der Kunde, da innovatives Wachstum Effizienz, Stabilität und ein besseres Preis- Leistungsverhältnis schafft.
- Die Anteilseigner, da durch innovatives Wachstum nachweisbar die Wertrendite steigt.
- Das Management, da innovatives Wachstum den Einstieg in neue Geschäftsfelder ermöglicht, erfolgreiche Unternehmen eine größere Kontinuität in der Führung vorweisen und die ergebnisabhängige Entlohnung höher ausfällt.
- Der Staat, da innovatives Wachstum Beschäftigung und höhere Steuereinnahmen schafft.
- Die Gewerkschaften, da innovatives Wachstum zu mehr Beschäftigung und besserer Entlohnung führt.

Die logische Kette heißt also: Mitarbeiterfokus und Intrapreneurship führen zu innovativem Wachstum und dadurch zur Unternehmenswerterhöhung und Beschäftigungswachstum!

4. Wir müssen die Bedenkenträger bekämpfen

"Hindernisse überwinden ist der Vollgenuß des Daseins", so Arthur Schopenhauer. Hindernisse gibt es genug. Das wichtigste ist sicherlich der künstlich aufgebaute Interessengegensatz zwischen Wachstum des Unternehmenswertes und der Arbeitsplätze. Darüber hinaus gibt es aber eine Vielzahl von Mythen, welche die Diskussion um die Arbeitsplatzschaffung nicht unbedingt in die richtige Richtung lenken, sondern sie eher verhindern und umleiten.
Wir haben diese Mythen widerlegt (Kap. VII):

- Es sind nicht nur die Kleinen, sondern auch die Großen, die wachsen können.
- Das Wachstum ist nicht branchenabhängig, man kann in jeder Branche wachsen.
- Wachstum ist nicht nur durch Akquisitionen möglich, sondern in erster Linie durch internes Wachstum.
- Der Staat ist nicht an allem schuld: Wir brauchen zwar einen Befreiungsschlag, aber vieles können die Unternehmen selbst machen.
- Der Shareholder-Value-Gedanke ist nicht "Gier nach Beute", sondern notwendiger Bestandteil der wertorientierten Unternehmensführung.
- Durch die Wertorientierung werden die übrigen Stakeholderinteressen nicht verletzt, im Gegenteil, sie sind über innovatives Wachstum und Wertorientierung gleichlaufend.
- Die Interessen der verschiedenen Stakeholder haben unterschiedliche Fristigkeiten: Das ist kurzfristig richtig, aber bereits ab einem Vier- bis Fünf-Jahres Zeitraum werden die Interessen kompatibel.
- Beschäftigungsaufbau im Ausland bedeutet Beschäftigungsabbau im Inland: Natürlich gibt es aufgrund der Kostenproblematik Produktionsverlagerungen ins Ausland, normalerweise werden in den verbleibenden Wertschöpfungsstufen im Inland zusätzliche Arbeitsplätze geschaffen, in jedem Fall aber viele gesichert.

Der größte Mythos jedoch ist die Vermutung beziehungsweise Behauptung, daß die Wertorientierung eines Unternehmens sich gegen die ureigensten Interessen der Mitarbeiter stellt. Auch dies ist falsch. Wir haben dazu 1000 Mitarbeiter in den USA und Deutschland befragt (Kapitel VIII): sie sind viel weiter als die Bedenkenträger, die sich anmaßen, für sie zu denken und zu sprechen. Die Wertorientierung im eigenen Unternehmen hält man für die Vorbedingung einer erfolgreichen Zukunft. Intrapreneurship und Mitarbeiterfokus werden im ureigensten Interesse der Arbeitnehmer liegend verstanden. Beide Aussagen gelten in besonderem Maße für den Teil der besonders positiv zum Unternehmen eingestellten Arbeitnehmer, also die, welche die höchste Arbeitszufriedenheit, Loyalität und Akzeptanz der Unternehmensziele vorweisen. Bis auf Nuancen gab es zwischen den USA und Deutschland kaum Unterschiede in dieser Einstellung.

5. Wir müssen uns eine optimistische Zukunftsvision erlauben

Befreien heißt verändern. Die wenigsten Menschen wollen verändert werden, einige sind bereit, sich selbst zu verändern. *Den Fortschritt*, sagt Herbert George Wells, *verdanken wir Nörglern. Zufriedene Menschen wünschen keine Veränderung*. Also nörgeln wir weiter und erkämpfen uns die Freiheit, stärker für das eigenen Risiko verantwortlich zu sein und die Chancen nutzen zu können. Zur Veränderung gehört Mut, die kleinen Stellschrauben werden angesichts der großen Strukturprobleme, vor denen wir stehen, nicht mehr ausreichen. Wir müssen reinen Tisch machen, die Probleme offen und ehrlich ansprechen und Partikularinteressen nicht als Entschuldigung für das Nichtstun nutzen. Natürlich dürfen wir den gesellschaftlichen Konsens zwischen den Entscheidungs- und Bedenkenträgern nicht aufkündigen. Aber Handlungsdruck und Entscheidungstragweite sind zu groß, als daß wir es uns auch weiterhin erlauben dürfen, durch den Konsens in den kleinsten gemeinsamen Nenner getrieben zu werden.
Wird uns der vorskizzierte Weg auch in eine arbeits- und lebensfähige Zukunft führen? Heute haben wir noch kein Beispiel für die Gesellschaft, die das magische Dreieck aus sozialer Ausgewogenheit, Freiheit und wirtschaftlichem Wachstum erfüllt. Wir kennen die Differenzierungsgesellschaft Nordamerikas mit Nachholbedarf bei der sozialen Ausgewogenheit, die Arbeitsgesellschaft Asiens mit Nachholbedarf bei der Freiheit und die Freizeitgesellschaft Europas mit Nachholbedarf beim wirtschaftlichen Wachstum.
Unsere Vision ist es, die Schwerpunkte der Staaten mit denen der Unternehmen kompatibel zu gestalten und sie zu verschmelzen (Kapitel IX). Wenn die Unternehmen sich auf ihre Mitarbeiter konzentrieren und Staaten die soziale Ausgewogenheit wollen, wird der Mensch Ziel und Mittel zugleich. Wenn Staaten die Freiheit garantieren und Regulierungen abbauen wollen und die Unternehmen Intrapreneurship praktizieren, also freie und selbstverantwortliche Mitarbeiter heranbilden, dann sind wir der Selbstverwirklichung der Individuen und der Selbstorganisation der Menschen ein großes Stück näher. Wenn die Staaten wirtschaftliches Wachstum

wollen und die Rahmenbedingungen dafür setzen und die Unternehmen sich über Wertwachstum steuern, dann sind beide Ziele im innovativen Wachstum deckungsgleich.

Unternehmen agieren zusehends weltweit, sie werden ihre Strukturen auflösen müssen und in Netzstrukturen überführen. Andernfalls wird die Komplexität nicht mehr handhabbar. Staaten verlieren in gleichem Maße ihren Steuerungseinfluß. Sie werden regional Rahmenbedingungen setzen und weltweit versuchen, über internationale Organisationen Standards zu setzen. Diese Arbeitswelt von morgen kann umschrieben werden mit den Begriffen lebenslanges Lernen, Investorenkapitalismus, virtuelle Firmenorganisation, Business Migration und Internet, dem ultimativen Netz. Der einzelne wird auf der Maslowschen Pyramide ganz oben bei der Selbstverwirklichung angekommen sein. Voraussetzung dafür ist eine Grundsicherung, ein Höchstmaß an Arbeitsflexibilität und ein lebenslanges Lernen: "Lifetime Employability" anstatt "Lifetime Employment".

Der Staat wird weniger Bedeutung haben, er setzt die Rahmenbedingungen für die Freiheit und investiert in die Menschen, das heißt in die Zukunft und nicht in die Vergangenheit.

Gewinnen werden wir alle: die Menschen und die vielen Zirkel, in denen wir uns in der neuen vernetzten Welt organisieren werden, eingebettet in größtmöglicher persönlicher Freiheit, den Weg der Selbstverwirklichung so weit beschritten wie nie zuvor.

Wer zur Quelle will, muß gegen den Strom schwimmen.

China

Anhang

Anhang

Die Analysen im Kapitel IV zu den Zusammenhängen zwischen Wertschaffung und Beschäftigungswachstum haben wir auf eine möglichst breite, aber gleichzeitig konsistente Datenbasis gestellt.

a) Für Deutschland: Tabelle I
   91 der 200 größten börsennotierten Unternehmen ohne Banken und Versicherungen und konsistenter Datenlage zwischen 1988 und 1996.
   (Basis: Hoppenstedt Bilanzdatenbank)

b) Für USA: Tabelle II
   292 der Standard & Poors 500 ohne Banken und Versicherungen und konsistenter Datenlage zwischen 1988 und 1996.
   (Basis: Datastream)

Die Analysen wurden über die BCG Datenbanken und Analysemodule abgewickelt.

Für die Widerlegung des Mythos, daß man nur in bestimmten Branchen wachsen kann und in anderen nicht (Kapitel VII), wurden die Unternehmen entsprechend Tabelle III (Deutschland) und IV (USA) industriespezifisch gruppiert.

Tabelle I: Deutschland

Adolf Ahlers
Akzo Nobel Faser
Alcatel SEL
Altana
Andreae-Noris Zahn
Asea Brown Boveri
AUDI
AVA

BASF
Bayer
Beiersdorf
Berliner Kraft- und Licht (BEWAG)
Bilfinger + Berger
BMW
Brau und Brunnen
Braunschweigische Kohlen-Bergwerke
Buderus

Contigas
Continental

Daimler-Benz
Degussa
Deutz
DLW
Douglas Holding
Deutsche Babcock
Dyckerhoff

Energie Baden-Württemberg
Escada

FAG Kugelfischer
Felten & Guilleaume Energietechnik
Ford-Werke
FPB Holding
Fresenius

GEHE
Gerresheimer Glas
Gildemeister

Heidelberger Zement
Henkel
Herlitz
Hochtief
Hoechst
Philipp Holzmann

Industrieverwaltungsgesellschaft
Isar-Amperwerke
IWKA

Karstadt
Klöckner-Werke
KM Europa Metal
Krones
Kolbenschmidt Pierburg
KSB

Lahmeyer
Leifheit
Linde
Deutsche Lufthansa

M A N
Mannesmann
Merck
Metallgesellschaft

Neckarwerke Stuttgart
Nestlé Deutschland

OBAG

Phoenix
Porsche
Preussag
Preussag Stahl
Puma
PWA

Rheinmetall
Rosenthal
RWE
RWE-DEA

Salamander
SAP
Schering
Schmalbach-Lubeca
Schneider Rundfunkwerke
Siemens

SPAR
STRABAG
Südzucker

Thüga
Thyssen
Thyssen Industrie

VARTA
VEBA
VEW
VIAG
Volkswagen

Wella
WMF

Tabelle II: USA

3Com

Abbott Laboratories
Advanced Micro Devices
Air Products & Chemicals
Alberto-Culver
Albertson's
AlliedSignal
Alcoa
ALZA
Amerada Hess
American Greetings
American Home Products
American Stores
Amgen
Amoco
AMP
Andrew
Anheuser-Busch
Apple Computer
Applied Materials
Archer Daniels Midland
Armco
Armstrong World Industries
Asarco
Ashland
AT&T
Atlantic Richfield
Autodesk
Automatic Data Processing
Avery Dennison
Avon Products

Baker-Hughes
Ball
C. R. Bard
Bausch & Lomb
Baxter International
Becton Dickinson
Bemis
Bethlehem Steel
Biomet
Black & Decker
H & R Block
Boeing
Boise Cascade
Briggs & Stratton
Bristol-Myers Squibb
Brown-Forman
Browning-Ferris Industries
Brunswick
Burlington Resources

Campbell Soup
Caterpillar
Centex
Ceridian
Champion International
Charming Shoppes
Chevron
Chrysler
Cincinnati Milacron
Circuit City Stores
Clorox
Coca-Cola
Colgate-Palmolive
Comcast
Compaq Computer
Computer Associates International
Computer Sciences
ConAgra
Cooper Industries

Cooper Tire & Rubber
Adolph Coors
Corning
Crane
Crown Cork & Seal
Cummins Engine

Dana
Data General
Dayton Hudson
Deere
Deluxe
Digital Equipment
Dillard Department Stores
Walt Disney
R. R. Donnelley & Sons
Dover
Dow Chemical
Dow Jones
Dresser Industries
DSC Communications
E.I. Du Pont de Nemours
Dun & Bradstreet

Eastman Kodak
Eaton
Echlin
Ecolab
EG&G
Emerson Electric
Engelhard
Exxon

Fleetwood Enterprises
Fluor
FMC
Ford Motor
Foster Wheeler
Fruit of the Loom

Gannett
Gap
General Dynamics
General Electric
General Mills
General Motors
General Signal
Genuine Parts
Georgia-Pacific
Giant Food
Gillette
B. F. Goodrich
Goodyear Tire & Rubber
W. R. Grace & Co
W. W. Grainger
Great Atlantic & Pacific Tea
Great Lakes Chemical

Halliburton
Harcourt General
John H. Harland
Harnischfeger Industries
Harris
Hasbro
H. J. Heinz
Helmerich & Payne
Hercules
Hershey Foods
Hewlett-Packard
Hilton Hotels
Home Depot
Homestake Mining
Honeywell

Illinois Tool Works
Ingersoll-Rand
Inland Steel Industries
Intel
The Interpublic Group of Companies
Intl. Business Machines
International Flavors & Fragrances
International Paper
ITT Industries

Johnson & Johnson
Johnson Controls
Jostens

Kmart
Kellogg
Kerr-McGee
Kimberley-Clark
King World Productions
Knight-Ridder
Kroger

Eli Lilly
Limited
Liz Claiborne
Lockheed Martin

Longs Drug Stores
Louisiana-Pacific
Lowe's
LSI Logic

Mallinckrodt Group
Manor Care
Masco
Mattel
May Department Stores
Maytag
McDermott International
McDonald's
McGraw-Hill
MCI Communications
Mead
Medtronic
Merck
Meredith
Micron Technology
Microsoft
Millipore
Minnesota Mining & Mfg
Mobil
Monsanto
Motorola

Nacco Industries
Nalco Chemical
National Semiconductor
National Service Industries
Navistar Internationl
New York Times
Newell
Newmont Mining
Nike
Nordstrom
Northrop Grumman
Novell
Nucor

Occidental Petroleum
Oracle
Oryx Energy
Owens-Corning

Paccar
Pall
Parker Hannifin
J. C. Penney
Pennzoil
Pep Boys
PepsiCo
Perkin-Elmer
Pfizer
Pharmacia & Upjohn
Phelps Dodge
Philip Morris
Phillips Petroleum
Pioneer Hi-Bred International
Pitney Bowes
Polaroid
Potlatch
PPG Industries
Procter & Gamble

Quaker Oats

Raychem
Raytheon
Reebok International
Reynolds Metals
Rite Aid
Rockwell International
Rohm & Haas
Rowan Companies
Rubbermaid
Russell

Safety-Kleen
Sara Lee
Schering-Plough
Schlumberger
Scientific-Atlanta
Sears Roebuck
Service Corp. International
Shared Medical Systems
Sherwin-Williams
Sigma-Aldrich
Silicon Graphics
Snap-on
Springs Industries
Sprint
St. Jude Medical
Stanley Works
Stone Container
Sun
Sun Microsystems
Supervalu
Sysco

Tandy
Tektronix
Tellabs
Temple-Inland
Tenet Healthcare
Tenneco
Texaco
Texas Instruments
Textron
Thomas & Betts
Time Warner
Times Mirror
Timken
TJX
Toys "R" Us
Tribune
TRW
Tyco International

US Surgical
Union Camp
Union Carbide
Unisys
United HealthCare
United Technologies
Unocal
UST

VF

Walgreen
Wal-Mart Store
Warner-Lambert
Westvaco
Weyerhaeuser
Whirlpool
Willamette Industries
Winn-Dixie Stores
Woolworth
Worthington Industries
Wm. Wrigley Jr.

Xerox

Tabelle III: Deutschland

Ingenieurfirmen, Anlagenbau
Buderus
Deutsche Babcock
Deutz
Klöckner-Werke
KSB
Linde
M A N

Maschinenbau
FAG Kugelfischer
Gildemeister
IWKA
Krones
Mannesmann
Rheinmetall

Bau
Bilfinger + Berger
Hochtief
Philipp Holzmann
STRABAG

Elektrotechnik
Asea Brown Boveri
Lahmeyer
Siemens
Alcatel SEL
Felten & Guilleaume Energietechnik
Schneider Rundfunkwerke

Stahl/Metallverarbeitung
Preussag Stahl
Thyssen
Thyssen Industrie
Degussa
KM Europa Metal
Metallgesellschaft

Banken
Bankgesell-schaft Berlin
Bayerische Hypotheken- und Wechselbank
Bayerische Vereinsbank
BHF-Bank
Commerzbank
Deutsche Bank
Deutsche Hypothekenbank Frankfurt
Dresdner Bank
Trinkaus & Burkhardt

Papier und Verpackung
FPB Holding
Gerresheimer Glas
Herlitz
PWA
Schmalbach-Lubeca

Automobil
AUDI
BMW
Daimler-Benz
Ford-Werke
Porsche
Volkswagen

Chemie
BASF
Bayer
Henkel
Hoechst
RWE-DEA

Energie
Berliner Kraft- und Licht (BEWAG)
Contigas
Energie Baden- Württemberg
Isar-Amperwerke
Neckarwerke Stuttgart
OBAG
RWE
VEBA
VEW
VIAG

Pharma
Altana
Andreae-Noris Zahn
Fresenius
GEHE
Merck
Schering

Tabelle IV: USA

Papier und Verpackung
Boise Cascade
Champion International
Georgia-Pacific
International Paper
Kimberly-Clark
Mead
Potlatch
Stone Container
Temple-Inland
Union Camp
Westvaco
Willamette Industries

Automobil
Chrysler
Dana
Echlin
Ford Motor
General Motors
ITT Industries
Navistar International
Paccar
Tenneco
TRW

Printmedien
Dow Jones
Gannett
Knight-Ridder
McGraw-Hill
Meredith
New York Times
Times Mirror
Tribune

Stahl/Metallverarbeitung
Alcoa
Andrew
Amoco
Asarco
Bethlehem Steel
Engelhard
Nucor
Phelps Dodge
Reynolds Metals
Worthington Industries

Öl
Amerada Hess
Amoco
Ashland
Atlantic Richfield
Chevron
Exxon
Mobil
Pennzoil
Phillips Petroleum
Sun
Texas

Einzelhandel
Albertsons
American Stores
Dayton Hudson
Giant Food
Great Atlantic & Pacific Tea
Kmart
Kroger
Wal-Mart Stores
Winn-Dixie Stores

Computer
Apple Computer
Compaq Computer
Data General
Digital Equipment
Hewlett-Packard
Intl. Business Machines
Pitney Bowes
Silicon Graphics
Sun Microsystems
3Com

Maschinenbau
Applied Material
Baker-Hughes
Black & Decker
Caterpillar
Cincinnati Milacron
Dover
Harnischfeger Industries
Nacco Industries

Chemie
Air Products & Chemicals
Dow Chemical
E. I. Du Pont De Nemours
B. F. Goodrich
Monsanto
Rohm & Haas

Nahrungs- und Genußmittel
Anheuser-Busch
Archer-Daniels-Midland
Brown-Forman
Campbell Soup
Coca-Cola
Conagra
Adolph Coors
General Mills
H. J. Heinz
Hershey Foods
Kellogg
PepsiCo
Quaker Oats
Sara Lee
Wm. Wrigley Jr.

Meßgeräte
C. R. Bard
Baxter International
Becton Dickinson & Co
Biomet
Medtronic
Millipore
Perkin-Elmer
Snap-on
St. Jude Medical
Tektronix
US Surgical

Software
Automatic Data Processing
Autodesk
Computer Sciences
Computer Associates International
Dun & Bradstreet
Microsoft
Novell
Oracle
Shared Medical Systems
Unisys

Konsumgüter
Alberto-Culver
Avon Products
Clorox
Colgate-Palmolive
Ecolab
Procter & Gamble

Halbleiter
Advanced Micro Devices
AMP
Harris
Intel
LSI Logic
Micron Technology
Motorola
National Semiconductor
Scientific-Atlanta
Texas Instruments

Pharma
Abbott Laboratories
ALZA
American Home Products
Amgen
Bristol Myers Squibb
Johnson & Johnson
Eli Lilly
Mallinckrodt Group
Merck
Pfizer
Pharmacia & Upjohn
Schering-Plough
Warner-Lambert

Die Autoren

Dr. Peter Strüven ist Senior Vice President der Boston Consulting Group. Er war zwischen 1986 und 1997 Mitglied im weltweiten Executive Committee, hat drei Jahre das Büro in Tokio geleitet und war von 1991 bis 1997 Regional Chairman für Asien/Australien. Darüber hinaus war er von 1992 bis 1997 als Vorsitzender der Strategy Committees für die Aktivitäten von BCG im deutschsprachigen Raum verantwortlich.
In seiner Beratungstätigkeit hat Peter Strüven Unternehmen aus den verschiedensten Bereichen betreut, mit Schwerpunkten im Investitions- (High-Tech/Elektronik, Maschinenbau) und Konsumgüterbereich sowie in der pharmazeutischen und chemischen Industrie. Schwerpunktthemen waren Strategieentwicklung, Unternehmensentwicklung, Internationalisierungsstrategien sowie gesamthafte Organisationsveränderungen global agierender Konzerne.
Peter Strüven, am 5. Februar 1949 in Hamburg geboren, studierte Wirtschaftsingenieurwesen und promovierte an der Technischen Universität Berlin. Nach seiner Promotion studierte er an der Stanford Business School. Er arbeitete drei Jahre für die Siemens AG. Peter Strüven ist verheiratet und lebt mit seiner Frau und seinen drei Kindern in Grafrath bei München.

Dr. Konrad Wetzker, war nach dem Studium der Wirtschaftsmathematik in Budapest seit 1975 an verschiedenen Forschungseinrichtungen der DDR in der angewandten Wirtschaftsforschung tätig. Er promovierte an der Universität Halle und habilitierte sich in Leipzig. Nach der Wende war er 1990 Direktor des Instituts für angewandte Wirtschaftsforschung in Berlin. 1991 nahm er seine Tätigkeit bei der Boston Consulting Group auf, seit 1997 ist er dort Geschäftsführer.
Seine Beratungsschwerpunkte sind Energie, Finanzdienstleitungen, Organisation und Human Resources Projekte in Deutschland, Ungarn, Österreich und in den USA. Von ihm liegen ca. 50 Publikationen vor, darunter das Buch: "Schlußbilanz DDR".
Konrad Wetzker, am 12. Juli 1950 in Jena geboren, ist verheiratet. Er wohnt mit seiner Frau und seinen beiden Kindern bei Berlin.

Linda J. Bilmes wurde im Oktober 1997 als Deputy Assistant Secretary for Administration im US-Handelsministerium vereidigt. Bevor sie in das Handelsministerium wechselte, war Linda J. Bilmes Projektleiterin im Londoner Büro der Boston Consulting Group (BCG). Der Schwerpunkt

ihrer Beratungstätigkeit lag in den Bereichen Unternehmensstrategie, Branchenumstrukturierung und Beschäftigung. Fünf Jahre lang leitete sie die BCG-Praxisgruppe Health Care in England. Darüber hinaus leitete Linda J. Bilmes eine weltweite Studie zum Thema Arbeit, in deren Mittelpunkt Arbeitsplatzbeschaffung und Unternehmensweiterentwicklung in den USA und Europa standen.
Vor ihrer Tätigkeit für die Boston Consulting Group arbeitete Linda J. Bilmes als Beraterin in der Politik. 1995 wurde sie vom US-Finanzministerium in eine Kommission berufen, die die Kreditvergabe an die Privatwirtschaft in Lateinamerika durch die Inter-American Development Bank und die Inter-American Finance Corporation untersuchen sollte. Sie schrieb außerdem regelmäßig Beiträge für die Financial Times.
Linda J. Bilmes, geboren am 2. Januar 1959, studierte an der Harvard University, schloß 1980 mit BA in Government ab und erwarb 1984 einen MBA. Sie lebt heute mit ihrem Ehemann und zwei Söhnen in Washington, D.C.

Register